2022年四川特色哲学社会科学规划乡村振兴重大项目"促进农民工返乡创业助推乡村振兴研究"（编号：SC22ZDTX02）的阶段性研究成果

返乡农业创业人才
成长生态环境研究

吴晓婷 ◎ 著

中央党校出版集团

国家行政学院出版社

NATIONAL ACADEMY OF GOVERNANCE PRESS

图书在版编目（CIP）数据

返乡农业创业人才成长生态环境研究／吴晓婷著 . —
北京：国家行政学院出版社，2023.9
ISBN 978-7-5150-2768-5

Ⅰ.①返… Ⅱ.①吴… Ⅲ.①现代农业—创业—人才
培养—研究—中国 Ⅳ.①F323

中国国家版本馆 CIP 数据核字（2023）第 167893 号

书　　名	返乡农业创业人才成长生态环境研究	
	FANXIANG NONGYE CHUANGYE RENCAI CHENGZHANG SHENGTAI HUANJING YANJIU	
作　　者	吴晓婷 著	
责任编辑	陆　夏	
出版发行	国家行政学院出版社	
	（北京市海淀区长春桥路 6 号　100089）	
综 合 办	（010）68928887	
发 行 部	（010）68928866	
经　　销	新华书店	
印　　刷	北京九州迅驰传媒文化有限公司	
版　　次	2023 年 9 月北京第 1 版	
印　　次	2023 年 9 月北京第 1 次印刷	
开　　本	170 毫米 × 240 毫米　16 开	
印　　张	18.75	
字　　数	267 千字	
定　　价	58.00 元	

本书如有印装问题，可联系调换，联系电话：（010）68929022

序　言

返乡农业创业是"城归"群体植根于农村"土壤"与现实情境的选择，是城乡劳动力流动与城乡高质量融合发展牵引作用的必然结果。基于乡村振兴战略实施的返乡创业活动在农村地区呈现蓬勃发展态势，激发了全社会创新创业创造活力，成为加快要素双向流动的重要"枢纽"，同时助推农业高质量发展与农民接续脱贫。随着地方产业与地域特色的逐渐融合，催生了大批中国情境下的特色大众创业（Mass Entrepreneurship）、草根创业（Grass-roots Entrepreneurship）。推动返乡农业创业高质量发展成为当前我国增加农民就业和收入、繁荣乡村经济的重要途径。"良禽择木而栖，牛羊逐水草而居"，构建良好的人才生态环境与返乡农业创业生态环境，为创业人才提供栖息地，是推动返乡农业创业高质量发展的首要任务。学者们普遍关注到，返乡农业创业能促进农民增收，并且随着创业环境的变化而变化，而现有研究大多落脚于现实探讨，对环境与创业人才成长变化的内在机理缺少深入研究。返乡农业创业人才（Returning Agricultural Entrepreneurs，RAE）成长是一个动态化的、社会化的过程，需要同其所在的生态环境不断地进行交流融合，并在此过程中吸收与转化为有利因素。人才生态环境对于返乡农业创业人才成长具有重要意义。理论上，返乡创业人才的创业活动深受人才成长生态环境与区域创业互动环境影响，良好的人才生态环境促进返乡农业创业人才迅速成长，返乡农业创业人才的成长则助推区域人才生态环境的优化，二者互相促进。我国自古以来就有"橘生淮南

1

则为橘，橘生淮北则为枳"的认知，即自然、社会、经济等外在环境的差异造就了不同的人才成长生态环境，各地日益攀升的引才成本背后，不仅是区域自然环境等竞争，更是体制壁垒、环境保障的竞争，也是我国当前要解决的"三农"的重点和难点问题。因此，从返乡农业创业人才微观视角出发，探讨人才生态环境对其成长的影响机理有助于从根本上克服返乡农业创业人才成长中的障碍。

基于理论与实践背景，本书以对创业成长具备决定性作用的返乡农业创业人才为研究对象，重点探讨四川省返乡农业创业人才成长生态环境水平及其对返乡农业创业人才成长的作用机理，以期构建良好的区域返乡创业生态，从而促进人才可持续成长。在回顾与借鉴马克思主义人才理论、生态系统理论、社会资本理论、创业理论、企业成长理论等基础上，以四川省全国返乡创业试点区与非试点区 518 位返乡农业创业人才为例，运用群组 G1 - 熵权组合赋权法、模糊综合评价法构建、评价并分析了返乡农业创业人才成长生态环境水平；运用结构方程模型、多群组结构方程模型剖析"人才生态环境对返乡农业创业人才成长与可持续成长"的作用机理，最终得出以下结论。

(1) 基于返乡农业创业人才统计发现，返乡农业创业人才中男性占主体，返乡农业创业人才倾向年轻化，25～45 岁中青年劳动力是创业主力军，高中及中专学历是返乡农业创业人才中最活跃的群体。返乡农业创业人才以"农民工"为主，农业创业以"种植业"为主，以家庭式"单打独斗""机会型"创业为主，投入保守且回报率较低。从样本成长的生态环境统计分析看，返乡农业创业人才家庭资金支持力度较大，生态环境总体较好，但商业生态中信贷可得性较差，且带动周边的能力相对较弱；社会生态中，文化教育与卫生医疗条件相对较弱。

（2）返乡农业创业人才成长生态环境水平不高且不同区域存在差异。返乡农业创业人才成长生态环境总体处于中等水平，且试点区创业人才成长生态环境高于非试点区，并且存在明显差异。试点区与非试点区内生态环境、外生态环境存在显著差异，成都平原经济区与其他区位存在显著差异。各维度生态环境评价水平依次为：自然生态＞个体生态＞教育生态＞家庭生态＞制度生态＞社会生态＞商业生态，试点区与非试点区返乡农业创业人才成长生态环境存在显著差异。从指标体系构建与检验来看，以返乡农业创业人才为评价主体的创业人才成长生态环境评价指标体系合理有效，以群组 G1 - 熵权组合赋权与综合指标评价，通过了信度与效度检验，具有一定的可操作性。

（3）返乡农业创业人才成长内生态环境对其成长作用表现为：教育生态＞个体生态＞家庭生态；对其可持续成长作用表现为：个体生态＞家庭生态＞教育生态。具体而言：返乡农业创业人才环境感知与资源整合构成链式中介显著作用于返乡农业创业人才成长，个体生态通过资源整合的中介作用影响返乡农业创业人才成长（可持续成长），个体生态则直接作用于返乡农业创业人才成长（可持续成长）；家庭生态通过资源整合的中介作用作用于返乡农业创业人才成长，且对返乡农业创业人才可持续成长作用不明显；环境感知、资源整合对教育生态与返乡农业创业人才成长（可持续成长）之间构成链式中介作用，且资源整合在教育生态与人才成长（可持续成长）之间起到中介作用，教育生态则直接作用于返乡农业创业人才成长。

（4）返乡农业创业人才成长外生态环境对人才成长作用表现为：制度生态＞社会生态＞自然生态＞商业生态；对人才可持续成长作用表现为：商业生态＞社会生态＞制度生态＞自然生态。即商业生态通过资源整合的中介作用于返乡农业创业人才成长（可持续成长）；且商业生态则直接作用于返乡农业创业人才可持续成长；返乡农业创业人才环境感知与资源整合构成链式中介显著作用于制度生态对返乡农业创业人才成长，制度生态则直接作用于返乡农业创业人才成长（可持续成长）；返乡农业创业人才环境感知与资源整合构成链式中介显著作用于社会生态对返乡农业创业人才成长（可持续成长），且社会生态通过资源整合的中介作用作用于返乡农业创业人才成长（可持续成长）；社会生态同时直接作用于返乡农业创业人才成长（可持续成长）；自然生态通过资源整合的中介作用影响返乡农业创业人才成长（可持续成长）。

（5）区域属性是返乡农业创业人才成长的"催化剂"，试点区人才成长生态环境对返乡农业创业人才成长作用更大。外部控制变量文化水平、家庭劳动力占比以及性别显著作用于人才成长（可持续成长），而年龄、创业年限则负向作用于人才成长（可持续成长）。因此，先行试点区要充分利用区位与创业生态的优势，总结可转换经验推广到非试点区返乡农业创业中。

（6）结合最小限制因子定律找到限制因子"短板"，即优化个体生态、家庭生态、教育生态、商业生态与社会生态，重点提升制度生态。从返乡农业创业人才成长生态系统出发，需要政府机构、成熟农业企业、金融机构、科研机构、创业人才等多主体共同协作，综合多方面考虑，遵循以政府主导、市场等金融机构参与、创业人才为主体的基本原则，协力构建返乡农业创业人才生态环境优化路径，促进返乡农业创业可持续发展。培养与开发返乡农业创业人才自身意识，以优化返乡创业人才个体生态。重视农村家庭环境作用，以优化返乡创业人才家庭生态。依托社会共建教育机制，优化返乡创业人才教育生态。发挥政府宏观调控职能，优化农业创业制度生态环境。健全金融服务与社会平台，弥合城乡保障差距，优化创业商业与社会生态。

　　本书的创新之处主要体现在如下几个方面：第一，研究理论框架方面，从人才生态学及生态系统理论出发，从返乡农业创业人才成长与人才生态环境两个维度，构建了具有内在逻辑一致性的返乡农业创业人才成长的生态理论框架。在一定程度上拓展了以往研究人才成长环境的局限，引入生态学思想，将人才成长看作生物个体成长过程，探究生态环境对个体的作用机理，为人才成长及可持续成长的理论研究提供明确的理论分析范式，在学科交叉思想和分析框架等方面有所拓展。第二，研究视角方面，从返乡农业创业人才微观主体视角对生态环境对人才成长作用机理进行探索，提供了人才成长生态环境研究新思路。基于返乡农业创业人才微观视角，通过建立在生态系统理论、人力资本理论、社会资本理论、马克思主义人才理论等基础上的假设前提，还原返乡农业创业人才成长的"真实生态世界"。分析其所在的外生态环境与内生态环境，提炼出对返乡农业创业人才成长影响较为重要的生态因子。第三，研究内容方面，将关注点从外部宏观生态环境聚焦于内生态环境与外生态环境共同作用框架下，构建了微观人才生态环境评价指标体系。在人才生态系统理论与人才成长理论分析框架下，从人才个体生态、家庭生态、教育生态、商业生态、制度生态、社会生态、自然生态环境多维度进行实证分析，检验生态环境对人成长作用的"黑箱"，有助于识别不同维度生态环境对返乡农业创业人才成长的作用，揭示创业生态、人才生态对农村地区返乡创业的作用。

目　录
C O N T E N T S

绪　　论

第一节　研究背景

人才兴，事业方兴。人才是创新的根基，是创业的核心。党的十八大以来，习近平总书记指出："乡村振兴，人才是关键。要积极培养本土人才，鼓励外出能人返乡创业，鼓励大学生村官扎根基层，为乡村振兴提供人才保障。"返乡创业是乡村振兴的重要抓手，也是推动区域经济协调发展的重要手段（王轶等，2020）。2020年初，国家发展改革委等19部门联合印发《关于推动返乡入乡创业高质量发展的意见》，明确提出要进一步完善体制机制，提升创业带动就业能力，推动返乡入乡创业高质量发展。2020年6月，农业农村部、国家发展改革委等9部门联合印发《关于深入实施农村创新创业带头人培育行动的意见》，提出到2025年要明显改善农村创新创业环境，不断壮大创新创业队伍。随着我国经济由高速增长阶段转向高质量发展阶段，发展的驱动力也由传统资源要素驱动转向技术驱动，返乡农业创业人才作为乡村振兴驱动的核心资源，已成为促进农业高质量发展的关键因素。优化返乡农业创业人才健康成长的生态环境，深耕返乡农业创业人才成长生态环境关系着乡村人才振兴、产业兴旺等重要战略实施，成为我国当前的一项重要任务：不仅能保障因疫情导致就业受阻的农民就地就近创业，还能缓解新冠疫情带来的粮食安全等负面冲击。

返乡农业创业人才作为乡村振兴中的智力资源，是乡村振兴与农业高质量发展的核心。20世纪90年代后，全国各地出现了"民工潮"，农民经

1

历了从农村到城镇再从城镇回到农村，逐渐演化为我国乡村振兴战略下的返乡创业特殊人才群体。《国务院关于促进乡村产业振兴的指导意见》提出，实施乡村就业创业促进行动，引导农民工、大学生、退役军人、科技人员等返乡创新创业。正是随着农村创新创业政策环境的改善，农民工、大学生、退役军人和科技人员等响应号召返乡创业，农村涌现出一批懂技术、善经营、会管理的"新农人"，成为农业现代化建设的智力资源与乡村振兴的核心力量。2016年以来，国家发展改革委先后分三批在全国341个县市区开展支持农民工等人员返乡创业的试点工作，目前试点区返乡创业人员累计161.8万人，累计创办市场主体148万个，据农业农村部2019年数据统计，全国返乡入乡创业创新人员已达850万人，农村返乡入乡创业覆盖率为83.6%。据不完全统计，2019年底，四川省返乡入乡创业人员累计70余万人，带动就业220万人；建立农民工返乡创业园（孵化园）403个，农村创业创新园区（示范基地）386个；2020年上半年，新增农民工返乡入乡创业4.7万人，带动就业10.7万人。返乡农业创业人才的培养已经成为我国乡村振兴人才战略的重中之重，随着试点县创业人才带动及政策支持，农业创业人才队伍逐渐壮大，亟待构建"引得进、留得住、用得好"返乡农业创业人才成长生态环境。

良好的人才生态和创业生态是人才可持续成长的潜在需求。良好的人才生态，是一笔巨大的无形资产。有学者（汪怿，2018）提出用"太太指数"、"先生指数"和"奶酪指数"①来暗指区域对人才的特殊吸引力。环境养育人才，人才影响环境，即人才的成长与其所处的人才生态环境是紧密联系的，拥有良好的人才生态环境对吸引和留住人才起到十分重要的作用。返乡农业创业人才的成长既受人才自身知识、能力、经验等因素影响，也受自然、生态、经济、社会、政治等软环境的约束。"家有梧桐树，

---

① "太太指数"，指人才的家人是否愿意在城市居住，影响因素包括子女教育、医疗条件、文化环境等，折射的是城市宜居程度；"先生指数"，指人才是否真正有干事创业的机会，反映的是城市宜业程度；"奶酪指数"，指人才在区域能否吃到海外的新鲜奶酪，标志的是城市开放程度。

引得凤凰来"，人才吸引力的竞争，从本质上讲，是人才生态环境的竞争。一个国家、地区，乃至一个单位，能否吸引优秀人才，取决于它能否为各类人才提供一个良性的生态环境。面对当前日趋严峻的人才"虹吸效应""马太效应"，各地纷纷展开激烈的人才争夺战，各地先后出台优惠政策在短时间内吸引人才，促进产业发展。人才吸引力的竞争，从本质上是人才生态环境的竞争。因此，只有构建具有核心竞争力的人才生态系统、营造一流的农业创业人才成长生态环境，才能让农业创业人才拥有"如鱼得水"的创业环境，全方位涵养农业人才成长的"生态圈"。人才生态环境的质量决定人才承载能力，良好的人才生态环境可以吸纳更多的人才流入，承载更多人才容量，只有为返乡创业人才搭建良好的人才生态环境，才能激发更多的普通农户、其他从业者加入农业人才队伍。

四川省作为人口大省与农民务工大省，既有农业发达的一线都市，又有农业深度贫困区，其典型的"农情"极具代表性；作为全国第一、第二、第三批返乡创业主要试点区①，其返乡农业创业人才成长的生态环境是全国农业的缩影。四川省作为中国西部的增长极，农村劳动力主要流出地、劳动力"低质化、高龄化"区域（高洪洋，2013），农业人才资源相对匮乏，正试图改写"孔雀东南飞"的人才格局，通过不断升级的农业人才新政，吸引劳动力返乡创业，促进人才"飞向西南、创业在西南"。返乡农业创业人才是一群颇具胆识、会创新、有经营头脑的人才。在由试点经验向全国全面推广过程中，返乡农业创业人才生态环境优良决定着后续返乡人才吸附能力。因此，研究四川省返乡农业创业人才成长的生态环境在现实上具有代表性与理论意义。

本书立足"三农"人才发展实际，分析返乡农业创业人才成长生态环境。问题一，四川返乡农业创业人才成长生态环境水平如何；不同区位返

---

① 四川省先后有 19 个区县入选第一批（2016 年）、第二批（2017 年）和第三批（2018 年）"全国返乡创业试点区县"名单；13 个区县入选第一批（2018 年）和第二批（2019 年）"全国农村创业创新典型百县"。

乡农业创业人才生态环境测度结果是否存在显著差异。问题二，返乡农业创业人才成长过程中受哪些生态环境因素影响；返乡农业创业人才内生态环境、外生态环境分别如何作用于人才成长。问题三，如何进一步优化人才成长生态环境，促进返乡农业创业人才可持续成长。结合这些问题，本书构建返乡农业创业人才成长的生态环境评价指标体系；基于四川省返乡农业创业人才微观视角，分析并测度返乡农业创业人才成长生态环境，剖析影响返乡农业创业人才成长的生态环境关键因素，内生态环境与外生态环境对人才成长作用机理；在此基础上为进一步优化农业创业人才成长的生态环境，为优化返乡创业生态，为全面推进农村劳动力返乡创业及农业人才队伍建设，提供更多的理论支撑和对策建议。

第二节　研究意义

一、理论意义

在理论方面，人才生态环境研究是一个相对较新的研究领域，属于多学科交叉的综合性研究，是学界长期关注的论题之一，用生态学思维研究返乡农业创业人才成长逐渐成为一种新视域和新工具。返乡农业创业人才作为农业人才中、高层次人才队伍，也是人才生态环境的重要微观主体，对人才的成长、可持续成长起着至关重要的作用。首先，构建了微观视角下创业人才生态环境理论指标体系。不同省、市以及区县经济水平、自然环境、文化环境等各具特点，不同的外部生态环境对人才的培养和成长作用不同。依据生态系统理论与人才生态学，结合我国农业创业人才特殊情境，重构了人才生态环境维度指标，突破现有以宏观视角为主的人才生态环境研究，丰富了人才生态环境研究的内容。其次，将返乡农业创业人才成长作为逻辑归宿，人才生态环境因素在一定社会条件下作用于人才的兴衰、去留，与人才成长存在较强关联性。分析人才生态环境对创业人才成长的作用机理，探讨人才生态环境与人才可持续成长的关系，为学界创业人才成长的研究提供一个新的解读视角。最后，在已有的理论基础上，搭建人才生态环境与人才成长的理论分析框架。采用生态系统原理及方法，基于生态价值取向，结合生态系统理论与人力资本等理论探讨农业创业人才成长的生态环境，有望在理论上扩展生态系统理论在农业人才领域的研究，构建较为完善的分析农业创业人才成长生态环境理论分析框架。

二、实践意义

从现实意义看，本书对实现我国乡村人才振兴有着重要的现实意义。近年来，我国启动了一系列培育农业农村人才队伍建设的政策及项目，将农业创业人才成长作为推动乡村人才振兴的重要手段和途径。人才生态环境的质量决定了人才承载能力，良好的人才生态环境可以吸纳更多的人才流入，承载更多人才容量，促进人才群体包容性成长，为人才提供更好的成长环境。返乡农业创业人才掌握一定知识和能力，其成长条件与其他人才相比更加复杂，成长效果较好的人才引致农村社会的倍增效应，可以激发更多的返乡劳动力创业，形成更好的创业人才生态圈，研究返乡农业创业人才成长有助于形成全社会人才生态环境良性循环。此外，良好的农业创业人才生态环境，有利于促进更好创业，不断为当地农民提供就业岗位，促进人才自身生态位提高的同时也对带动就业和培养创业人才有重要现实意义，还能促进农村内部人才成长以及普通农民向农业创业人才转化。通过实地调研对比分析试点区与非试点区返乡农业创业人才成长生态环境差异，与西南农村地区的普遍实际相结合，为相关政府部门制定不同区域的人才生态环境优化政策提供较为科学、合理的理论依据，以营造"近悦远来"的人才生态环境，为推动农业高质量发展提供农业人才支撑。

第三节　文献综述

随着国内对"双创"支持力度的加大，国内外学者对中国农业创业的研究愈加丰富。通过 Web of Science 对研究主题"返乡农业创业人才成长生态环境"国内外文献关键词检索，利用 VOSviewer 进行文献信息分析，研究主要集中于创新创业、创业人才、生态环境、人才成长、人才生态环境等（见图 0-1）。因此，本书主要从创业人才（人才）、人才生态环境、人才成长、生态环境与创业人才几方面进行国内外文献梳理。

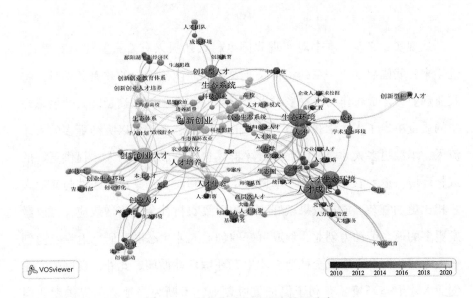

图 0-1　创业人才相关研究热词分布

一、返乡农业创业人才研究

（一）创业人才研究

创业人才是知识经济背景下重要的战略资源，创业人才的数量和质量决定一国的国际竞争力（王仰东等，2014）。自 2008 年 12 月我国启动"千人计划"以来，创业人才不断涌现，同时为创业人才搭建起创业生态系统（郭曼，郭雷风，2016），不断吸引海内外人才加入创业人才队伍（彭伟，符正平，2015）。创业人才是在学科建设、技术开发、产业发展中发挥引领作用的高端人才，Gartner W. B. & Shane S. A. （1995）基于创业理论认为，创业人才个人特性包括人格特征、创新性、独特性、开拓新事业和谋求发展。部分学者基于人才生态学理论从人才生态学理论出发研究创业人才特征（董原，2016），分析创业人才集聚的生态因子（胡春蕾，2014），提出创新创业人才队伍建设的思考。

创业是经济发展的重要方向和根本推动力量，要有效推进现代化经济体系建设，创业人才与经济增长之间存在必然关系（Bianchi M.，2010；McGranahan D. A. & Wojan T. R.，2011；Zhang W.，et al.，2010）。创新创业人才的培养是必不可少的（印伟，2018）：在"互联网 +"环境下，创业人才培养衍生出众多模式（余浩，叶伟巍，2016；杨欢耸，2017），如层级式创业人才培养模式（姚凯，于晓爽，2016）、以"创业学院"为载体的高校创业人才培养模式等（陈伟忠，张博，2017）；在培养机构方面，高等院校作为人才培养的主要阵地，高校创新创业人才培养是基于新知识生产理论框架下的新的教育理念和模式（万华，2018），高校创新创业人才"多元协同"培养既包含学校与外部的协同培养，也包含学校内部的协同培养，是外部协同培养和内部协同培养的统一（张兄武，2016）。

创新创业人才培养是近几年学界研究的热点和重点（郭时印等，2018；唐琳，张引琼，2018）。部分学者在创业人才培养实证方面做了相关研究，如构建创业能力评价指标体系（齐书宇，方瑶瑶，2017）、评价创业人才培养绩效（刘有升，陈笃彬，2017）、运用结构方程分析创业人才绩效机理（蔡建峰，刘成梅，2016）、运用系统动力学建立高端创新创业人才开发效益的系统动力学模型等（文革等，2016）。但当前国内高校创业人才的培养还不能完全适应社会需要，培养主体各自为政、资源分散

（张继延，周屹峰，2016）。为提升创业人才素质，有学者认为要从知识、技能、情绪和心态等方面提升"双创"人才的综合素质，同时要加强高校与政府、产业之间的多重联动与资源协同（刘有升，陈笃彬，2017）。然而，Mayer-Haug 等（2013）研究发现创业人才培养教育与绩效存在作用不强问题，且创业人才在发展中经济体中更具影响力。Hyunjoong（2018）发现创业人才受创业团队功能多样性以及创业人才人力与社会资本的积极影响。

（二）返乡农业创业人才研究

农民的社会资本水平低于其他部门，因此需要对农业创业人才的资源和能力进行更深入的研究（Pindado E. & Sánchez M.，2017）。农业创业人才是激励农村地区创新创业的重要来源（Gaddefors J. et al.，2020），是带领农民致富的"排头兵"（陈瑜，陈俊梁，2013），是乡村人才振兴的重要主题，也是"大众创业、万众创新"背景下激发全体社会成员创新潜能和创业活力的重要力量（冯红霞，2016）。农村地区受剩余劳动力转移的影响，现有职业农民不能很好地担负起农业现代化的历史使命（刘义臣等，2016）。有学者提出新农人和新型农业经营主体是新型农业创业人才（王洁琼，孙泽厚，2018），例如，新农人（郭艳平，谭莹，2016）、新型职业农民（汪向东，2014）、新型农业经营主体（汪发元，2014）等。新型农业创业人才具有创新理念、创新思维（张静等，2020），具有较强的创新能力和学习管理能力（赵路，李侠，2015），善于把握市场机会和运用新的技术，且具备一定的农业知识，应挖掘其领导特质（张静等，2020）。相比新型农业创业人才，返乡农业创业人才的发展改变了乡村社会的结构，带来了农业人才的回流的机遇（孙运宏，宋林飞，2016）。

为了促进农业创业人才队伍建设，我国不断地针对观念新、有文化、懂技术、善经营、能管理的新型生产经营主体（宣裕方，2012），探索与培养农村创业人才（苏培安，2001）。张伟珊等（2019）、Nieto 等（2011）

发现互联网对农业创业人才提供发展的动力，从基础理论、师资力量、创业课程等方面探索农业创业人才培养路径。在实证上，有不少学者将农业创业人才的资本作为主要因素，郭新宝（2014）探讨了创业人才的三维创业资本对创业的影响，提出创业是创业人才三维创业资本的乘法模型。王洁琼等（2018）运用生态系统理论基于农业创业人才构建结构方程模型，发现好的创业环境对新型农业创业人才三维资本、创业企业绩效有显著的正向影响（Pia et al.，2018）。赵路（2016）基于问卷调查和 Logistic 回归分析法，探讨农村创新创业人才的素质特征，认为农村创新创业人才的培养应从文化程度、家庭人口、就业创业的区域和领域、教育培训需求程度等方面剖析当前农村创新创业人才培养中的困难及影响因素。

综观已有研究可知，返乡农业创业人才研究主要集中在返乡创业行为与绩效研究、农业创业人才类别界定、农村创业人才队伍建设与培养等（张伟珊等，2019），尚缺乏对返乡农业创业人才的成长及深度探讨。

二、创业人才成长相关研究

（一）创业人才成长研究

人才成长的过程就是人才社会化、专业化的过程与自我价值实现的过程（王通讯，2005），而人才成长软环境是孕育人才的"孵化器"，人才成长软环境问题是制约人才开发、人才集聚和人才利用的"瓶颈"问题（申宝国，2013）。目前关于创业人才成长的研究主要集中于以下几个方面：一是聚焦于创业人才成长含义与特征界定。肖为群等（2014）认为人才成长应包括有能力、有动力实现创业与事业的持续成长并实现自我价值。创业人才的成长有三大阶梯：家庭教育、学校教育、社会示范（黄敬宝，2019）。二是创业人才成长的影响因素。Alexander（1959）从家庭、学习讨论人才成长的影响机理，认为家庭、社会环境对人才成长有积极作用，而创业人才的成长既受益于环境也受制于环境（熊凡，1986）。刘新民等

（2018）认为我国创业政策包括财税政策、金融政策、技术政策、人才政策、产业政策、社会化服务政策，都有利于创业人才的成长。梁强等（2017）基于组织生态学理论提出了生态位对成长的影响过程模型。三是成长模式与路径研究。普通人群与人才的差异主要表现在文化水平、知识获取能力、知识运用能力等方面差异（薛昱等，2017）。Aziz 等（2016）运用 SEM 方法分析了伊斯兰银行机构职业的人才成长模式，试图提出一个具体的人才成长模式。

（二）创业人才可持续成长研究

Tiba 等（2020）发现创业生态系统中的条件可以帮助创业人才可持续发展，而成功的创业人才可以成为创业生态系统中的领导者从而起到"灯塔效应"。学者们将可持续创业人才定义为将社会、经济和环境目标全面地结合到一个创造经济收入和业务目标各方面可持续的商业/组织中的创业个人/经济主体（Tilley F. & Young W.，2009）。李韬和文晓红（2000）认为可持续发展的人才是整体发展，只强调某一方面的片面发展，无法适应可持续发展战略的需要。创业人才的社会与可持续成长是因人而异的，但就创造价值（例如社会或环境价值）而言，它们与传统企业家有很大不同（Cohen B. & Winn M. I.，2007）。创造经济效益一直是传统企业家精神不可或缺的组成部分，创业人才可以通过采取各种行动来吸收与转化经济效益（Linan F. & Fayolle A.，2015）。从本质上讲，创业人才可持续成长能影响区域创业环境，社会资本网络对可持续成长影响很大（Dias C. & Franco M.，2018）。

学界对创业人才可持续成长的研究较少，更多是分析企业可持续发展。李占祥（2002）提出企业可持续成长，就是既追求企业生产力水平永续提高，又节约资源和改善生态环境的企业成长。龙雪梅（2014）从战略、人才、资金、信息化等方面，对中小民营企业发展所面临的问题及困惑进行分析，发现正确的发展战略、卓越的企业运营管控系统和企业决策者的影响力正是影响可持续发展的关键因素。Zu（2014）认为创业可持续性成长要从三个维度（社会、经济和环境）去挖掘，环境、效益、可感知的社会支持和自我效能是实现可持续创业意愿的驱动力（Demirel P. et al.，2019），而个体能力与价值观是促进创业可持续性和创业人才可持续成长的基本动力和基石（Jahanshahi A. A.，et al.，2017）；社会（Dees J. G.，1998）、环境（Alonso M. P.，et al.，2018）和可持续创业精神（Dean T. J. & Mcmullen J. S.，2007）是创业可持续成长的重要因素。

通过对创业人才成长相关研究的梳理发现，学界对创业人才的研究集中于创业人才成长含义与特征界定及影响因素（黄敬宝，2019）以及成长模式与路径研究；国内对创业人才可持续成长的研究相对较少，国外学者则认为个体能力（Jahanshahi A. A. et al.，2017）、社会（Dees J. G.，1998）、环境（Alonso M. P. et al.，2018）和可持续创业精神（Dean T. J. & Mcmullen J. S.，2007）是创业可持续成长的重要因素。已有的研究为本书奠定了较好的理论基础，但对于创业人才的成长研究局限于理论上的探讨，缺乏对某一产业具体的创业人才的研究，基于此，本书就以农业创业人才成长为特定对象展开研究。

三、人才成长生态环境的相关研究

（一）人才成长生态环境研究

布朗芬布伦纳最早提出人的生态系统理论，并将其分为微观系统、中间系统、外观系统、宏观系统等（Bronfenbrenner U.，1994），后又加入史观系统以生物生态学模型定义人类发展的生物生态学理论（Bronfenbrenner & Ceci，1994；Bronfenbrenner M.，2006；Skupnjak D.，2012），使得生态学理论延伸到早期的生态发展模式。布朗芬布伦纳阐述了"人的成长"是生物心理学特征以及近端过程区分和实现生物潜能的能力，人类发展的生物生态学理论得到了发展（Waugh M. & Guhn M.，2014）。Larsen 等

（2014）采用布朗芬布伦纳系统生态学方法，分析人才生态环境包括人际关系、培训和自我能力等生态因素。但 Tudge 等（2016）认为部分研究基于布朗芬布伦纳的人类发展生物生态学理论的学者很少正确地使用该理论。熊凡（1986）最早在国内提出人才成长既受益于环境也受制于环境。彭瑞华（1994）认为人才赖以生存和发展的生态环境对人才的成长起着决定性的作用。学界将人才与生态两者联系起来研究始于 21 世纪初期，但研究呈零星、分散现象。沈邦仪（2005）系统围绕人才生态的基本理论、人才生态环境等方面进行探讨，为人才生态学的发展与建立提供了理论基础。陈建俞和沈慧青（2019）梳理了国内外人才生态相关研究，发现人才生态学就是研究人才与环境关系的科学系统。

吸引和留住人才的关键，在于提供一个有助于人才成长和发展的良好社会生态环境（刘瑞波，边志强，2014）。在人才生态环境的概念方面，不同学者分别提出了自己的观点。对于人才生态环境的定义，大多数学者认为人才生态环境是人才赖以生存与发展的诸多外部环境要素构成的系统（陈建俞，沈慧青，2019），具有相对独立性、可持续性（肖克奇，易本谊，2003），是一个完整的、有内在规律的体系（朱达明，2004），是影响人才成长的各种外部要素的总和（梅伟，2012；黄梅，吴国蔚，2009）。在结构方面，大部分学者将人才成长生态环境分为三个层次：根据马斯洛的需要层次理论和勒温的心理力场理论，人才生态环境评价体系可分为基础层次、社交层次和最高层次（李锡元，查盈盈，2006），即包括基础的自然环境、经济环境等，中间的文化环境等，高层次的制度环境等；也有学者将人才生态环境分为宏观环境和微观环境（孔德议，张向前，2012；罗洪铁，周琪，2003）。国内学者先后就科技创新人才的培养与开发生态环境（韩俊，2011）、高水平师资人才成长生态环境等（乔俊飞，2016）进行研究。在要素内容方面，大部分学者从市场环境、经济环境、教育环境、社会环境、生活环境和自然环境等方面（Wang C. K. J. et al., 2011；李荣杰，2012；梁文群等，2014；Brazo-Sayavera J. et al., 2017）。人才生态环境建设的落后导致地区人才培养能力低下和吸引力不足，极大程度上制约了区域经济的发展（李荣杰，2012）。Bichler 等（2020）从身体健康、心理健康、物质资本、社会资本、区域环境以及民生服务几方面分析，发现基础设施、网络、人才或文化等生态环境要素是创业人才生活质量的重要来源。

（二）人才成长生态环境实证研究

在人才成长生态环境实证研究中，大部分学者通过宏观数据构建生态环境评价指标体系，对不同省份及区域的人才生态环境进行评价。在人才生态环境评价指标体系构建上，学者主要从理论和实证两个方面进行研究。部分学者先后基于生态理论构建科技人才生态链（崔丽杰，2016）、科技人才生态环境评价指标体系（刘瑞波，边志强，2014；郝金磊，韩静，2015；王颖，王奕苹，2016），搭建人才生态环境评价指标体系初始模型（顾然，商华，2017），以及构建全面的科技人才效能评价指标体系等（陈颖，2013）。

在人才生态环境维度与度量方面，有学者认为科技人才生态环境评价体系包含经济基础环境、社会保障与服务环境、高等教育环境、科技系统环境、对外开放环境和城市生活环境六个维度（刘瑞波，边志强，2014）；也有其他学者认为应该从经济基础、科技发展、人才保障三方面构建科技人才社会生态环境评价指标体系（周学军，郑雅雯，2016）；在科技人才效能评价指标体系方面，应包括科技人才投入、科技人才生态环境和科技人才产出 3 个维度，共 5 个层次，21 个指标（陈颖，2013）。而企业人才生态环境评价则应包括人才胜任力、组织能力、区域环境 3 个一级指标评价（商华，王苏懿，2017）。朱郑州等（2011）根据生态系统理论，认为科技人才成长分为微观系统、中间系统、外观系统、宏观系统和史观系统，从而建构了杰出科技人才成长的五层面生态环境。黄梅和吴国蔚（2009）认为人才生态环境包括自然生态环境、社会生态环境、规范生态环境等。邱赵东等（2017）以微观人才生态环境为研究对象，提取出物质环境、制度与文化环境、业绩环境、人事环境、创新与研发环境下属评价指标，并探究各级指标的评分方法，最终设计出微观人才生态环境评分方法。

在人才生态环境实证方面，钟嘉琳等（2019）和 Meina 等（2019）分别研究了创新创业人才评价指标体系，从人才竞争力、创业能力与创业成果等构建了人才评价指标体系，发现创业生态环境等对人才的影响最大。崔丽杰（2016）运用熵值法和可持续发展模型、均值赋权法、非整秩次秩和比法（WRSR）对科技人才生态环境进行进一步评价和分析，并基于结构方程模型（SEM），运用 SPSS22.0 和 LISERAL8.7 软件对 213 份有效个案数据进行实证分析。陈颖（2013）运用层次分析法对各指标赋予权重、模糊数学综合评判方法对江西省科技人才效能进行了实证研究。商华和王苏懿（2017）采用文献分析和实证分析的方法，构建企业人才生态系模型，识别创新型企业的人才生态系统评价因子，构建包括人才胜任力、组织能力、区域环境三个一级指标的人才生态系统评价指标体系。周学军和郑雅雯（2016）采用因子分析法提取出的科技人才社会生态环境指标体系的二维主成分。郝金磊和韩静（2015）基于已构建的指标体系从投入与产出的视角出发，运用因子分析及 DEA 模型对西部地区科技创新人才生态环境进行了评价研究。王颖和王奕苹（2016）采用因子分析法，发现构建科技人才生态环境的主要影响因素。林琳（2019）则运用因子分析法从宏观环境、中观环境、微观环境三个维度对民族地区八个主要民族省份地区的高校教师人才生态环境进行了评价和分析。

也有少部分学者从人才成长环境进行了实证研究。创新创业人才成长环境建设，是一个地区人才吸引、开发和创新的重要源泉，张海燕（2012）运用主成分分析法对徐州市及江苏省其他 12 个主要城市的创新人才成长环境进行了综合评价。陈鹏和张吉军（2017）从创新人才现状、创新氛围、研发环境、创新激励四个维度构建了 bp-dematel 模型测度指标，以修正 bp-dematel 模型对创新人才成长环境的验证。孙泽厚和王洁琼（2017）从生态学角度通过运用多元回归分析方法研究青年拔尖科技人才成长环境（求学环境、工作环境、社会环境和家庭环境）与三维资本之间的关系。崔杰（2008）运用定性和定量相结合的方法对创新人才成长环境完善度测评问题进行了系统的研究，采用多级模糊综合评价法结合该指标体系对创新人才成长环境完善度问题进行了系统的分析和研究。Ataei 等（2020）运用模糊层次分析法与 SEM 结构方程模型分析了创业能力对农村创业人才意愿的影响。王剑程和朱永跃（2015）运用 SPSS19.0 和 LIS-REL8.8 软件对调查数据进行因子分析，构建科技人才成长环境评价模型。崔颖（2013）建立了河南省科技创新人才成长的政策环境评价体系，基于模糊综合评价理论对科技创新人才与政策环境之间的关系进行实证研究。

通过梳理人才成长生态环境相关研究发现，学界对人才成长生态环境的研究主要集中于人才生态环境的构成、人才成长生态环境的基本维度以及对宏观区域的人才生态环境水平的评价，在实证中主要运用定性与定量结合的方法进行研究，包括修正 bp-dematel 模型、因子分析、DEA 模型均值赋权法、非整秩次秩和比法（WRSR）以及结构方程等，这些方法为本书的实证研究奠定了基础，但缺乏从微观视角出发对同类主体人才生态环境的研究，本书也正是基于此建立了研究的基本视角。

四、生态环境对创业人才成长的影响研究

随着我国对人才发展的不断重视，学界基于人才生态学理论创业人才的研究逐渐丰富。创新创业人才的成长受制于各类环境的影响，一个良好的环境，对创新创业人才的成长与开发至关重要（董原，2016）。Shane 等（2001）和 Kassa A. G. & Raju R. S.（2014）在创业环境研究当中均对创业环境构成要素做出了各自的解释；早期国内学者赵应丁（2005）、郭宇静

（2009）、段利民和王林雪（2010）也针对中国具体国情分析了创业环境的构成要素。任晓蕾（2020）认为创新创业人才环境包括制度、实施和条件环境三大方面。由于经济转型中制度的缺失和不完善，政府关系的建立和使用已成为创业成长的关键因素（Li W. et al.，2012）。然而，Ju 等（2019）发现亲戚、朋友和政府机构都可能成为创业人才获取资源的渠道，但家庭关系、政治关系对创业影响不显著。

近年来，有学者发现从生态学视角切入研究创业，生产组织、企业分拆、行业生态位的建立、资源空间的识别是当前组织生态学创业研究的前沿领域（李仁苏，蔡根女，2008）。Spilling（1996）首次提出创业生态系统概念，随着创业生态系统六个"黄金要素"的提出（Isenberg D. J.，2011），国外对创业生态研究越来越重视。Kendall（2016）指出生态理论和模型曾经是定性概念框架的主要来源，现在常被用来开发经验模式的定量解释；Palivos 和 Wang（1996）认为人才生态环境的主要影响因素包括地方政府提供公共产品的情况、地方政策以及工资水平等；Qiangshen（2011）认为高素质的人才生态环境是区域竞争优势和区域社会经济发展的重要源泉。Ceci 等（2016）运用生态学方法研究如何实现人才成长的潜力，认为人才是通过解释遗传能力培育实现的生态学机制。创业人才与区域环境的相互作用构成了创业人才生态系统（周方涛，2012），邱赵东等（2017）认为良好的人才生态环境对获得高质量人才至关重要，杜辉（2016）基于生态学视角的人才生态系统构建研究，证明科技人才成长需要有赖以生存的社会土壤和环境予以支持。周湘蕾和蔡雪月（2017）对以往研究以大学生为主要参与者的创新创业生态系统的规模与现状的文献（龙梦晴，张楚廷，2017）进行总结和分析，发现生态学的视角下创新创业的现状与环境研究备受瞩目。人才生态系统强调创业人才个体内在要素以及创业人才面临的外部环境会影响其创业绩效（王转弟，马红玉，2020）。

生态环境对返乡农业创业人才成长的影响相关研究较少，学界对人才生态环境的研究起步较晚，对返乡农业创业人才成长生态的研究主要集中于对创业人才生态系统、创业生态系统理论与实证的探讨。已有研究为本书的理论、实证分析奠定了基础，本书将在人才生态系统理论基础上对返乡农业创业人才成长进行深入探讨，以期丰富生态环境在人才成长方面的理论。

五、文献述评

通过对国内外相关文献的综述回顾与梳理，学界对人才生态的研究历时40余年，已经取得较为丰富的成果，为返乡农业创业人才成长生态环境的研究提供了科学的理论指导。同时，关于创业人才、人才成长的相关问题也受到国内外学者的高度重视，研究成果较为丰富，这也为本书研究奠定了扎实的基础。学者们从不同角度对创业人才、创业环境、人才生态环境等进行了分析，探讨了生态系统理论、人才生态理论等在创业领域与人才领域的议题，但目前对创业人才成长生态环境的研究仍可进一步深入和拓展。

（1）环境与人才成长的命题已取得学者共识，但理论机制仍然不明。现有研究较为分散，对人才生态环境探讨视角主要形成两个观点：一是系统要素论，即将人才生态环境看成生态系统，与人才主体、政府构成一个整体的生态系统；二是环境要素论，将人才生态环境视为人才与人才成长的外部环境。对人才成长生态环境维度与度量未形成通用框架，人才生态环境的理论维度仍然存在较大争议，忽略了环境对人才成长理论机制的分析。

（2）研究主要集中在生态环境构成方面，农业创业人才成长生态环境研究成果较少。在具体研究内容上，主要集中于人才生态环境概念界定、影响因素、指标构建与生态环境评价，国外学者的研究大多基于企业、宏观区域的角度。在研究方法上，往往采用主成分分析法或因子分析法、层次分析法等不同数理统计方法搭配使用的方式，或基于对文献综合整理的定性分析而成，运用已有成熟的生态学理论方法进行研究的比较匮乏，缺乏对生态环境之等人才成长的作用机理的深入探讨。此外，对返乡农业创业人才成长生态环境研究缺乏。在研究对象上主要集中于科技人才生态环境、创新创业人才生态环境、大学人才生态环境指标体系构建研究，有关返乡农业创业人才生态环境研究也还处于探索阶段。

（3）忽略了创业人才成长生态环境的动态性与区域异质性。人才成长生态环境会经历创业、成长、可持续成长到消亡，充满了动态性，现有研究未充分考虑人才成长受其个体、家庭等生态环境的影响和不同环境要素对创业可持续成长的作用。此外，现有研究大多停留在对区域整体宏观人才生态环境评价层面，较少从人才微观视角去探寻不同区域、不同人才个体之间成长生态环境的差异。

综合已有研究成果，本书尝试将布朗芬布伦纳提出经查尔斯·扎斯特罗（Charles Zastrow）改进后的生态系统理论，结合沈邦仪（2005）提出的人才生态学理论，对返乡农业创业人才成长生态环境的研究，构建基于生态系统理论的返乡农业创业人才成长生态环境评价指标体系。同时，结合马克思主义人才理论、企业成长理论、人力资本理论、社会资本理论等，考虑返乡农业创业人才成长特征与差异，全面识别影响返乡农业创业人才成长的生态环境要素，以此为优化我国返乡农业创业人才生态环境提供科学合理的建议。

第四节　研究设计

一、研究思路

返乡农业创业人才成长的生态环境是人才引、育、管、留的核心，研究生态环境的优良就是分析当地环境是否适合农业创业人才成长。围绕主要目标，本书将采用历史文献回顾、理论分析、微观抽样调查与数据分析等相结合的方法，遵循"发现问题—分析问题—解决问题"的研究思路。

首先，发现问题。从现实背景阐述优化返乡农业创业人才成长生态环境的重要性，从理论与现实角度揭示如何优化返乡农业创业人才成长生态环境，并通过对国内外文献梳理与相关概念界定、理论介绍，剖析返乡农业创业人才生态环境构成、生态环境特征及与人才成长相互关系，为研究提供学理依据。

其次，分析问题。在生态系统理论的分析框架下，根据优化返乡农业创业人才成长生态环境的基本内容与目标，构建返乡农业创业人才生态环境评价指标体系，基于四川省返乡创业试点区与非试点区属性，从返乡农业创业人才微观视角对生态环境水平进行测度。以生态环境水平测度结果为基础，运用结构方程模型检验内生态环境、外生态环境不同生态要素对返乡农业创业人才成长作用机理。

最后，解决问题。得出经过实证检验的生态环境对返乡农业创业人才作用机理，据此针对返乡农业创业人才成长生态环境实际，提出优化农业创业人才成长生态环境路径，以期为促进乡村振兴战略实施、推进返乡农业创业生态环境建设提供理论依据与政策建议。

二、研究内容

本书分为绪论和 7 章进行农业创业人才成长生态环境分析研究，探究其对人才成长的作用机理。

绪论部分通过梳理选题现实背景与理论背景，对相关文献进行回顾，提炼本书的现实意义与理论意义，总结现有研究可能存在的不足以寻找研究切入点；提炼本书的研究思路、研究内容，结合研究内容绘制技术路线图以及主要研究方法，提出可能的创新之处。

第一章是概念界定与理论基础。对本书所涉及的概念进行界定，包括返乡农业创业人才成长等核心概念，对研究所涉及的理论基础进行梳理与分析。

第二章是返乡农业创业人才成长生态环境理论分析。借鉴管理学、经济学、人才学思维以及生态系统理论、马克思主义人才理论等相关理论，分析返乡农业创业人才成长角色演变、成长规律，返乡农业创业人才成长生态环境关键构成视角，返乡农业创业人才成长与生态环境相互关系，基于"环境—能力—成长"的逻辑，构建本书的研究框架，为后续研究提供理论依据及逻辑思路。

第三章是数据来源与样本现实考察。在文献梳理与理论分析的基础上，提出本书的调研设计方案与问卷。采用李克特 5 分量表，分别对人才成长生态环境中个体生态、家庭生态、教育生态、商业生态、制度生态、社会生态、自然生态进行量表设计，并结合返乡农业创业人才成长实际对人才质的成长、量的成长以及可持续成长进行量表设计，结合村域特征、个体特征、家庭禀赋以及创业特征等，设计并修订调查问卷，根据调研数据进行统计分析与问题梳理。

第四章是返乡农业创业人才成长生态环境评价。在人才生态环境理论框架下，构建返乡农业创业人才成长生态环境指标体系。运用 G1–熵权组合赋权法对返乡农业创业人才成长生态环境评价指标进行赋权；结合模糊综合评价法对返乡农业创业人才成长生态环境水平进行测度评价，并运用独立样本 T 检验与单因素方差分析对试点区与非试点区进行差异分析；对四川省五大经济区生态环境水平进行区位差异检验。

第五章是内生态环境对返乡农业创业人才成长作用机理分析。立足于人才内生态环境的视角，考察内生态环境对返乡农业创业人才成长、可持续成长的作用机理。围绕个体生态、家庭生态以及教育生态三个生态要素维度对人才内生态环境进行了构建，系统分析三个维度如何对返乡农业创业人才的可持续成长产生作用，并通过实证研究检验作用机理，同时引入创业动态能力中的环境感知能力和资源整合能力，研究两个认知变量在上述关系中所起到的中介作用。

第六章是外生态环境对返乡农业创业人才成长作用机理分析。从商业生态、制度生态、社会生态、自然生态四个外部生态环境维度对返乡农业创业人才成长与可持续成长进行解构，系统分析外生态环境如何作用于返乡农业创业人才成长与可持续成长。利用解构方程模型实证检验上述作用机理，并引入创业动态能力中的环境感知能力、资源整合能力，研究两个认知变量在上述关系的中介作用。

第七章是研究结论与政策启示。综合分析生态环境对返乡农业创业人才成长作用机理，结合返乡农业创业人才成长内生态环境、外生态环境的研究结果，提出返乡农业创业人才可持续成长优化对策。

三、技术路线

本书在实地调研与访谈的基础上，完成数据收集，运用相关理论进行深入分析，借助 MATLAB12.0、SPSS22.0、AMOS26.0 等软件进行实证研究，最后在研究结论的基础上，提出优化四川地区返乡农业创业人才成长生态环境的建议。具体的技术路线如图 0 - 2 所示。

第五节　研究方法

本书主要关注人才返乡农业创业前到现阶段的成长变化以及其所在生态环境对其成长的作用，而不是描绘单个人才的成长路径，且纵向时间序列数据获取极为困难，因此，依托截面数据，采用定量研究为主、定性研究为辅相结合的研究设计。与既往人才生态环境研究不同的是，本书第四章、第五章和第六章完全采用定量设计，结合文献回顾与逻辑演绎构建假

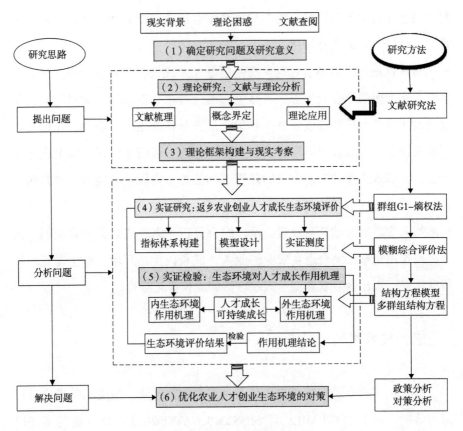

图 0 - 2　研究思路及技术路线

设模型，利用大样本数据进行验证。本书目的旨在挖掘和实证检验返乡农业创业人才成长与生态环境的内在关系，属于解释性研究（explanatory research），既要定性"深描"，又要定量"检验"。

一、文献研究法

本书在运用文献研究法对相关文献资料进行梳理和总结的基础上，把握国内外学者在该领域的最新研究成果，了解其发展趋势，从而为本书打下坚实的基础。本书的文献主要依靠如下收集途径：全球创业观察（Global Entrepreneurship Monitor，GEM）历年中国报告、学校图书馆等资源、中国期刊网 CNKI 数据库、Web of Science 数据库、Search Gate 等国内外博硕学位论文、学术论文以及田野调查等，收集相关的经济学理论、人才学理论、生态学理论以及与"农业创业"有关的研究成果等。

二、准实验研究法

为了检验生态环境对返乡农业创业人才成长的作用机理，本书使用准实验法分析实验组与对照组生态水平差异，运用全国返乡农村返乡创业试点与非试点区的对比，探究各维度生态环境对返乡农业创业人才成长的不同作用。通过试点区带动非试点区返乡农业创业，促进返乡农业创业人才成长生态环境建设，为实现全国返乡农业创业生态环境良好发展寻找切入点。也即从理论上试点区返乡农业创业人才成长生态环境优于非试点区，以试点区为实验组、非试点区为对照组进行准实验法研究。

三、问卷调查法

首先，对四川部分试点区的经济发展现状、农业创业现状等进行田野考察，旨在从人才生态理论视角出发，整体把握返乡农业创业状况及地区经济、社会等外生态环境发展状况选定样本区；其次，运用实地问卷调查法获得数据。本书的问卷设计内容涵盖较多，主要包括创业人才个体特征、家庭特征、经营情况、创业生态环境等信息，通过问卷调查，获得真实地反映返乡农业创业人才成长情况与成长的生态环境情况等微观数据和信息。

四、计量分析方法

（1）德尔菲法（Delphi），对返乡农业创业人才成长生态环境评价指标进行筛选。德尔菲法是一种专家匿名评审的方法，第四章采用德尔菲法对指标体系进行检验合理性与筛选。

（2）群组 G1 – 熵权组合赋权法，对返乡农业创业人才成长生态环境评价指标进行赋权。G1 法过于主观，一旦客观环境变化无法及时体现权重系数的变化；熵权法能反映指标的变化程度，但可能出现权重系数与指标的实际重要程度不匹配的情况。因此，群组 G1 – 熵权组合赋权法弥补了两种方法单独使用的缺点，既可以反映专家经验又符合客观环境变化的需要。

（3）模糊层次分析法，对返乡农业创业人才成长生态环境水平进测度（评价）。第四章分析返乡农业创业人才成长生态环境时，运用模糊综合评价法进行返乡农业创业人才成长生态环境测度。

（4）因子分析法，对返乡农业创业人才成长生态环境指标体系进行信度与效度分析。在第四、第五、第六章构建操作性较强的指标体系，采用验证性因子分析、探索性因子分析等方法对指标进行信度和效度检验。

（5）SEM 结构方程模型与多群组结构方程模型比较分析。结构方程模型（Structural Equation Modeling，SEM）是一种较为常见的可以同时处理多个（或一个）自变量与多个因变量之间因果关系的线性统计建模分析方法。分析农业创业人才生态环境各维度变量均为潜变量，来源于人才主观感知，很难用直接方法测量，因此通过量表运用结构方程模型分析最为适宜。在第五、第六章，采用结构方程模型对返乡农业创业人才成长的个体、家庭、教育生态环境与商业、制度、社会及自然生态环境对返乡农业创业人才成长（可持续成长）作用机理进行实证分析。运用多群组结构方程模型检验生态环境各维度对试点区与非试点区的影响，分析返乡农业创业人才成长作用异质性，为后续优化返乡农业创业人才成长环境提供理论依据，运用 SPSS、STATA、AMOS 等软件对数据进行处理与分析。

第六节　创新之处

与已有研究相比，本书对返乡农业创业人才在生态环境与作用机理方面进行了深入而系统的探讨，有一定的理论与视角创新，具体表现在以下几方面。

（1）从人才生态学及生态系统理论出发，在返乡农业创业人才成长与人才生态环境两个维度上，构建了具有内在逻辑一致性的生态理论框架。在一定程度上拓展了以往研究人才成长环境时的局限，引入生态学思想将人才成长看作生物个体成长，探究个体与生态环境作用机理，为人才成长及可持续成长的理论研究提供理论分析范式，在学科交叉思想和分析框架等方面有所拓展。

（2）从返乡农业创业人才微观主体视角上对生态环境对人才成长作用机理进行探索，提供了人才成长生态环境研究新思路。站在返乡农业创业人才微观视角上，通过建立在生态系统理论、人力资本理论、社会资本理论、马克思主义人才理论等基础上的假设前提，还原返乡农业创业人才成长的"真实生态世界"，分析其所在外生态环境与内生态环境，得出对返乡农业创业人才成长影响较为重要的生态因子。

（3）将关注点从外部宏观生态环境聚焦于内生态环境与外生态环境共同作用框架下，构建了系统的人才生态环境评价指标框架。在人才生态系统理论与人才成长理论分析框架下，从人才个体生态、家庭生态、教育生态、商业生态、制度生态、社会生态、自然生态环境多个维度进行实证分析，检验生态环境对人成长作用的"黑箱"，进而识别不同生态环境对返乡农业创业人才成长的作用，揭示创业生态、人才生态对农村地区返乡创业的作用。

| 第一章 |

概念界定与理论基础

第一节 概念界定

一、创业者

创业者（Entrepreneurs）一词在 12 世纪就已经出现了，被用于指代买卖双方或为新创组织承担风险的人（张秀娥等，2017）。18 世纪中期，理查德·坎蒂隆（Richard Cantillon，1680—1734）在其著作中论述了创业者并得到学界的认可，Kilby（1971）将创业者定义为在环境不确定情境下承担风险、管理企业与作出行动决策的人，并起着"套利者"的角色（Foss N. J. & Klein P. G.，2009）。之后，学界对创业者的研究逐渐丰富，创业者是经济研究中的关键角色，擅长技术等并能转化为有价值的产品（Grebel T. & Hanusch A. P. H.，2003）。Schumpeter 等（1934）认为创业者区别于企业所有者与经理人等，是值得研究的个体。张宝文（2018）梳理发现学界对创业者概念未达成共识，并对国内外具有代表性概念进行了统计（见表 1-1）。

表1-1　学界对创业者概念界定

作者及来源	概念界定
Schumpeter 等（1934）	创业者即通过创新打破原有的平衡，推动与促进经济发展的主要代理人，有别于企业所有者与经理人等
Casson（1982）	创业者是在不确定环境下擅长组织、识别与利用稀缺资源创造机会的人
Carland 等（1984）	创业者是创立并管理企业，以营利和企业成长为目标的人
Bygrave & Hofer（1991）	创业者是能够转化原材料，有效利用有形资产和资源创造财富，以新产品和升级产品创造新的市场机会和开发新客户的人
Aldrich（1999）	创业者即以利润最大化为目标而认真从事可行性创业活动的人
Hisrich 等（2009）	创业者是将知识、经验等有效结合，以资源最低配置进行创新，并能接受创新结果和承担风险的人
林强等（2001）	广义上创业者是参与创业活动的全部人员；狭义上创业者是参与创业活动的核心成员
王玉帅等（2009）	创业者即认识并发现市场机会，创立企业以获得收益同时能为此行为承担风险的人
张宝文（2018）	创业者即新创企业的创始人或团队，是创业的主要发起与实施人

资料来源：作者根据文献梳理，整理所得。

结合国家政策及相关研究可以出现，不同学者对创业者的理解有所不同。大部分学者认为创业者是具有创新精神和创新能力的（黄盈盈，2002；肖为群，樊立宏，2014）、开创新事业的人才（易自力等，2007），应具有创新意识、创新精神、创业思维与创业能力（李冰，高雨薇，2014）。2001年，全球创业观察（GEM）报告的撰写者雷诺兹等提出了"机会型"和"生存型"创业的概念，本书认同以上分类并视其为本书的研究对象。本书借鉴已有学者研究认为，创业者是每个社会中最活跃、最积极、最有生气和最具创造力的一个群体，具有创新意识、创业精神和创造能力等。创业者具体可归为两类：一类是已经或者正在通过创办企业等经营实体的创业人员，如民营企业家、个体经营者；另一类是具有冒险或创新精神且有实践能力，能主动适应社会、把握创业机会进而取得很好的成绩、推动事业发展的"拓展事业发展新格局的人"（董原，2016；赵路，

2016)。本书结合以往学者对创业者的界定认为，创业者是创立企业或组织的发起人，居于创业过程的核心地位，是创业活动的主要发起者与实施者（Dastan H, et al., 2016；张宝文，2018），也即创业人才。

二、人才生态环境

人才生态环境（Talent Ecological Environment）既是一个仿生概念，又是一个系统学概念。在界定人才生态环境前需要厘清我国人才的特殊发展情境及概念。人才（talent）一词出于《易经》"三才之道"，最早明确提出人才定义的是雷祯孝、蒲克，其在1979年7月所撰《应当建立一门"人才学"》一文中，从人才的本质出发给人才下定义，突出了人才的创造性、进步性和贡献性。随着人才学研究的不断深入、人才实践活动的不断丰富，对人才概念的研究也日趋完善。叶忠海（1983）、梅介人（1985）、王通讯（2005）等先后对人才的概念进行辨析和探索，颇具学术价值。其中，最具代表性的人才定义即"人才是指在一定社会条件下，能以其创造性劳动对社会或社会某方面的发展作出某种较大贡献的人"（王通讯等，1990）。在人才学学科建设的约40年中，人才概念在人才工作实践和理论研究的过程中不断深化，从简单到逐渐完善，从具体到逐渐抽象，不断地贴近我国人才的本质。根据以上观点，本书认为完整的人才定义应该包括两个方面：一方面是具有一定专业知识或专门技能的人力资源中能力与素质较高的劳动者；另一方面是进行创造性劳动，且对社会作出贡献的人（邱永明，2004；华才，2004；张家建，2008；张燕花，2014）。将人才内涵阐释如下：人才是具有一定的知识和技能，能够进行创造性劳动，进而推进社会主义物质文明、政治文明、精神文明建设，对中国特色社会主义伟大事业作出积极贡献的人。人才概念应该同时具备上述特征，具体包括生产经营人才、管理人才、技术人才和技能人才等。

随着人才概念的完善，不少学者在此基础上开始对人才生态学进行研究，提出人才生态与人才生态环境。人才生态环境即以人才为中心，对人才的产生、存在、发展起直接或间接作用的各种要素的总和。其中构成人才生态环境的因素为人才生态因子，是人才作为独特社会群体所共同指向和依托的思想理念、价值追求和文化底蕴。人才生态环境是一个由众多复杂因素构成的社会系统，是一个完整的有内在规律的体系。"人才生态环境"不仅是单纯在"人才环境"中添加一个修饰词"生态"，更是要借用生态学的理论和方法来研究人才环境（陈建俞，沈慧青，2019）。在人类发展生态学中，关于环境概念，不论是在内容主题、范畴还是在结构上都有所发展。生态学取向在内容上更加强调知觉到的环境，在布朗芬布伦纳看来，对人的行为和发展来说，最重要的环境不是客观现实的环境，而是个体所知觉到的、所理解的环境。从里到外分别为微观系统、中观系统、外系统和宏观系统，这几个系统的先后顺序，主要是依据环境距离个体生活的范围远近确定的，距离个体生活最近的环境与其成长互动作用最大，但是这并不意味着较远的环境对成长的影响就小。

人才生态环境中人才与环境是两个重要的组成部分，以人才为核心，主要由家庭、教育、制度、社会及自然等环境组成（孔德议，张向前，2012；邱赵东等，2017）。查尔斯·扎斯特罗（Zastrow C. & Bremner J.，2004）在布朗芬布伦纳的基础上进一步提出生态环境从里到外分别为微观系统、中观系统和宏观系统。沈邦仪（2005）认为人才生态环境分为外生态环境和内生态环境，其中内生态包括人体生态等，外生态包括自然生态、社会生态等。结合学界相关研究，本书认为人才生态环境是人才与内外生态（个体生态、家庭生态、教育生态、制度生态、社会生态和自然生态）之间相互作用而形成的生态环境的总和，是一个由众多复杂因素构成的社会系统，是一个完整的、立体的、有内在规律的体系。

三、返乡农业创业人才

随着我国返乡创业热潮兴起，农业创业成为不少返乡人员的首选，也因此催生出了返乡农业创业人才生态群体。农业创业指人们在农业行业领域内进行投资，从事农业生产、加工、运输、服务等活动的过程，包括种植养殖规模化经营、设施农业生产、农业经纪活动、组建农民经济组织、创办农业企业等。通过对文献的梳理，学界已有研究尚未清晰界定返乡农业创业人才。王洁琼认为新型农业创业人才应该是"互联网＋农业＋创业"，具备创新理念、创新思维，能够在农业领域捕捉机会，开辟新业态，创造经济和社会价值的人。张静等（2020）提出新型农业创业人才的三种类型即农业技术创业型、返乡创业型、干部创业型，都具有风险投资意识和产业融合意识等魅力型特质，带领周边农户发家致富的能力，懂得运作"关系"等。也有学者对新农人进行界定，新农人是具有"互联网思维"的农民新群体（农业农村部农村经济体制与经营管理司，2016；阿里研究院，2014；陈卫平等，2018）。

在我国农村现实情境下，返乡农业创业人才即为农业创业人才（Agri-cultural Entrepreneurial Talents），通常指在农业行业领域内，善于把握市场信息，返乡利用自然资源、社会经济条件以及农业发展优势，发展种植业、养殖业、加工业以及农业服务业，为自己创造财富的同时带动周边农民共同致富的现代创业人才。农业创业人才与传统农业生产者的区别在于思维方式和经营手段不同（王洁琼，孙泽厚，2018）。本书的返乡农业创业人才参考 2017 年人力资源社会保障部就业促进司和中国人民大学农业与农村发展学院联合开展的"全国返乡创业调查"数据，将"返乡创业"操作性界定为：曾离开户籍所在区县（或乡镇）外出半年及以上，外出前为农业户口，目前正在户籍所在区县（或乡镇，如果曾外出的范围没有跨区县）范围内创业人才，包括返乡农民工、大学生、军人和城归族等群体。具体对象包括但不限于返乡农民工、返乡大学生、返乡复员转业退役军人、返乡城镇从业人员等创业人才，且创业活动在农业或农业相关领域。农业创业人才是农业创业群体中素质和能力较强者，具有创新思维和创新精神，且善于把握市场机会和运用新技术，尤其是开始注重生态农业理念。结合学界相关研究，本书中返乡农业创业（者）人才指返乡人员在农业领域或农村抓住创业机会进行投资，具备创新思维，从事农业生产、加工、运输、服务等活动的过程，包括种植养殖规模化经营、设施农业生产、农业经纪活动、组建农民经济组织、创办农业企业等，在农业领域内创造经济与社会价值的人。

四、返乡农业创业人才成长

在马克思看来，人本质上就是在一定社会关系中，通过劳动来实现其生存的需要、发挥其能力和表现其个性的存在体。成长是源于生物学的概念，一般指有机体或生物体由小到大的发展过程。成长的生物学定义为体积或重量的增长、能力由弱到强的和生命力由成熟到衰老的过程。而在经济学中，成长则是数量的增加，是一种变化与趋势；管理学中的成长则表现为一种趋势或者过程。在已有国内外研究中，不少学者分析了企业成长（Boubakri N. & Saffar W. ，2016；Tove B. ，2018）。在企业成长论中，成长表现为资源数量、性质、结构等方面的变化。返乡农业创业人才作为乡村振兴中的重要人才群体，其成长过程与企业成长有类似周期规律。人才成长是基于人力资源管理理论提出的，人才是创业中的企业资产（人力资本），是创业生态系统中不可替代的主体，其内在本身也有一定的因果性、关联性、基本轨迹和发展规律。受众多因素的制约，在不同的社会背景下，人才所经历的成长路径也不尽相同。因此，人才成长并非绝对的，它是有规律可循的。人才成长规律指形成于人才成长过程中的，在一定程度上所具备的出现概率较高的一种重复性变换关系，它属于社会科学范畴（马振华，2010）。在人才成长过程研究中，叶忠海（2007）提出了"人才成长基本原理——综合效应论"，其在《普通人才学》中指出："人才成长是以创造实践为中介的、内外诸因素相互作用的综合效应过程。其中内部因素是人才成长的根据，外部因素是人才成长的必要条件，创造实践在人才成长中起决定作用。"

人才成长可从两个层面进行理解：一是能力的成长，二是素质人格的养成，两者统一于人才的成长（钟苹，2015）。朱苏丽（2006）结合无界职业生涯管理理论及人力资本理论提出了人才成长的三个标准，即社会标准、企业标准、个人标准。人才价值可以由其所拥有的人力资本、社会资本和心理资本来衡量，根据西方经济学的观点，资本的提升意味着价值的增值，价值的增值也就意味着成长、发展。由此，人力资本、社会资本、心理资本就组成了人才成长的三维资本结构，可以用来评价人才成长状况（陈向军，莫莉，2008）。根据系统理论，人才成长是生态环境与外生态环境综合作用的结果。其中，个体自我效能感等是影响人才成长的内因，社会及自然等因素是影响人才成长的外因（袁宝宝，2017）。企业成长包括量的成长与质的成长，量的成长是质的成长的基础（任雪娇，2014）。返乡农业创业人才成长即返乡人员在农业领域外部环境及内部驱动作用下，基于创业初期、人才能力、资本、技术等能力和资源提升而使其思维、认知、心理及能力等方面成长的过程，这种成长包括人才在内在管理等能力上质的成长与外在量的成长。根据已有文献的研究，对返乡创业人才成长从质的成长、量的成长以及可持续成长几方面来衡量。

在本书中，返乡农业创业组织与企业有类似之处，返乡农业创业人才成长可借鉴企业家成长中的分类，即从人才质的成长与量的成长考虑，人才的成长状况可以用函数的数量模型来表示。为进一步细化研究人才成长状况，按照以上研究思路，构建人才成长函数方程：

$$GT = f(M_G,\ Q_G);\ \frac{\partial G}{\partial M} > 0;\ \frac{\partial G}{\partial Q} > 0 \qquad \text{式 (1-1)}$$

其中，GT 为人才成长，说明人才成长状况，是因变量；M_G、Q_G 是自变量，M_G 代表返乡农业创业人才质的成长，包括返乡农业创业人才能力生态的变化；Q_G 是指返乡农业创业人才量的成长，包括返乡农业创业人才创业规模、收益等的变化。GT 为单调递增函数。

第二节 理论基础

一、马克思主义人才理论

(一) 马克思主义人才理论及其发展

马克思主义在长期发展中形成了丰富的人才思想,构成了体系完整的马克思主义人才理论(薛红焰,2018)。一般认为,马克思主义人才思想由马克思与恩格斯共同提出,是建立在人学理论与人的全面发展理论之上的(薛红焰,2018;贾尧天,2019)。马克思和恩格斯在其《德意志意识形态》中提到:"社会一直是在对立的范围内发展,在古代,自由民主与奴隶的对立;在近代,资产阶级与无产阶级的对立。"也就是说,在阶级对立存在的情况下,人类的发展也会出现"阶级分化",人类依靠自己的能力发展,则会牺牲其他多数个人甚至牺牲整个阶级以实现人类进步的必经阶段。但马克思又提出,人类才能的发展最终会克服阶级分化,使每个人的发展一致,从而提出"人的自由而全面发展"这一理论。这一理论在创立并推动革命、改革的历史进程中不断得以实践,最终形成了一系列人才思想,构成了个体体系全面、内容丰富、逻辑紧密的人才理论体系,也即马克思主义人才理论。其主要包括以下内容:以人的解放和自由全面发展为研究的最终目标,构建了以人的本质理论、人的全面发展理论、人力资本理论、人与环境关系理论、人才评价理论等为主要内容的科学完整的人才思想体系(杨敬东,2008;胡雪梅,2012)。

早期,学界对马克思的人才思想没有足够重视。有学者提出马克思主义人才思想是其人才理论的源头(李艳华,2016),"人才热"近年才引起更大的关注。薛红焰(2018)将其定义为:在马克思主义长期的发展中,以马克思、恩格斯的人才思想为基础和源头,以人的全面发展为基本主线和价值追求,以马克思主义人学为学理支撑,以马克思主义人才观为核心内容,历经各个时期马克思主义经典作家的不断探索、丰富和发展而逐步形成和发展起来的马克思主义关于人才问题的一系列基本思想观点所构成的一个综合性(跨学科)科学理论。马克思主义人才理论在我国的形成与发展主要包括六个阶段(贾尧天,2019)。作为我国人才学的思想基础,马克思主义人才思想、人才理论指引着我国在改革开放和现代化建设与实践中逐渐丰富人才学的内容体系等,主要形成了人才基础论、人才成长理论、人才发展理论三大板块以及11个分支(桂昭明,2011),有力地促进了我国人才队伍的发展。此外,西方也学习和借鉴了马克思主义人才理论,如劳动价值理论是西方现代人力资源管理理论的重要来源之一。

(二) 马克思主义人才理论在本书的运用

在已有的人才研究中,对人才及其成长的探讨离不开对马克思主义人才理论的追溯,人才研究中从多种角度运用马克思主义人才思想与人才理论。结合本书的研究内容,主要在以下几方面有所运用:一是马克思主义人才理论的价值追求即人的全面发展,人的自由而全面发展是个体成才的最终价值理念,也是马克思主义人才思想的价值诉求。本书的研究旨在促进返乡农业创业人才全面成长、可持续成长,综合运用马克思主义人的全面发展、人才环境理论等,结合生态系统理论构建环境对人才的作用模型。二是马克思主义在汲取前人实践经验和研究成果的基础上,结合人的全面发展提出人才培养的基本途径,科学地论证了教育与生产劳动相结合是培养人才的重要途径;依据马克思主义人才观,人才培养对社会发展具有直接的作用,表现为"教育会生产劳动能力"。其中返乡农业创业人才的可持续成长与培育依托教育及人才培养的思想,进一步解释返乡农业创业人才内在生态中的教育生态与外在生态中的社会生态等生态的作用。综上,本书研究运用马克思主义人才理论对农业创业人才成长进行理论预期,依据返乡农业创业人才的特点梳理返乡农业创业生态环境对人才成长、可持续成长的作用机理，并提出人才全面发展所需要的生态环境优化路径。

二、生态系统理论

（一）生态系统理论的提出

生态系统理论又称人类发展生态学理论（The Ecology of Development），将人生活于其中并与之相互作用的不断变化的生态环境称为生态系统，是人与生态环境相互作用的生态系统理论模型。该理论深受达尔文（Charles Robert Darwin）进化论思想的影响，把人成长的社会环境（家庭、机构、团体、社区等）看作一种社会性的生态系统，强调生态环境（人的生存系统）对于分析和理解人类行为的重要性，注重人与环境间各系统的相互作用及其对人类行为的重大影响。其主要观点：人生来就有与环境和其他人互动的能力，人与环境的关系是互惠的，并且个人能够与环境形成良好的调适关系；个人的行动是有目的的，人类遵循适者生存的法则。个人的意义是环境赋予的，要理解个人，就必须将其置于环境之中；个人的问题是生活过程中的问题，对个人问题的理解和判定也必须在其生存的环境中来进行。最早提出社会生态系统理论的是著名的心理学家布朗芬布伦纳。布朗芬布伦纳的生态系统理论对环境的影响作出了详细分析，认为生物因素和环境因素交互影响着人的发展，也有学者称其为生物生态学理论。布朗芬布伦纳提出的生物生态学模型是在人类发展相关领域引用最广、传授频率最高的理论之一（Thomas S.，2008）。

布朗芬布伦纳在1942年发表的博士论文中指出，在对社会地位及社会结构进行评估时，需要同时将个体和社会群体看作发展着的有机单元。布朗芬布伦纳自20世纪70年代开始在发展社会心理学中倡导生态心理学（Bronfenbrenner，1994），用生态学的视角对传统的儿童和家庭政策以及教育实践提出了挑战（Bronfenbrenner，1974），并在1977年提出了生态化系统论的概念及方法论框架，最终发表了《人类发展生态学》（*The Ecology of Development*）。布朗芬布伦纳认为，自然环境是人发展（成长）的主要影响源，这一点往往被实验室里研究发展的学者所忽视。环境或自然生态是"一组嵌套结构，每一个嵌套在下一个中，就像俄罗斯套娃一样"。换句话说，发展的个体处在从直接环境（家庭）到间接环境（宽泛的文化）的几个环境系统的中间或嵌套于其中（见图1-1）。每一个系统都与其他系统以及个体交互作用，影响着发展的许多重要方面。在这个理论中，人的成长会受到四个系统的影响，由主到次分别是微观系统（Microsystems），指个人在情境中，所经历的一种关于活动、角色及人际关系的模式（比如，家庭）；中观系统（Mesosystems），指各微系统之间的联系或相互关系；外系统（Exosystems），指那些个体并未直接参与，但对他们的发展产生影响的系统（比如父母的工作环境）；宏观系统（Macrosystems），包含了某文化、次文化及其他社会脉络在前述三个系统中所形成的模式。

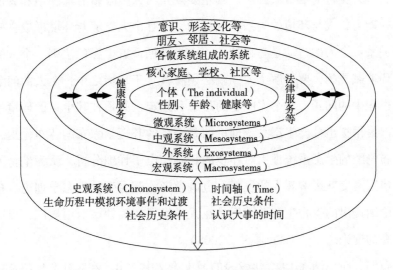

图1-1 布朗芬布伦纳生态系统理论模型

（二）生态系统理论的发展

布朗芬布伦纳的生态系统理论模型是基于对儿童成长过程的分析而提

出的，理论基础更偏向于生物学，注重周围成长生态环境对人的成长的影响。现代社会生态理论最著名的人物之一查尔斯·扎斯特罗（Zastrow C.，2004）进一步阐述了人的成长与社会环境的关系（见图1-2），查尔斯·扎斯特罗的社会生态系统理论在一定程度上弥补了布朗芬布伦纳的社会生态系统理论的不足，提出了个体与环境的相互作用观点。扎斯特罗（2004）对生态系统的分层内容更丰富，在微观系统中加入了个体生态等因素，注重分析个体本身对环境的反映。把个体存在的社会生态系统划分为三种基本类型：微观系统环境、中观系统环境和宏观系统环境。扎斯特罗认为，在人的社会生态环境中，三个系统之间是相互作用、相互影响的。

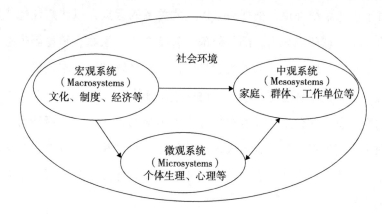

图1-2 查尔斯·扎斯特罗生态系统理论模型

生态系统理论经改进后同样适用于我国农村领域。王转弟和马红玉（2020）认为人才生态系统理论运用到我国情境下则是指在一定的空间环境内，人才内生态系统与周围外环境交互作用而形成的一种复合系统，由人才各种内在要素和外生态要素两部分组成。个人的成长会受到家庭、个人的工作群体的影响，同样也会受到风俗习惯、文化氛围等方面的影响；反之，个体成长在一定程度上也会对内生态系统和外生态系统产生影响。沈邦仪（2005）在生态系统理论基础上进行重新整合，指出人才生态学在结构上包括人才内生态与人才外生态，是能力、心理、人际、家庭等生态的有机统一体。基于此，本书以生态系统理论为核心理论基础，结合我国农业人才发展的特殊情境，以人才内生态环境与外生态环境为返乡农业创业人才生态环境的基本构成，探讨人才生态环境水平及其对返乡农业创业人才成长的作用机理。

（三）生态系统理论在本书的运用

随着生态理论的发展和丰富，进一步完善后的生态系统理论在我国农村发展中具有较强适用性。这些不同角度的研究，体现在如下运用上：布朗芬布伦纳的生态系统理论模型从微观系统、中观系统、外系统、宏观系统探讨人才所处的社会环境和社会生态关系的信息网络，查尔斯·扎斯特罗改进了生态系统理论，根据与个体人才关系的远近，以沈邦仪优化后的观点将人才生态环境分为内部与外部，包括个人、家庭、教育等生态交际范围。返乡农业创业人才的成长就是依据生态系统理论基本构成，以人才内生态（自身的个体生态环境、家庭的生态环境）和人才外生态（商业生态、制度生态、社会生态环境等）建立了本书的人才生态环境评价指标体系，探讨不同生态环境要素与人才成长的相互作用机理。综上，本书运用生态系统理论模型来研究农业创业人才成长及人才成长生态环境，是具有理论依据的。

三、创业理论

（一）创业术语

"创业"一词最早由法国经济学家理查德·坎蒂隆（Richard Cantillon）于 18 世纪提出，他强调创业就是承担不可预期的风险。在英文单词中，创业有多种表达方式，有学者用 venture 与 start-up 表示创业企业，用 entrepreneur 表示创业人才，因此也有学者用 entrepreneurship 表示创业。《辞海》将"创业"解释为创立基业。《孟子》一书提到"君子创业垂统，为可继也"。尽管创业是经济和商业活动的早期情景，但大部分研究并非只为研究创业理论而研究。

（二）创业概念及理论发展

关于创业概念，国内外学者进行了较为宽泛且持久的研究。从国外来看，Hisrich（1986）指出创业即创造新的价值，需要投入时间、精力，要承担各种风险，从而获得经济上的反馈，实现个人价值和成就。许多学者认为，创业是创办新企业（Low M. B. & Macmillan I. C.，1998），其核心是把握创业机会（Flamholtz E. G. & Randle Y.，2008），寻找并发现机会，创造经济利润并谋求长期发展的过程（玛丽·库尔特，2004）。其中最为典型的是在《创业创造》（Timmons J. A.，2003）中的定义，即创业是一种思考、推理结合运气的行为方式，它为运气带来的机会所驱动，需要在方法上全盘考虑并拥有较高的领导能力。

从国内研究来看，大部分学者集中于关注创业机会、创业过程以及创业绩效的研究。关于创业概念的界定，部分学者认为创业是企业管理过程中高风险的创新活动（林强等，2001），在创业环境中如何识别机会并利用机会、动员资源、创建新组织和开展新业务的活动（朱仁宏，2004）。创业是创业人才与外部环境作用的过程，这一过程是以机会问题为核心，以创业目标为导向，并由创业推理和创业行动共同推动的，其本质在于创新（曹之然，2008）。目前学者对创业的界定尚未达成共识，但其本质无外乎创业人才具有创新的个性特质（Bygrave W. et al.，1989）、善于识别并把握创业机会（Stevenson H. H. & Roberts M. J.，1985；Shane et al.，2001）、整合创业资源。因此，本书认为，较为全面的创业内涵是行为者在一定的创业环境中如何识别机会并利用机会、动员并整合资源、创建新组织和开展新的活动。创业通常包含创业人才、商业机会、人力、技术、资源、产品等要素，其中创业人才、机会、技术、资源至关重要。创业理论自提出以来不断发展，为了进一步探究国内创业理论的研究发展状况，本书采纳 Hoagland 等（2001）的统计比较方法研究创业领域自身发展情况。在知网上搜索的 2000 年以来创业研究 CSSCI、SSCI 相关文章达 217253 篇，创业人才、创业人才、创业资源、创业环境的研究相关文章达到 20229 篇。

创业理论在 19 世纪初期开始形成，产业革命带来了技术创新，为创业活动奠定了基础。Jean Baptiste 提出创业所得的利润与拥有资本而产生的利润是不同的、相互独立的这一理论后，把创业过程看作一系列独特活动的观点更加盛行了，丰富了创业理论的内容。在 20 世纪 30 年代中期，经济学家约瑟夫·熊彼特（Joseph A. S.）提出，创业包括创新和未曾尝试过的技术，是把突破性的思想和创新带入市场的人。随后，创业理论进入丰富阶段。对创业理论进一步丰富和发展的学者是彼得·德鲁克（Peter F. Drucker）。其创业理论主要是使机会最大化的内容，企业家们对机会的认知和采取的行动。

（三）创业理论在本书的运用

综观不同角度的创业理论，主要在以下几方面有所运用：一是经济学家 Cantillon（1755）认为创业人才要承担以固定价格买入商品并以不确定的价格将其卖出的风险。农业创业人才承担着由于不确定性而导致的各种风险，准确地洞察、把握农业市场机会，赚取利润，反之则承担风险。二是法国经济学家 Jean Baptiste、英国经济学大师马歇尔认为创业人才在企业中担任多重领导的职能，是生产过程的协调者和领导者。返乡农业创业人才作为农业经营组织或个体，在创业过程中有形或无形地承担着多重领导职能，研究农业创业人才成长就是研究创业人才在组织或生产中领导职能、创业活动和创业人才的行为等。

四、企业成长理论

（一）企业成长概念及理论发展

在商业社会，企业无疑是组织生产的基本单位，在经济学研究中占了不少篇幅。但是，大多数古典学派的分析在企业满足投入产出理论均衡框架之下进行，以至于虽然早有亚当·斯密（Adam Smith，1723—1790）、泰勒（Frederick Winslow Taylor，1856—1915）等管理先驱，亦不乏科斯（Ronald H. Coase，1910—2013）等制度学派的观念，但是长久以来传统经济分析中的企业只是一个机械的乏味单位，学院派一直忽略企业作为一个管理组织的特性。直到20世纪五六十年代，随着工商业进一步发展，企业理论在钱德勒（Alfred D. Chandler，1918—2007）、安索夫（H. Igor Ansoff，1918—2002）等的创新发展下不断完善，从不同角度诠释企业的"黑箱"结构。彭罗斯（Edith Penrose）1959年出版的《企业成长理论》（*The Theory of the Growth of the Firm*）为企业成长的研究奠定了一定的基础，Penrose所构建的"资源 - 能力 - 企业成长"分析框架，也成为此后企业成长问题研究所遵循的基本逻辑（商晨阳，2012）。科斯（Coase）从交易成本出发，认为企业是契约的结果，能够用长期契约替代市场的一系列契约。在20世纪80年代，爱迪思（Ichak Adizes）提出的生命周期理论，以时间为序将企业发展过程划分为若干阶段，从而开始了企业成长新的研究方式。也有学者认为创业是企业成长过程中的一部分（Davidsson P.，2005），企业成长也在某种程度上被认为是广义的创业。从企业生命周期可知，创业应该是企业成长的一个阶段（Penrose，1959），但很难确定企业的"起点"。不难发现，部分学者发现企业成长与创业存在诸多共性，本书致力于研究返乡农业创业人才的成长，创业作为企业的"起点"无疑是企业成长生命周期的一个阶段。

创业人才成长与企业成长不完全一致，但成长也是一个从量变到质变的过程，是一种成长"基因"推动企业系统内部的组织与功能不断地分化，从而促进企业系统机体不断扩张、不断适应环境，并与环境形成良性互动的过程。企业从创立开始会经历初创、成长到消亡的生命周期，返乡农业创业属于小微企业性质，并非所有的小微企业创业都能成为大型企业，也并非所有企业都具备一样的成长路径，大部分小微企业则可能一直保持小规模经营。彭罗斯（Penrose，1959）也关注中小企业的成长，认识到较小微企业作为一个群体，对于外部世界而言与大企业所处的地位是不同的。严格来说，小微企业的创立与成长是不可分割且较难区分的。无论是小微企业还是大企业，都能在生命周期模型中找到自己的位置。不同学者在对待企业生命周期有不一样的阐述，而 Churchill 和 Lewis（1983）的企业生命周期模型关注度最广，认为企业生命周期应该包含初创阶段（existence）、成活阶段（survival）、初成阶段（success）、迅速成长阶段（take off）以及资源饱和阶段（resource maturity）。

企业的成长从行为与过程既可以被看成行为活动（activity），也能被看成过程（process）（叶顺，2016）。企业的成长主要在个体层面，与创业人才自身的行为、态度密切相关，企业的成长可以理解为企业的发展（business development），即创业人才依据企业生产、市场销售情况作出相应扩产或减产的决策。也正因如此，企业的成长离不开创业人才的成长，创业人才通过前期机会识别、资源整合与重组等在企业成长中发挥重要作用。总结而言，个体层面的成长研究是将个体创业人才与行为作为主要研究内容，企业成长时个体层面的行为会有所变化（Anna W. C.，2014），也即创业人才成长时个体生态也会产生变化。Penrose（1959）认为企业的成长应该是随着时间在质与量上发生的改变（Delmar, et al.，2003；叶顺，2016）。因此，企业的成长主要由质的提升（企业性质）与量的增长（规模变化）两方面构成。企业量的成长指企业在规模（business size）上的增加和扩大。企业规模则由以下几方面构成：企业投入的物质资本与人力资本；企业的现有资产、市场占有率以及社会经济效益；企业产出的销售额、产值和利润。而最为常见的量的成长指标为人力资本与销售额（Zeevik G.，et al.，2018）。企业质的成长表现为企业性质上的成长，是内在因素引起企业成长后表现出的企业外在的系列变化（Penrose，1959）。性质上的变化主要表现为：企业管理者或所有者的管理技能与能力的变化；员工素质与结构的变化；商业关系与营销的变化；企业管理制度与体系层次的完善；企业系统规划与管控水平的变化等。

（二）企业成长理论在本书的运用

由企业成长理论梳理可知，企业成长理论旨在回答"为什么企业会成长，或者成长较快?"可以发现，新古典经济学理论下的企业成长理论界定条件非常严苛，新制度经济学企业成长理论扩展后集中探讨企业边界问题。企业竞争理论则着重分析企业的竞争力模型，只有战略管理视角的成长理论，深化了企业成长的内容，考虑了行业产业因素、个体因素、成长阶段以及环境因素等，为本书后续研究提供了支撑。在一个生态系统中，带有不同阶段初始印记的返乡农业创业人才在相互竞争生态位过程中有不同成长路径，并使创业整体（种群）层面演化。因此，返乡农业创业人才作为小微企业创业所有者和管理者，成长过程在不同生态系统中有不同成长路径，要分析创业人才成长环境就必须先分析其所依托的小微企业成长周期。一般情况下，创业人才个体的成长过程与企业高度相关，企业成长越好，创业人才个体成长也越好，而企业的成长度量与人才个体成长测度也有高度相似之处，创业人才也存在。综上，企业成长理论对于本书返乡农业创业人才成长具有框架性的支撑作用，是本书的重要理论基础。

五、人力资本理论

（一）人力资本概念及理论发展

自 20 世纪 60 年代美国芝加哥经济学派的西奥多·舒尔茨（Theodore W. Schultz）和加里·贝克尔（Gary S. Becker）创立人力资本理论以来，国内外学术界对人力资本进行了深入研究，并且在政治、经济和社会领域得到了广泛应用。威廉·配第（William Petty）关于"土地是财富之母，劳动是财富之父"的说法体现了人力资本理论。18 世纪中叶欧洲产业革命后，人的知识、技术因素在生产中的作用越来越大。

人力资本（Human Capital）经历了漫长的发展和演进历程，各个时期的人力资本理论演进中概念都在不断发展和总结，本书就相关研究进行梳理，并得出本书的人力资本概念和理论（见表1-2）。人力资本是指凝结在人体之中，投入生产中的知识、技术、能力、健康和努力程度等因素的价值总和（兰玉杰，陈晓剑，2003）。结合国内外学者对人力资本的研究，本书人力资本定义只存在于人具有经济价值的知识、能力和体力等因素的总和，包括接受教育资本、劳动力健康状况等。据人力资本存量的不同和质量的差异，人力资本分为经营型人力资本、管理型人力资本和生产型人力资本。

表1-2　人力资本经典定义演变统计

作者	年份	定　义	定义重点
Theodore W. Schultz	1961	通过教育和培训获得知识及技能形式的资本，能够获得产出效益的回报	人身投资以获得回报
J. J. Mincer	1962	以提高劳动者素质为目的的学校教育形成的人力资本	提高劳动者素质
G. S. Becker	1964 1993	个人在教育上的投资，既使私人收入增加，又使社会劳动生产率提高	个人在人力资本投资中的收益
M. J. Bowman	1969	人力资本在社会、健康和教育上的投资与物质资本方面的投资是相似的	投资
G. Psacharopoulos	1985	人力资本通过正规和非正规教育、培训，促进生产力、生产率提高	生产力、生产率提高
P. M. Romer	1986 1987 1990	人力资本强调人力资本投资内生性，收益是通过人力资本专业化获得的，可以促进经济增长，强调存量	提高获利机会，增加知识存量，加快经济增长
N. Bontis	1996	个人在教育、培训上的投资能带来货币或非货币的收益	货币或者非货币性的收益
J. Fitz-En	2000	人力资本能为劳动者带来智力、能力、态度、想象力、创造性等	劳动效率
P. David & J. Lopez	2001	人力资本是后天能力，能够在业绩评价中表现积极效果	业绩表现

资料来源：Fredrick Muyia Nafukho，Nancy R. Kit Brooks，Human Capital Theory：Implications for Human Resource Development，Human Resource Development International，2004，7.

人力资本理论研究者可追溯到古希腊思想家柏拉图（Plato），其著作《理想国》阐述了教育和训练的经济价值。1776 年，亚当·斯密的《国富论》中首次提出人的才能与其他任何种类的资本一样是重要的生产手段的观点，这一思想被认为是人力资本投资的萌芽思想。大卫·李嘉图（David Ricardo）继承并发展了斯密的劳动价值学说，把人的劳动分为直接劳动和间接劳动，且只有人的劳动才是价值的唯一源泉。马克思在这基础上提出了关于劳动的许多理论观点，成为人力资本理论的重要思想基础。马克思的资本理论包括劳动价值理论、货币理论、资本生产理论、资本积累理论、资本循环与周转、社会总资本的再生产理论、生产价格理论、商业资本理论、借贷资本理论和地租理论。

现代人力资本理论的发展始于 20 世纪 50 年代后期，西奥多·舒尔茨在 1960 年美国经济学年会上的演说中系统阐述了人力资本理论。舒尔茨对人力资本的最大贡献在于他第一次系统地提出了人力资本理论，并冲破重重阻力使其成为经济学的一门新的分支，因此，舒尔茨被称为"人力资本之父"。加里·贝克尔是人力资本理论基本架构的创立者，把微观经济分析方法应用到非市场行为的人类行为及更宽广的范围中，为人力资本理论打下了坚实的微观分析基础，同时探讨了收益率计算方法、年龄收益曲线等问题，继承并推动人力资本理论的发展。

（二）人力资本理论在本书的运用

人力资本理论的运用主要有：一是诺贝尔经济学奖得主西奥多·W. 舒尔茨认为通过教育和培训获得知识与技能形式的资本，能够获得产出效益的回报。返乡农业创业人才的成长就是人力资本的不断积累，通过教育、培训等形式不断运用到实际生产中，使得在农业创业人才身上投资会获得回报。二是经济学家罗默（P. M. Romer）认为人力资本是强调人力资本投资内生性，更强调人力资本的存量，收益是通过人力资本专业化获得，可以促进经济增长。研究返乡农业创业人才成长的生态环境必须研究创业人才生态环境的人力资本情况，分析人力资本在人才成长中发挥的作用。综上，本书运用人力资本理论来探讨返乡农业创业人才成长及其内外部生态环境是具有理论依据的。

六、社会资本理论

（一）社会资本概念及理论发展

布迪厄（Bourdieu，1985）的研究使"社会资本理论"这一术语有了系统的学术式表达。他首次严格界定了社会资本概念，"实际或潜在的资源的聚合体，这些资源与拥有或多或少制度化的共同熟识和认可的关系网络有关"。布迪厄强调了社会资本的关系特质，强调彼此"联系"（connections）的人们之间所承担的社会义务，以及相对应的网络成员可共享的集体资本。1988 年科尔曼（Coleman）的《社会资本创造人力资本》发表，正式奠定了社会资本在学术界的主流研究价值。他将社会资本界定为五种形式：义务与期望；存在于社会关系内部的信息网络，个体可以从他的社会关系网络中获取对自己行动有用的信息，这种社会关系就构成了社会资本；规范与有效惩罚；权威关系，为人们解决共同性问题提供帮助；多功能社会组织和有意创建的社会组织。

科尔曼（1991）在《社会理论的基础》中运用经济学研究方法探讨了社会资本是如何形成的。通过扩大观察对象，科尔曼的理论延伸了社会资本的垂直组成部分，他从更广泛的层次或中观层次对社会资本这一概念进行了分析。垂直型联盟的特征是科层关系、成员之间权力不平等。和微观层次的社会资本一样，以联盟为基础的社会资本能够产生正的外部性和负的外部性。但值得一提的是，科尔曼的研究存在瑕疵：混淆了社会资本拥有者、社会资本来源甚至社会资源等概念。科尔曼关于社会资本是一种社会结构因素的看法，为后继研究者将社会资本的研究上升到宏观层面提供了可能性。帕特南（Putnam）对社会资本问题的学术研究贡献最大，其在

1994 年发表的专著《让民主政治发挥作用》中探讨了意大利中部地区和南部地区企业之间产生竞争力差距的原因，他认为根源在于两个地区社会资本存在差异，强调蕴含在社会资本中的基本特性，例如信任、规范可以显著提高社会效率，从而能够极大地提高物质资本和人力资本的收益。

创业本质上是面向机会价值开发的资源获取、组合与利用过程（Shane S. A.，2008）。基于对创业风险的规避，经济主体对未来经济的不确定性非常敏感（Bernanke B.，et al.，1983；Bloom H. S.，2014）。与成熟市场相比，为了最大限度地降低制度不足、市场尚未完善所带来的不确定性，获得自我优化和发展，在转型经济中的市场主体往往依赖自身所拥有的社会资本（Xin K. & Pearce J. L.，1994；Mike et al.，1996）。一般初创企业的成长和其所拥有的社会资本存在正相关性（Hansen G. S. & Wernerfelt B.，1989），而创业人才可以通过社会资本获得大量资金、信息等外部稀缺要素，进而提高创业行动效率（Brüderl J. & Preisend R.，1998；Liao J. et al.，2005）。社会资本不但为初创企业提供前期发展所需的基本创业资源和信息，并且使其通过模仿学习获得创业能力和机会（Ozgen E. & Baron R. A.，2007）。

（二）社会资本理论在本书的运用

创业人才的成长过程是将各种社会资本拼凑并整合利用的过程，而社会资本理论则用于解释返乡农业创业人才成长的外生态环境中的资源网络构成。已有的研究从不同角度阐述社会资本理论，主要有以下几个方面：一是科尔曼认为社会资本是一种社会结构因素，个体可以从他的社会关系网络中获取对自己行动有用的信息，这种社会关系构成了社会资本；返乡农业创业人才在创业及成长过程中通过社会关系网络获取对自己有效且有用的信息，运用到生产经营销售上，从而提高自己的盈利水平。二是帕特南认为地区之间社会资本存在差异，社会资本的基本特性可以显著提高社会效率，从而提高资本收益。农业创业人才在不同地区所处的宏观社会

（地域）生态环境各异，其在培养、开发过程中所积累的社会资本不尽相同，进一步导致人才成长的层次不一致。综上，本书运用社会资本理论来研究农业创业人才成长及人才成长的外生态环境，是具有理论依据的。

第三节　小　结

本章在绪论文献梳理的基础上，对研究所涉及的相关概念进行界定，并从理论基础着手，对研究所需要的支持理论进行阐述。具体而言，一是对人才、返乡农业创业人才、返乡农业创业人才成长以及人才生态环境进行概念整理与界定，厘清本书的概念边界。二是对生态系统理论、创业理论、企业成长理论、社会资本理论、人力资本理论以及马克思主义人才理论等相关理论进行阐述，讨论相关理论在本书中的应用与逻辑，为后面的研究奠定基础。

| 第二章 |

返乡农业创业人才成长
生态环境理论分析

返乡农业创业人才成长是一个动态且复杂的过程，相较于一般人才成长具有特殊性与微观性。从表面来看，返乡农业创业人才成长是创业人才在非农就业流动过程中积累的资本与创业生态环境的耦合，实现从创业机会的识别到资源拼凑与整合，在流动与实践过程中个人成长性发生显著的变化。具体而言，返乡农业创业人才在成长中承担的角色是不断演化的，相对于其他人才的成长，返乡创业人才成长动因与模式特殊性强。因此，本章将分为四节进行阐述：第一节为返乡农业创业人才成长中的角色与周期分析，确定返乡农业创业人才成长中的角色演化以及成长规律；第二节为返乡农业创业人才成长生态环境的关键视角，即分析返乡农业创业人才生态环境的关键构成；第三节为返乡农业创业人成长的生态学特征，即从理论上分析生态环境与返乡农业创业人才成长的影响关系及基本要素；第四节为返乡农业创业人才成长生态环境研究框架，即在对返乡农业创业人才成长角色的变化、要素构成与关系探讨的基础上构建本书的理论框架；最后为本章小结，总结研究结论。

第一节　返乡农业创业人才成长：角色演化与周期曲线

一、返乡农业创业人才成长的角色演化

传统农民以农业生产为主，在农业收入无法满足生活需要时选择非农就业以补贴农业收入、规避农业生产风险。返乡创业人员从最初外出谋生到返乡，又从返乡到创业，在城市与农村中通过角色转换、徘徊最终找到适合自身的就业机会与岗位，不少学者认为农民返乡创业是一种典型的"钟摆式"就业（韦雪艳，2012）。通过就业形式的不断转换，返乡人员在消费与就业上表现出与传统农民的明显区别，返乡创业是劳动力在打工压力或就业压力、政策吸引、创业环境改善与非农就业竞争激烈等因素的共同作用下，为追求创业机会成本与收益最大化，将创业前人力资本、社会资本等资金、技术、管理与理念等基本要素拼凑后所作出的理性创业行为。在返乡创业过程中，创业人才随着时间、经验等不断成长，承担的角色与身份也在发生变化，返乡创业人才成长则是创业人才与其所在创业生态维持的动态变化过程与结果，不同的阶段都蕴含着不同的角色定位。

角色定位（role definition）是指个体在一定程度上认为某种行为是自己所扮演角色的一部分（Kamdar D. et al.，2006）。角色身份（role identity）是指一种个体根据某种特定的角色来定义的自我（Burke P. J. & Tully J. C.，1977）。角色身份是一种关于自我的理解和认识，它属于自我概念（self-concept）的范畴（Markus H. & Wurf E.，1987），但与其他自我概念（例如 self-efficacy 和 self-esteem）不同的地方在于角色身份是与某种特定的角色密切关联的。角色理论认为每个人在社会与日常生活中都扮演着不同类型的社会角色。在本书中，返乡人员的角色身份随着创业活动的开展与市场拓展呈现出不同的角色定位。角色定位包括两个基本内容：一是特定环境

中的角色分工是基本前提；二是角色的不可替代性是基本特征（田华，刘俊国，2018）。本书所研究的创业人才成长角色演化可以理解为：在一定的时间和空间中，创业人才在适应环境变化过程中，为谋求自身的生存和发展，由一种成长状态向另一种稳定成长状态的过渡。返乡创业人才成长的角色定位是人才在成长不同阶段所承担或扮演的角色及其所发挥的作用，从单一角色到多重角色，在创业成长路径中，绝大部分创业人才是从经营者到管理者再发展为领导者，少数则由领导者发展为管理者，但能真正成长为战略者的少之又少。创业人才成长在创业组织中的角色，具体包括业务经营者角色、组织管理者角色、决策领导者角色及战略制定者角色等（见图2-1）。

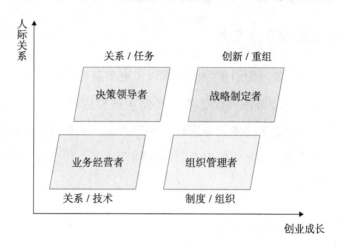

图 2 - 1　创业人才成长模型

（一）业务经营者角色

随着我国政策的不断优化，劳动者对各种政策有了更明确的认识。返乡劳动者在城市积累了社会资源与专业技能，为创业提供了基础，抓住政策环境优势就能投身创业。从创业开始到一般规模的过程中，通常外部风险较低，经营规模较小，成员较少，创业人才仅需要简单的经营技就能促进开展创业。创业初期，以经营或业务发展为主，通常以市场拓展和业务经营为主，此时创业人才处于业务经营者角色这一成长模型阶段。

（二）组织管理者角色

企业进一步发展后，返乡农业创业人才会面临行业的、市场的竞争对手，迫使创业开始有所创新，以及寻求技术上的突破，进而寻求聘用社会其他人才帮助。此时的创业人才具备了早期企业家的部分特质：有较强的市场预测能力，有一定的生产组织能力和市场风险承担能力。随着经营规模发展壮大、人员增加，开始制定管理制度、生产流程等，形成初级组织结构，创业人才的角色从单纯的经营者转变为组织管理者，身份开始接近企业家，创业人才的能力大小也决定了事业的规模与效益。

（三）决策领导者角色

创业人才在创业过程中作为核心人物，更多聚焦于对人员的领导和激励，让别人来替自己出色完成工作。当创业规模继续扩大，业务数量增多，创业人才需要更多的领导与管理、沟通协调、人员激励、团队建设与决策技能。决策领导者是管理组织中的高层领导者，担负着创业组织的目标和方案的实施。

（四）战略制定者角色

当创业规模进一步扩大，开始发展子公司、分公司等形式时，伴随创业组织进一步成长，创业人才成长为农业企业家，此时的角色升级为战略者，主要负责事业的长远规划、市场布局、产品定位、团队建设，促使企业顺应社会发展，为社会创造战略性价值，以引导和发展社会需求为主。在战略实施步骤上，创业人才要具有前瞻性，放眼未来，以终为始规划企业发展路径和战略步骤，每个决策都关系到整个组织层面走势。此时的创业人才属于战略制定者，需要创业人才研判行业趋势和市场走势，关注事业的宏观战略，引领潮流、影响社会，注重接班人的培养。

在人才生态理论背景下，返乡创业人才成长是创业人才个体在创业过程中与种群、群落等所组成的人才生态圈成长角色演化（evolution）的过程，即返乡农业创业人才在成长中的生存空间、资源利用优势、组织模式等从一个阶段到下一个阶段的变化过程（黄梅，吴国蔚，2009）。此外，返乡农业创业人才成长的角色还可以理解为人才个体在创业人才种群和群落中的角色。在实际调查中，返乡农业创业人才的角色演化通常是从一般返乡创业人员成长为创业组织管理者，最后成长为组织领导者。在第Ⅰ阶段，即返乡创业人才创业初期，返乡创业人才很难融入市场化的生产经营体系，以"单打独斗"的形式进行创业。随着企业发展需要，创业人才开始扩大规模、雇佣劳动力等，具备了人才的基本素质。第Ⅱ阶段，随着创业形势好转，为了规避市场风险，创业人才从个体经营的形式演化为创业种群式的"抱团"经营，开始创立农业创业经济组织，与其他经济组织合作形成种群竞争与共存并存的关系，创业人才的角色演化为组织管理者。第Ⅲ阶段，返乡人才实现了成长，部分创业人才作出了成效，为了实现创业目的，创业人才开始走向规范化经营道路，组织建立农业企业等，集经营、组织、管理于一体，成为企业领导者（见图2-2）。

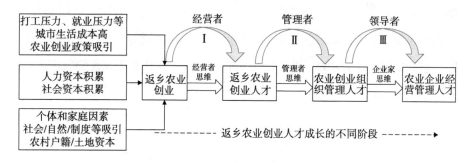

图 2-2 返乡农业创业人才成长角色演化

二、返乡农业创业人才成长的周期曲线

一般来说，返乡创业人才成长与企业成长过程具有相似性，从初创起步阶段到创业成熟就是创业人才的成长经历。只有分阶段对人才成长过程

进行剖析,才能深化对人才成长过程的认识(叶忠海,2006)。在人才学的发展进程中,有学者对人才成长阶段进行了界定:"三阶段""四阶段""五阶段""六阶段"论。返乡农业创业人才成长阶段划分主要依据是创业过程中在创业活动与组织中的角色与定位。据此,根据人才成长生命周期理论,可以将返乡创业人才成长阶段划分为成长起步阶段(O—A)、探索成长阶段(A—B)、规范成长阶段(B—C)、持续成长阶段(C—D)(见图2-3)。O—A阶段为返乡农业创业人才成长的起步阶段,表现为创业萌芽期,返乡创业人才基本不能创造明显的价值,对于创业组织而言属于人才"投入期",对于返乡创业人才自身而言处于"学习期"。A—B阶段为返乡创业人才探索成长阶段,此时创业组织逐渐发展,创业人才通过创业初期的社会历练与实践,积累更多的创业经验,创业产出明显增长。B—C阶段为规范成长阶段,此时创业组织已基本处于成熟期,创业生产增速放缓,创业人才在此时已成为成熟的创业人才甚至企业家。此时的创业人才在展示自身才能和实现自身价值的同时,在实践中不断提升个人素质,实现向更高人才的成长和转变。C—D阶段为持续成长阶段,随着创业组织不断成熟与稳定,创业人才面临着创业组织的转型与创新压力,这一时期也是创业人才的核心活动与正确认识现状的阶段。按照自然规律,随着人才的老龄化,创新与创造价值的能力不断下降,需要面临转型持续成长和积累优势的压力。

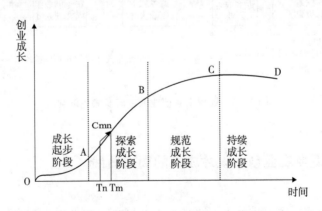

图2-3 返乡创业人才成长生命周期

按照返乡创业人才成长的周期定义创业成长，记为 $Q(t)$，从返乡创业人才起步阶段开始到创业过程中的某一时间点 t，总创业成长记为 $Y = y(t)$，$Q(t)$ 的 q 曲线趋势则与企业成长类似，为 S 形（Logistic 曲线）。那么 $Y = y(t)$ 代表着返乡创业人才成长演化曲线，具体关系可以表示为：

$$Y = \int_0^1 Q(t)dt \qquad\qquad 式（2-1）$$

成长曲线一般可以用逻辑曲线表示，在图标上呈现出一条 S 形曲线（左相国等，2003），根据逻辑曲线函数可以初步定义返乡农业创业人才成长曲线模型公式：

$$Y = \frac{k}{1 + \dfrac{k - y_0}{y_0} e^{-at}} \qquad\qquad 式（2-2）$$

式（2-2）中，a 为模型待估参数，k 为极限值，t 为时间，y_0 表示返乡人员开始创业 $t = 0$ 时的产出，Y 为时刻 t 时的创业产出。从公式设定及推导过程可以发现，$dy/dt > 0$，即返乡创业人才的创业能力 $y(t)$ 随着时间 t 而成长，是返乡农业创业人才的快速成长期，对应 O—A 阶段和 A—B 阶段；$dy/dt = 0$ 时，增长速度越来越慢，Y 逐渐趋于饱和，对应 B—C 阶段和 C—D 阶段；$dy/dt < 0$ 时，则为返乡农业创业人才的退出期。返乡农业创业人才成长周期曲线有人才成长的向量构成，令人才成长向量为 Cmn，m 和 n 分别表示时间点 Tm 和 Tn，则 Cmn 表示人才成长曲线从时间 Tm 到 Tn 的成长方向与轨迹，时间点 Tm 和 Tn 之间的距离则为单位时间间隔$\triangle T$，标准人才成长向量的倾斜角为 Ψ，则人才成长向量表示为 $\{\triangle T,$ $\triangle T/\sin\Psi\}$，Ψ 取值区间 $[-90°，90°]$。

返乡农业创业人才曲线是受时间与创业能力影响的非线性变动描述，在成长过程中，以规模、效益、能力、可持续性等变化为特征，受到不同成长阶段、不同创业群体数量、不同生态环境条件以及群体内部竞争状态的共同作用，其成长轨迹符合创业企业成长的罗杰斯提克 S 型成长曲线。即在 O—A 阶段，经营产品单一，技能需求不高，处于返乡农业创业人才成长起步阶段，影响人才成长的主要生态环境要素是内生态因素，包括个体能力、信心等，家庭的人力、资金等，教育水平的高低等内生态环境因素，家庭资金、人力的支持对创业有正面作用，而家庭环境的好坏满足了人才精神需要；教育的生态环境是返乡农业创业人才成长的关键，决定了人才"质"的成长。在探索成长阶段（A—B）、规范成长阶段（B—C）影响返乡农业创业人才成长的因素主要是内生态因素与外部环境因素，包括个体的能力、智力以及外部各种环境因素等，随着创业时间的延长，所需要的创业能力也相应提高，对内生态环境的资金、劳动力等生产要素需求增加，外生态环境的商业环境、制度生态、社会生态环境以及自然生态环境能够激励、促进人才的成长与发展，这个由多层次、多维度构成的复杂环境主要包括个体、家庭、教育、商业、制度、社会、自然等方面，决定了人才"量"的成长。在持续成长阶段（C—D）影响返乡农业创业人才成长的因素主要是外部环境因素，在人才成长的第四个阶段，返乡农业创业人才已经能够很熟练地掌握创业中的理论知识、管理能力以及领导决策能力等，进入了向农业企业家发展的阶段，这一阶段的外生态环境，如商业生态、制度生态、社会生态与自然环境决定了返乡农业创业人才的可持续成长。

第二节　返乡农业创业人才成长生态环境的关键视角

返乡农业创业人才成长生态环境（Ecological Environment），即"由返乡农业创业人才成长中各种生态关系组成的环境"的简称，是指与其成长密切相关的，影响返乡农业创业人才生活和生产活动的各种内部力量（物质和能量）或外部作用的总和。

根据第一章综述及前文概念界定，人才生态环境分类不尽相同，在以创业为中心的人才成长体系中，生态环境并不能完全封闭。参考沈邦仪

（2005）对人才生态环境的边界定义，结合我国返乡农业创业实际，本书将人才成长生态环境分为内生态层次与外生态层次。返乡农业创业人才成长生态是介于人才自身和外部环境之间的"战略困境"，可以从两个维度区分：返乡农业创业人才成长内生态环境（Internal Ecological Environment）、外生态环境（External Ecological Environment）。返乡农业创业人才成长生态环境是一个不完全封闭的有机整体，生态环境中各要素之间不绝对独立，生态要素之间存在相互制约、相互促进的关系。任何生态要素的变化都可能对其他因素产生正向或负向的作用，进一步作用于负向农业创业人才的成长。本书的返乡农业创业人才成长的内生态环境与外生态环境之间的关系可以表示为：返乡农业创业人才成长的内生态环境是以外生态环境为前提，同时人才成长的内生态环境起着补充外生态环境的作用（见图2-4）。

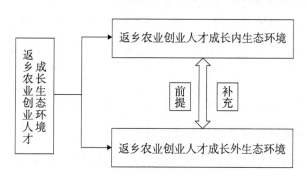

图2-4 返乡农业创业人才成长生态环境基本关系

一、内生态环境视角

创业人才作为有思想且有自主行为的个体，具有多种特征与资源禀赋，前文对人才成长生态环境概念进行了划分与界定，结合生态系统理论与人才生态学理论，对返乡农业创业人才成长构成要素进一步从内生态环境视角进行划分。返乡农业创业人才受到内在个体自身、家庭与所接受教育共同影响，形成生理、知识、能力、心理等生态因子共同构成内生态环境系统。

个体生态学是研究生物个体与其环境因子之间关系的科学（孔德议，张向前，2012），应用到人才学中则侧重研究人才个体对环境因子的生态适应性，包括生理、生长、发育等适应机制。个体生态学视角可以深入研究教育中生态主体与生态环境间的相互关系（曾祥跃，2011）；查尔斯·扎斯特罗（Charles Z.，2004）认为个体既属于生物意义上的生态系统类型，更是一种社会的、心理的生态系统类型，个体生态环境（Individual Ecological Environment）是个体的心理、生理以及心理与生理之间的相互影响对环境的反映。Sallis（2000）研究发现个体生态因素包括性别、年龄、自我效能感和态度，Horst（2007）认为个体生态因素包括性别、态度、自我效能感和动机。马晔等（2016）认为影响青少年参与身体活动的个体生态因素是性别、年龄、态度、动机、自我效能感、兴趣、学业压力、运动技能和锻炼习惯。同样，创业人才的成长也离不开它所依赖的个体生态环境。

家庭生态是指把家庭假定为人类社会生态系统的一个子系统，研究其生存条件、家庭成员与外界环境之间的相互关系的科学，具有动态的、生命的特征，具有健康、可持续发展的特性（杨文飞，2007）。家庭生态系统包含个人子系统、父母子系统和家庭子系统（罗良针等，2019），马道明和杜璐（2016）认为家庭生态包括家庭结构、家庭功能以及家庭资源三个重点。家庭生态环境（Family Ecological Environment）包括对家庭软、硬环境的分析，家庭软环境即家庭生活气氛或居住氛围、幸福度；家庭硬环境是指特定的物质条件，如经济水平等人才成长的基础条件。许多研究表明，家庭环境对创业意愿、创业行为有明显作用（陶雅，李燕萍，2018）。李威龙（2013）认为家庭环境会直接影响创业家创业意向，进而影响其创业行为。Hutagalung 等（2017）认为家庭环境对创业动机产生积极而显著的影响。Dash（2013）分析发现，家庭环境对农村创业行为有显著作用。

教育生态是用生态学方法研究教育与人的成长规律，教育生态环境（Educational Ecological Environment）结构包括宏观、微观两个尽面（顾明远，1991）。教育的微观生态环境小到学校、家庭乃至个人教育状态；教育的宏观生态是生态环境，是教育功能以及与教育、人才的交互作用关系形成的生态环境。教育生态环境的构成要素对创业人才的成长有重要作用。创业人才通过"创业基地"、孵化器和科技园，在现实创业与经营中进行可持续教育（Ožanič M.，2011）。Kumar（2017）研究发现文化、教育环境在创业中起着重要作用，Hutagalung等（2017）研究发现创业教育共同对创业动机产生积极而显著的影响，杨春华（2014）则针对"无形文化资本"教育，根据布迪厄对文化资本的阐述，提出"教育"作为"出身"和"社会地位"之间的重要维系，贯穿人才成长过程的始终。

二、外生态环境视角

返乡农业创业人才成长除了依靠创业种群内部的相互竞争与共生，还要依靠种群外部的生态环境等共同作用。返乡农业创业人才的内外部生态可以定义为存在于返乡农业创业人才种群边界之外，影响着返乡农业创业人才种群的形成、生存与发展的所有生态环境因素（陈超，2013）。

外生态环境，既是自然存在的人造生态系统，又是人才资源生态开发和利用的社会生态环境。人才的社会化、生态化、智能化都离不开社会生态环境条件。返乡农业创业人才的引进、留住、使用，关键在于优化创业生态与人才生态环境。从人才生态系统内容来看，人才群体是生存环境，包括自然环境、社会环境、经济环境、政治环境和科技环境等的有机复合体（穆胜，2018）。本书梳理发现，外生态环境主要有四个方面：一是制度生态环境（Institutional Ecological Environment，ZEE），良好的政治环境与制度保障能吸引与留住返乡农业人才创业。二是社会生态环境（Social

Ecological Environment，SEE），包括经济、医疗、教育文化等公共服务社会环境。三是商业生态环境（Business Ecological Environment，BEE），也即创业人才与上线、下线等市场伙伴的营商环境。四是自然生态环境（Natural Ecological Environment，NEE），良好的土地资源禀赋、自然资源、气候条件等能"锦上添花"的助力产业发展。

在商业生态（Businesseco-System）逐渐成为高频词之后，商业生态环境这个新兴的词汇也渐渐被越来越多的人所熟知（穆胜，2018）。所谓的商业生态环境是由组织和个人所组成的经济联合体，包括消费者、市场中介、竞争者、风险承担者等共同形成的环境。与自然生态系统的食物链不同的是，商业生态环境系统价值链上各环节之间是价值或利益交换关系，是由多个共生关系、竞争关系形成的商业生态环境系统（Rabkin B. & Bradfor D.，2002）。商业关系是指企业与市场利益相关者建立的具有互动关系的非正式社会关系，其中包括与消费者、供应商及竞争者等的关系（Shibin S.，et al.，2011）。在良好的商业关系中，双方已经形成信息沟通机制，这有利于避免信息不对称，降低交易风险，减少交易成本，有助于促进创业，加快其成长速度（杨东涛等，2014）。

制度与创业研究的融合已受到众多学者的关注，制度环境对创业带来的约束作用，可能导致创业企业进行资源整合，以避开制度环境对创业的约束，乃至最终影响成长（李加鹏等，2020）。在制度理论的三维框架模型中，不同学者识别的制度因素对创业成长意图的影响存在差异（王晶，2019）。总体上看，1983—1991 年，组织生态学的研究者们开始将制度与创业研究进行融合，研究制度环境因素对创业决策和绩效的影响（Kihlstrom R. E. & Laffont J. J.，1979）。制度环境的变化会引发新的生态位的形成，进而影响新创组织的成活率。迈克尔·希特等（2019）将制度分为存在于多个层级（国家、区域、小地方/城市）的多种类型的正式和非正式制度，制度缺陷（Institutional Weaknesses）能为创业、非正式创业提供机会。制度环境对农民工新创企业成长具有显著的正向影响（袁明达，

2019）。朱红根和梁曦（2018）认为，良好制度环境对农民创业成长具有显著提升作用。

社会生态学是研究动物和人类的社会组织及社会行为与生态环境之间关系的学科。20世纪20年代初，美国学者Park等最早在《社会学导论》中提出这一概念。20世纪60年代后，其研究发生革命性变化，由注重自然生态转变为侧重社会生态，逐渐形成独立学科。社会生态原本就是一个具有自然、社会和经济三重属性的客观存在。叶峻（2016）认为社会生态研究人类社会与生态环境之间的相互关系和作用，以便优化其社会、生态、经济系统结构与功能。陈先忠和曾永忠（2018）认为社会生态学模型把相关环境因素分为个体内部、人际影响、公共机构、社区和公共政策层面五级相互套叠的结构，共同影响和制约着个体行为的变化。从理论上看，创业活动是微观的社会过程，也有赖于创业社会生态的完善（张虎祥，Xiong Y.，2017）。顾然和商华（2017）认为人才的社会生态环境是指自然生态环境中独立出来的与人才社会活动有关的社会影响因素，涵盖政治、经济、法律、科技等方面。Akpor（2012）研究发现社会文化环境对创业人才成长有显著的影响。

自然生态环境对人才分布有间接作用，自然环境等外部条件也会影响人才创业及其成长（王卿，2010）。自然生态环境应用到人才生态学则是指存在于人才成长周围，对人才生存与发展产生间接或直接作用的自然环境总和。Gurǎu C. & Dana L.（2018）探讨自然环境对社区创业的作用，发现社会与自然系统存在动态的相互依存关系并共同作用于社区创业活动。肖恒（2008）论述了自然环境与人才环境和人才主体之间相互作用、相互制约的关系，认为自然环境既是主体生存和发展的物质前提，又是主体活动的对象，利用好自然环境才能促进人才更好成长。梁文群等（2014）将自然生态环境分为绿化水平、环境治理水平、空气质量、污染治理几方面，评价区域高层次人才成长环境。

从关键视角分析可知，返乡农业创业人才成长生态环境内部错综复杂，个体生态环境、家庭生态环境、教育生态环境、商业生态环境、制度生态环境、社会生态环境与自然生态环境构成了返乡农业创业人才成长生态环境的基本维度，外部生态环境作用于内部生态环境，且各维度生态环境可能存在着相互影响的关系，为此，构建了返乡农业创业人才成长生态环境基本维度与相互关系框架图（见图2-5）。

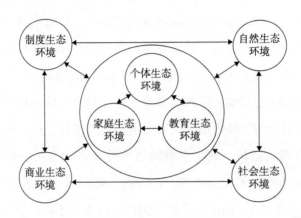

图2-5 返乡农业创业人才成长生态环境基本维度与相互关系框架

第三节 返乡农业创业人才成长的生态学特征

返乡农业创业人才成长生态环境是对返乡农业创业人才及其创业活动与创业成长生态环境交互生态关系的分析，具有一般人才成长生态环境的普遍特征，同时也具备农业小微企业成长的一些生态特征。

一、人才成长与生态环境主动协同

返乡农业创业人才成长生态环境的核心功能之一就是为返乡农业创业人才的发展提供充分的成长空间及外在条件。返乡农业创业人才生态环境是以服务环境所在生态主体为核心，与一般自然生态环境、社会生态环境的区别在于返乡农业创业人才生态环境的主体是有思想、有意识的主体——返乡农业创业人才，能够在成长过程中主动适应，甚至改造所处的生态环境。返乡农业创业人才的成长必然要受到所处环境的制约，特别是创业生态环境，对人才成长和创业起着决定性作用。返乡农业创业人才根据不断演化的创业生态环境与反馈的信息，反映当前农业创业人才成长生态环境的效度与能度，根据自身生态水平利用并改造环境以获得发展，通过主动适应、协同发展来优化创业生态环境。此外，在人才成长的各个阶段，生态中的不同主体以及外部生态要素之间相互作用，表现出主动、自觉、协同的特点，且能够通过自主调节保障创业活动的开展与创业人才的成长。

二、人才成长与生态环境多重交互

返乡农业创业人才成长的生态环境既具有人才生态的特征，也具有创业生态的特征，其内在运行规律具有多重交互的特征。人才成长生态环境在人才培养、引进、管理、使用与激励等不同阶段与人才建立不同的交互关系。马斯洛需求层次理论强调人在不同阶段的需求随着环境发生改变，即处于不同生态位的返乡农业创业人才与生态环境产生的交互作用不同。生态环境作为人才成长的重要条件，具有一定客观性，生态环境的优劣是创业人才能否可持续发展的原动力；而返乡农业创业人才成长则是创业生态环境建设的中心。返乡农业创业人才成长生态环境是创业互动与创业人才生态环境、创业生态环境的不断交互情况。本书重在探讨生态环境为人才成长提供的动力机制与作用机理，旨在为促进区域创业活动提供动力与客观空间。生态环境是促进人才返乡、激发创业活力、实现产业兴旺的重要载体与手段，而返乡农业创业人才成长生态环境从根本来说是区域创业生态环境的细化、延伸，具备返乡农业创业人才自身所赋予的多重交互特征。

三、人才成长与生态环境相互适应

人才与生态环境在一定区域内的相互作用、相互影响、相互促进，最终形成动态平衡的生态系统，创业人才从生态环境中汲取资源、积极成长的同时，也在直接或间接地影响和塑造创业生态环境，这就形成了返乡农业创业人才与创业生态环境之间相互依存的紧密联系（周方涛，2012）。主要表现在以下两个方面：一方面是返乡农业创业人才成长对生态环境的适应。生态环境对返乡农业创业人才而言是一种内外结合的客观环境，人才无法改变制度、社会及自然等外部生态环境，但能通过适应生态环境变化，充分利用外部生态要素促进自身成长。包括返乡农业创业人才适应的生态类型，即与本质上存在差异的新型经营主体等农业经济组织在同一生态环境中实现组织形态、经营管理等学习，从而实现人才成长。另一方面是返乡农业创业人才成长与生态环境的互动。生态环境对人才成长的影响是绝对的，返乡农业创业人才从对生态环境的认识到适应，在增强自身分析、预测、把握环境变化规律的能力中得到成长，进而变被动为主动，创造有利于自身成长的家庭环境、商业环境等。从个体到产业，从人才个体生态到局部人才生态环境产生外部效益，为创业经营活动创造有利的外部环境，直接影响与塑造适宜的人才成长生态环境。

四、人才成长与生态环境规模效应递增

返乡农业创业人才成长生态环境是创业人才群体、政府以及社会等共同作用而形成的互利共生的生态关系。人才之间存在双向互动的现象，各子生态环境的相互依存，使每个生态个体与环境之间不断协调、相互影响并形成有机整体，最终达到生态与人才的平衡。但人才与生态环境的平衡不是简单意义上的平衡，而是双方互利共生，最终形成规模效应递增的平

衡。一方面,返乡农业创业人才的创业活动具有显著的正向外部效应。创业生态个体在技术、知识、经验上都可能对周边产生外溢,起到示范与带动作用。同时在资源整合与利用上,充分依赖并作用于成长生态环境,意味着返乡农业创业人才越多,区域创业越活跃,带来的外部正效应越大,就越能对成长生态环境产生正向反馈作用,促进返乡农业创业人才规模递增。另一方面,返乡农业创业人才的创业活动具有产业扩大效应。返乡农业创业人才创业基于农业领域,但创业过程中通过整合,促进一、二、三产业融合。返乡农业创业人才成长越快、人才越多,促进产业发展的可持续性越足,越有利于推动农业产业迅速发展,进而吸纳更多人才返乡创业。

此外,返乡农业创业人才通过创业活动使生态环境产生栖息地效应。生态环境资源的有限性使生态个体不断优胜劣汰,促使返乡农业创业人才不断强化优势,与生态环境主动协调。同时返乡农业创业人才成长的需要进一步反馈到生态环境,促使创业生态拓展容量,为吸纳与培育返乡农业产业人才提供栖息空间,使返乡农业创业人才与生态环境达成新的动态平衡的同时实现规模效应递增。

第四节　返乡农业创业人才成长生态环境研究框架

一、人才生态环境与创业人才成长数理推导

人才学认为内部因素是人才成长的根据,外部因素是人才成长的必要条件。在返乡农业创业人才成长过程中,各生态环境因素在推动返乡农业创业人员成长为人才的同时,人才生态环境与人才成长之间也产生相互影响与作用关系,这与物理学中"力的作用是相互的"概念一致。因此,分析返乡农业创业人才成长需要借助动力学的基本模型,以探讨人才成长生态

环境系统中各个生态环境与要素主体的作用关系。20 世纪 40 年代，心理学家库尔特·勒温（Kurt Lewin）曾提出人类的行为公式：$B = f(P \cdot E)$，认为人的行为是个人与环境构成的函数，P 表示个人，E 表示环境。综合考虑返乡农业创业人才成长的生态环境要素与人才成长的关系，需要各创业个体在感知外生态环境与内生态环境基础上，根据自身的需求与动机，形成人才成长的动力，则返乡农业创业人才成长函数可以用以下方程表示：

$$B = f(P, E) \qquad\qquad 式（2-3）$$

$$E = F(IE, OE) \qquad\qquad 式（2-4）$$

式（2-3）中，函数 f 为人才的行为函数，表示人才行为由个人 P 与环境 E 决定，是一个预期函数，表示对人才行为的预期。$F(IE, OE)$ 表示人才成长环境的预期结果，决定了人才对自身的评估以及所采取的行为决策。IE 表示人才成长内生态环境，OE 表示人才成长外生态环境。人才行为可以结合人才生态演化推导，即人才成长可以用人才需求、人才大家以及人才行为来解释。因此，本书假设人才在生态系统中符合"经济人"假设，即追求成长速度与收益最大化原则。当人才的行为预期达到一定值时，人才就会采取符合自身条件的成长决策。为此，内、外生态环境的函数表示如下：

$$IE = f(I, T) \qquad\qquad 式（2-5）$$

$$OE = f(O, T) \qquad\qquad 式（2-6）$$

其中，人才成长内生态环境包括个体、家庭以及教育等方面生态因子，总合以 O 表示；人才成长外生态环境包括商业、社会、制度、自然等方面的生态因子，以 I 表示，时间以 T 表示。在式（2-5）中，若 $IE > 0$，则表示返乡农业创业人才的内生态环境有足够的能力支持人才可持续成长，这些能力包括个人管理能力、家庭支持等多方面因素。IE 越大，表明返乡农业创业人才成长的潜力越大，成长的内生态环境越优越。在式（2-6）中，若 $OE > 0$，则表示返乡创业人才成长的外生态环境总体上有利于创业人才的成长，OE 越大，则说明返乡农业创业人才成长的外生态环境越优越，对其成长越有利；若 $OE < 0$，则表示返乡农业创业人才成长的外生态环境总体上抑制了返乡农业创业人才成长；若 $OE = 0$，则表示外生态环境对返乡农业创业人才的成长既没有促进作用，也没有抑制作用。在理论上，OE 的变化与产业或行业创业外生态环境变化高度一致，即在创业初期，有利于返乡农业创业人才成长的外生态环境初步形成，并在制度约束下建立了"游戏规则"，外生态环境愈加优化。当行业竞争者变多，创业优势减弱，竞争逐渐激烈，人才外生态环境逐渐对返乡农业创业人才成长作用减弱甚至为 0，造成许多返乡创业活动的终止，外生态环境得到及时改善。同理，返乡农业创业人才成长是无法仅仅依靠内生态环境独立成长的，通常借助外生态环境。当创业步入正轨，人才自身实力不断提高，内生态环境水平稳步上升，具备了独立成长的能力时，人才受到的外界约束作用就越来越小，但外生态环境恶化到一定程度，最终将导致创业人才生存条件恶化。因此，OE 与 IE 之和反映了人才内、外生态环境要素之和，从预期能力反馈到人才成长中（许晓明，陈啸，2007）。也即，存在均衡条件 $E \leqslant OE + IE$ 使得人才成长能够达到预期，且只有当 $E = OE + IE$ 时，创业人才对生态环境的利用是最优的。取 $V = E - OE - IE$，表示返乡农业创业人才对自身成长的内生态环境与外生态环境的认知水平和实际情况的偏离值。当 V 为正时，表明返乡农业创业人才高估其成长的内、外生态环境；当 V 为负值时，表明人才低估了自身成长生态环境。

在前文人才成长曲线分析中，成长向量为 $\{\triangle T, \triangle T/\sin \Psi\}$，其中 Ψ 的大小取决于人才的行为函数 $B = f(P, E)$，E 取决于内外生态环境，也即人才成长向量倾斜角 Ψ 可以看作 B、E 值、$OE + IE$ 值以及 V 偏离值的函数：

$$\Psi i = g(Bi, Ei, OEi + IEi, V) \qquad 式（2-7）$$

当 Ψ 确定后，人才的向量也得到确定，综上所述，返乡农业创业人才成长函数表示为 RAE，前文创业成长表示为 Y，则返乡农业创业人才（者）

成长函数表示如下：

$RAE\ (Y,\ T)\ =\ \{n\triangle T,\ \triangle T\sum\ (1/\sin\varPsi)\}$，其中：

$$\begin{cases} T = \sum\limits_{i=1}^{n} \triangle T \\ Y = \sum\limits_{i=1}^{n} \dfrac{\triangle T}{\sin \varPsi i} = \triangle T \sum\limits_{i=1}^{n} \dfrac{1}{\sin \varPsi i} \end{cases} ; \qquad\qquad 式（2-8）$$

式（2-7）中，i 表示（1，n）的自然数，n 则表示返乡创业持续时间。式（2-8）中，同时消去 $\triangle T$，化简可得：

$$Y = \frac{T}{n} \sum\limits_{i=1}^{n} \frac{1}{\sin \varPsi i} \qquad\qquad 式（2-9）$$

综上，$\varPsi i$ 与 B、E 值、$OE+IE$ 值以及 V 密切相关。由此推导出返乡农业创业人才成长函数严格受返乡农业创业人才对自身成长的内生态环境与外生态环境的认知水平与实际情况的偏离值影响，也即返乡农业创业人才成长是一个关于人才内、外生态环境与个人因素的函数。

二、人才生态环境与创业人才成长理论框架

研究返乡农业创业人才成长的生态问题无疑是从生态学视角探索返乡农业创业人才成长过程的生态特征。用生态理论研究创业人才成长，必须关注对人才成长起着重要制约和调控作用的多元人才生态环境系统，有必要将生态理念融入人才研究中。从已有研究看（Georgine F.，2001；Alina Z. et al.，2003；陈琪，金康伟，2008；段利民，王林雪，2010），现有对创业环境的框架主要有两个典型代表：一是 Gnyawali 和 Fogel（1994）提出的五维度模型，包括制度、社会经济、创业与管理技能、创业资金支持与非资金支持，比较全面地考虑到创业影响的环境要素。二是全球创业观察（GEM）所提出的创业环境条件框架。上述两个理论框架得到了较多学者的认可与采用，但两个模型在实际研究中也存在局限性：一是更多地关注宏观环境，对内生要素考虑不足，不能解释同一区域不同创业人才个体

差异。二是缺乏相对成熟的理论体系指导和支持，无法展开长期的持续研究。因此，本书在生态系统理论基础上，从创业人才内生态环境与外生态环境两方面形成基本分析框架。

基于第一章理论基础的分析可知，人才成长是由人才个体与内、外环境的相互作用决定的（Lewin K. & Gold M.，1999）。根据生态系统理论与人才生态学分析，返乡农业创业人才成长受到内生态环境与外生态环境作用，但其影响逻辑与路径还有待进一步探讨。以生态系统理论为基础，从返乡农业创业人才主观感知层面深入探讨人才生态环境构成，以及人才生态环境对其成长的作用机理分析框架。根据企业成长理论，返乡创业活动是对人力、物力等资源的整合，以创业内部资源提供创业成长动力。同理，人才成长则通过对个体资源及社会资源整合，在内、外生态环境作用下，形成"生态环境 – 动态能力 – 人才成长"的作用框架（第五、第六章）。此外，马克思主义人才理论中人的全面发展理论、人力资本理论、人与环境关系理论、人才评价理论贯穿整个理论框架，运用人力资本理论分析人才内生态环境中各生态因子构成，以社会资本论探讨人才外生态环境各生态因子构成。由此，本书尝试搭建如图 2 – 6 所示的理论框架。在生态系统理论与人才生态学视角下，本书的内生态环境系统包括个体生态环境、家庭生态环境、教育生态环境，外生态环境系统包括商业生态环境、制度生态环境、社会生态环境以及自然生态环境等基本生态单位。本书分别从内生态环境系统、外生态环境系统分析人才生态环境，总结形成理论框架。该框架沿袭了科学问题分析思路：测度 – 解释 – 行动。即从当前返乡农业创业人才成长生态环境是什么水平，不同系统的生态环境是如何作用农业创业人才成长，再到如何构建优化返乡农业创业人才成长的生态环境路径，也即返乡农业创业人才生态环境测度 – 不同人才生态环境对人才成长作用机理 – 人才生态环境优化路径。研究人才生态环境综合评价，通过对返乡农业创业人才成长生态环境进行测评，对试点区与非试点区比较分析，促进各地区人才环境的优化。根据生态系统理论模型，对返乡农业创业人才成长的生态环境的各系统要素及其关系进行界定和划分，并将内生态环境系统、外生态环境系统依次嵌套并形成返乡农业创业人才成长生态环境的分析框架。在具体研究中，从最重要的内生态环境系统到外生态环境系统依次进行理论分析，结构方程实证检验各系统生态环境对返乡农业创业人才成长作用机理，呈现农业创业人才成长生态环境概貌及其价值和意义。图2-6中箭头所示的方向仅代表一项内容对另一项内容产生的潜在影响，但值得注意的是图中箭头所示并不代表因果关系或从属关系。

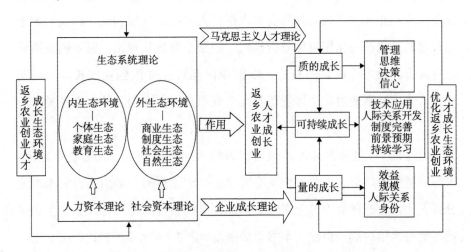

图2-6 返乡农业创业人才成长生态环境及作用机理理论框架

第五节 小 结

对于返乡农业创业人才来说，如何更好地优化人才成长生态环境是一个值得深入研究的课题。生态环境在推动返乡农业创业人才成长方面起到了关键作用，同时在返乡农业创业人才可持续成长过程中是需要重点考虑的因素。在现有研究与认知条件下，本章结合生态系统理论与人才生态学思想，根据创业人才成长生态环境的内涵和外延。首先，分析了返乡农业创业人才成长中的角色演化过程，结合数理分析探讨了人才成长曲线变化，分析人才成长不同阶段对环境的感知。其次，进一步分析返乡农业创业人才成长生态环境研究的关键视角及维度构成，从内生态环境中个体生态环境、家庭生态环境、教育生态环境，外生态环境中的商业生态环境、制度生态环境、社会生态环境以及自然生态环境分析其对创业人才成长的理论影响。再次，探讨了返乡农业创业人才成长与生态环境的理论关系，存在主动协同、多重交互、相互适应以及与生态环境规模效应递增的关系。最后，在理论基础上构建返乡农业创业人才成长生态环境的理论框架。

| 第三章 |

数据来源与样本现实考察

第一节　数据来源与调研设计

为深入研究返乡农业创业人才生态环境，本书组织课题组成员实地访谈与调研，为本书理论分析提供数据实验支持。

一、调研对象

基于已有文献，结合返乡农业创业实际情况，为了使调查得到的数据更加符合需要，调研对象主要聚焦于近五年内返乡农业创业人才（2015年及之后的返乡农业创业人员①②）创业后的人才成长生态环境，具体界定如下：

参考2017年国家人力资源社会保障部就业促进司和中国人民大学农业与农村发展学院联合开展的"全国返乡创业调查"数据，将"返乡创业"

---

① 2015年，国务院先后下发《国务院办公厅关于支持农民工等人员返乡创业的意见》和《鼓励农民工等人员返乡创业三年行动计划纲要（2015—2017年）》等文件，鼓励和支持返乡下乡人员创业创新。

② 全球创业观察（GEM）报告中的创业指成立时间在42个月以内的企业或经济组织，通常这一阶段是创业期或成长期。

界定为：曾离开户籍所在区县（或乡镇）外出半年及以上，外出前为农业户口，目前正在户籍所在区县（或乡镇，如果曾外出范围没有跨区县）范围内创业的人才，包括农民工、大学生、军人和城归族等群体，且创业活动在农业或相关领域。本书具体对象包括但不限于上述对象，满足以下几类条件：一是在农村地区，曾离开户籍所在区县（或乡镇）外出半年及以上；二是2015年及之后返乡以个体或合伙等形式从事创业的人才，具体包括主营粮果蔬茶等种植业、林业、养殖业的合作社，家庭农场，农业企业等组织形式的创业负责人，创业标准界定如表3-1所示。

此外，访谈样本区域返乡非创业农户。非创业农户是指近5~10年返乡，目前生活在农村地区且本人及家人当前均未进行创业活动。对返乡非创业农户的访谈旨在从客观角度评价当地返乡农业创业生态，进一步验证返乡农业创业人才所在区域创业生态优劣。同时，走访样本区域创业示范园区管理者、政府相关管理部门负责人以及样本村村干部。

表 3-1 四川省返乡农业创业界定标准

创业产业类型	界定标准
种植业类	粮油、棉花、糖料等种植面积≥20亩； 花卉苗木、茶叶、药材、蔬菜、水果、蚕桑等种植面积≥10亩； 食用菌≥10万袋（棒）； 竹地、林地面积≥5亩； 花椒、核桃等干果类≥10亩
养殖业类	养猪年出栏量≥30头；仔猪≥100头； 养肉牛≥10头，年出栏≥3头；奶牛≥10头；肉羊年出栏≥50头； 养肉禽（鸡、鸭、鹅）年出栏量≥100只；兔≥200只； 中蜂年存栏≥20箱；意蜂年存栏≥50箱； 水产（鱼、龙虾、泥鳅等）养殖池塘养殖面积≥10亩； 特种养殖年产值≥10万元
农业机械服务类	作业面积50亩以上，农业机械2台（套）以上
农产品加工、休闲旅游观光农业、农业电商等其他综合类	年产值≥10万元

资料来源：彭艳玲和孔荣（2017）；①《关于印发〈四川省现代农户家庭农场培育行动方案（2019—2022年）〉的通知》；②《四川省人民政府办公厅关于支持返乡下乡人员创业创新促进农村一二三产业融合发展的实施意见》。

二、问卷设计

本书问卷及访谈对象分为返乡农业创业人才、非创业人才以及政府及创业园区管理人员三类。针对返乡农业创业人才的调查问卷主要包括村域基本情况、家庭成员基本情况、受访人才个体信息、受访人才家庭生态特征、创业生态特征、组织与近邻特征、人才成长特征以及对成长生态环境主观判断八个部分。通过对相关文献的梳理，同时征求专家意见，初步形成返乡农业创业人才问卷雏形。问卷中既有数字与文字填写内容，也有规范量表测量。为了确保问卷调研的有效性，对温江区永宁镇与万春镇的返乡农业创业人才与返乡非创业人才进行预调研，2019 年 6 月上旬发放问卷 20 份，通过对预调研问卷的分析及时修正问卷存在的弊端。一是将过于书面的语言转换为受访者容易理解的语言；二是对预调研中发现的遗漏信息及时补充，对一些不合理的问题及时删减，结合专家提出的修改意见最后形成返乡农业创业人才成长生态环境最终问卷。

三、调研区域

本书以中国西南地区的四川省为样本区域。由于不同省份返乡创业水平不一样，无论是人口密度、经济水平、交通状况等发展情况都存在差异，而返乡创业无论是人才生态还是创业生态都是一个封闭独立的系统，因此本书旨在探析四川省返乡创业人才成长的生态环境等综合情况。此外，四川省无论是生产地形（平原、丘陵、山区及高原均有分布），还是经济水平（发达、发展中、贫困地区均有分布）在全国各省份中都具样本代表性。四川省作为传统农业大省，有着良好的农业自然条件和发展经验。产业多样化与浓郁的巴蜀文化造就了农业生产的无限可能，在各项创业生态研究报告中，四川（特别是成都市）在内陆省份中名列前茅，凭借相对完善的产业结构、丰富的人口资源等，四川省在西部地区对返乡农业创业人才更具吸引力。这也是本书选择分析四川省返乡农业创业生态环境的缘由。

四、抽样设计与数据收集

由于返乡农业创业具有特殊性，创业并非在全国每个村社普遍存在，为了保证调研的科学合理与代表性，同时采用分层抽样（Stratified Sampling）与判断抽样（Judgmental Sampling）方式，首先确定调研样本区县，其次确定研究所需样本总量。

（一）样本区县抽样

样本区县的选择首先考虑地理区位（四川省五大经济区①）；其次，结合经济发展水平，参考各区县 2018 年人均 GDP 排序差序选点；再次，结合我国返乡创业试点与农村创新创业典型区县不同批次，确定样本县初选名单；最后，采用统计学样本容量确定具有代表性样本区县容量：

$$n_1 = \left(\frac{u_\alpha v}{1 - p_\beta} \right)^2 \qquad \text{式 (3 - 1)}$$

式中，$u_\alpha = u_{0.05} = 1.96$，$v$ 代表变异系数，一般为 0.3，p_β 代表抽样精度，一般要求社会经济研究为 0.8 左右，本书设置为 0.82，最后计算得出本书样本区县容量为 12。研究范围在四川省五大经济区域的农村地区展开。首先，按照五大经济区分类，结合全国第一、第二、第三批返乡创业试点县、全国农村创业创新典型百县名单，在各经济区分别按 2018 年人均 GDP 区县排序，使最终所选择的样本县具有明显的区域代表性（见表 3 - 2）。

---

① 2006 年，四川省在"十一五"规划中首次提出五大经济区的概念，即成都平原经济区、川南经济区、川东北经济区、攀西经济区和川西北生态经济区。

表 3 - 2　四川省调研样本点选择

五大经济区	全国返乡创业试点	样本区县
成都平原经济区：成都、德阳、绵阳、乐山、眉山、资阳、遂宁、雅安	第一批：眉山仁寿县、成都简阳市 第二批：遂宁船山区、成都邛崃市、绵阳安州区 第三批：乐山沐川县、绵阳三台县、德阳罗江县 全国农村创业创新典型百县第一批：成都金堂县、成都郫都区、眉山丹棱县、德阳罗江区、绵阳安州区 全国农村创业创新典型县第二批：成都邛崃市、彭州、峨眉山、射洪	返乡创业试点：仁寿县；邛崃市；郫都区 非试点：雅安
川南经济区：自贡、泸州、内江、宜宾	第一批：自贡富顺县、宜宾县、内江市中区 第二批：宜宾市南溪区 第三批：泸州市纳溪区 全国农村创业创新典型百县第一批：无 全国农村创业创新典型县第二批：自贡富顺县	返乡创业试点：富顺县； 非试点：资中县
川东北经济区：广元、南充、广安、达州和巴中	第一批：无 第二批：南充阆中市、广元剑阁县、 第三批：广元苍溪县、巴中通江县、达州宣汉县、万源市 全国农村创业创新典型百县第一批：巴中通江县、广元苍溪县 全国农村创业创新典型县第二批：广元昭化	返乡创业试点：苍溪县、阆中市 非试点：巴州区
攀西经济区：攀枝花市、凉山州	第一批：无 第二批：无 第三批：无 全国农村创业创新典型百县第一批：无 全国农村创业创新典型县第二批：无	非试点：会东县
川西北生态经济区：甘孜州、阿坝州	第一批：无 第二批：无 第三批：无 全国农村创业创新典型百县第一批：阿坝州理县 全国农村创业创新典型县第二批：无	返乡创业试点：理县 非试点：甘孜县
样本区县总量		12

注：全国返乡创业试点第一批、第二批、第三批分别于 2016 年、2017 年初及 2017 年底确定；全国农村创业创新典型县于 2018 年 5 月确定；第二批全国农村创业创新典型县于 2019 年 12 月确定。

（二）确定样本总量

结合返乡农业创业实际情况，确定样本区县后，进一步确定创业人才样本容量，参考统计学样本量相关公式如下：

$$n_2 = \frac{t^2 p\,(1-p)}{e^2} \qquad\qquad 式（3-2）$$

式中，p 为发生概率，t 为概率度，一般置信度 0.95 时为 1.96，置信度 0.99 时为 2.58，本书取置信度 0.99 水平下 2.58；e 为抽样误差（设定 99% 的置信度下抽样误差范围不超过正负 2.25%）；p 表示总体人群中目标人群发生概率，西南财经大学中国家庭金融调查与研究中心和阿里研究院发布报告称，全国家庭平均创业比例约为 5.9%，农民工返乡创业人数占比 2%[①]，本书所涉及返乡农业创业人才既包括返乡农民工，也包括返乡大学生、返乡复员转业退役军人、返乡城镇从业人员等创业人才，因此设定 p 返乡农业创业在家庭中平均发生概率为 4%，最终得到估计样本容量 $n_2 = 505$。此外，为了从返乡非创业人才视角进一步探析返乡农业创业人才创业生态环境，本书在每一个样本点对返乡农业创业人才所在区域的返乡非创业人才进行了简单调研。

在确定样本容量后，采用判断抽样（Judgmental Sampling）方法在样本区县根据政府部门提供的返乡创业人才名单判断适用于本书的返乡农业创业人才。返乡农业创业人员创业年份以最近一次创业时间即 2015 年及以后为界限，具体对象包括农民工、大学生、复员转业退役军人、城镇从业人员等返乡农业创业人才。设计相应的村级和创业园区问卷，对村干部和园区进行调查，了解基本情况。与此同时，设计访谈问卷，对所抽取的县（市）相关部门就返乡农业创业及人才的相关支持政策等情况进行访谈。调研组成员由 2 名博士生、8 名硕士生组成，调研前组织系统性问卷调研

---

① 农业农村部：《450 万农民工返乡创业占农民工总数 2%》，新华网，http：//www. xinhua-net. com/politics/2016 - 07/22/c_ 129169817. htm，2016 - 07 - 22。

培训，制订调研计划与方案，具体调研时要求调研员以一对一读题访谈方式进行，部分受访者自身文化素养较高，采取无干扰式填写。完成当天样本区县调查后，及时进行问卷复核，并对问卷按"区县—日期—调研员—当天完成问卷序号"编码，便于回溯。调研自 2019 年 6 月 17 日至 10 月 16 日，累计发放返乡农业创业人才问卷 550 份，剔除无效及极端值后有效样本 518 份，样本回收率为 94.18%；其中试点区有效样本 308 份，非试点区 210 份，走访创业示范园区 11 个，获得村级与政府访谈资料 16 份。具体样本回收统计如表 3-3 所示。

表 3-3　返乡农业创业人才调研样本分布

样本市县	样本量	比例（%）	参观的创业园区
眉山仁寿县	60	11.58	仁寿县四川田夫农业创业孵化园
成都邛崃市	60	11.58	成都红珊瑚农业创新创业孵化基地*
成都郫都区	25	4.83	郫都区现代农业双创空间孵化园区
雅安雨城区	53	10.23	雨城区返乡下乡创新创业孵化园
内江资中县	51	9.84	资中创新创业孵化园（非农业但运营良好）
自贡富顺县	50	9.65	富顺县返乡创业示范园
南充阆中市	45	8.69	阆中市五龙返乡农民工创业示范园
巴中巴州区	55	10.62	通江县鹰歌葡萄产业园*
广元苍溪县	42	8.11	苍溪县创新创业园*
凉山州会东县	35	6.76	会东县双创飞地服务中心
阿坝州理县	26	5.02	理县绿色产业园区
甘孜州甘孜县	16	3.09	无
合计	518	100	11

注：*表示该创业园区为 2018 年、2019 年全国示范性农村创业创新基地、孵化实训基地等。

（三）其他数据资料收集

本书的资料主要来源于三个渠道。一是统计年鉴，对全国 31 个省区市进行宏观数据收集整理。二是针对四川省农业创业人才的问卷调查数据。调查对象主要分为两类：一类是 2015 年返乡至今的试点区返乡农业创业人才，作为实验组数据；另一类是非试点区返乡农业创业农户，作为参照组数据。三是文献数据库，学校图书馆、中国期刊网 CNKI 数据库、Web of Science 数据库、Search Gate 等国内外数据库，获取博硕士学位论文、学术论文以及田野调查等相关资料。

第二节 样本基本特征

从调研覆盖区县来看，基本覆盖了四川省五大经济区、一线城市与脱贫摘帽县。共计 12 个区县，包括 2 个县级市、10 个区县，518 个样本家庭。其中郫都区人均 GDP 最高为 31776 元/人，甘孜县人均 GDP 最低为 17271 元/人，大部分低于全省平均水平。从样本调研整体情况看来，在四川省出台各项创业支持政策后，返乡创新创业氛围非常活跃。然而，相较于沿海省份，四川返乡创业投资发展则相对滞后，经济活力和开放程度客观上不如沿海地区，对资本的吸引力相对较弱，创业投资发展与沿海城市还有较大差距。从样本所在行政村地形特征来看，绝大部分样本居住在丘陵与山区，其中返乡农业创业大部分发生在山区（50.00%），其次是丘陵 33.59%、平原 9.85% 和高原 6.56%。样本分布总体趋势与四川省地形分布状况基本一致（四川以山地为主要特色，地貌按平原、台地、丘陵、山地分为 4 类，分别占全省行政区域面积的 5.93%、3.52%、11.03%、79.52%[①]），说明本书的抽样设计充分考虑了四川省人口与地形分布的地域特性，样本具一定代表性（见表 3–4）。

---

① 数据来源于 2013 年 6 月，四川省人民政府发布的"四川省情地情"。

表3-4 不同地形特征地区样本分布及比重

样本	类别	成都平原经济区	川南经济区	川东北经济区	攀西经济区	川西北生态经济区
试点区	样本数（个）	145	50	87	0	26
	占比（%）	27.99	9.65	16.80	0.00	5.02
非试点区	样本数（个）	53	51	55	35	16
	占比（%）	10.23	9.85	10.62	6.76	3.09
全样本	样本数（个）	198	101	142	35	42
	占比（%）	38.22	19.50	27.41	6.76	8.11

一、样本个人特征

（一）返乡农业创业人才个人特征描述

一是返乡农业创业人才中男性占主体，但女性的比例也在提升。从农业创业人才样本统计分析来看，返乡农业创业人才以男性（360人）为主，占比为69.50%，女性（158人）占比为30.50%。这说明在返乡创业活动中，女性在返乡农业创业群体中所占的比例相比男性是比较低的，女性创业人才表示自身技能认知较低、对创业失败更为惧怕。但女性比例也在不断提出，这一结果与《全球创业观察中国报告2019》研究发现的女性创业比例相较于以前10%不断升高的结果一致。

二是返乡农业创业人才年轻化，中青年劳动力是创业主力军。从返乡创业人才受访者年龄来看，返乡农业创业人才平均年龄约38岁（37.94岁），相较于农业农村部统计数据——农村"双创"人员平均年龄为44.3岁更为年轻①。参与创业活动最集中的年龄段25~34岁，占比为34.75%，

---

① 《700万人返乡下乡投身农村双创》，湖南工人报电子版，http://media.workercn.cn/sites/media/hngrb/2017_09/27/GR0404.htm, 2017-09-27。

说明返乡创业群体越来越年轻，其次是 45～54 岁、35～44 岁，分别占 28.76%、26.83%。可见，在联合国标准定义的 25～44 岁的青年阶段里，中青年劳动力是创业主力军，"80 后""90 后"已经成为返乡农业创业的主力军。统计数据发现，"80 后"创业人才活跃程度超出全国平均水平。全球创业观察报告 2018 年分析发现，55 岁及以上占比为 18.2%，25～34 岁和 35～44 岁是创业活动最活跃的年龄段，这一统计结果与本书分析基本一致。在乡村振兴战略的引导下，大批青年劳动力返乡创业，使返乡农业创业人才队伍更加年轻化。

三是中等学历人才是返乡农业创业最活跃的群体。返乡农业创业人才平均文化水平以高中和中专为主，其次是大专。统计发现样本中文化水平为小学及以下的有 7 人，初中的有 74 人，高中及中专的有 185 人，大专的有 173 人，本科及以上的达 79 人，分别占返乡农业创业人才样本的 1.35%、14.29%、35.71%、33.40%、15.25%，这意味着大部分接受过高等教育的人依旧选择留在城市，乡村农业对人才的吸引力仍不足。

四是已婚与身体健康的返乡人员创业的概率更大。在婚姻状况方面，从返乡农业创业人才调查数据发现，受访者群体有未婚、已婚、离婚/丧偶等情况，婚姻结构复杂。75.10% 的返乡农业创业人才已婚，20.46% 的返乡农业创业人才未婚。从受访者婚姻状况可知已婚者和未婚者对创业有着显著差异，即已婚者创业的概率要比未婚者创业的概率大。此外，从受访者身体状况来看，89.19% 的创业人才身体很健康，有 10.81% 的创业人才身体状况一般，身体健康状况是创业的基本保障，总体上看，返乡农业创业人才健康率相对较高（见表 3-5）。

表 3-5 返乡农业创业人才个体基本特征统计

指标	类别	频次（次）	占比（%）
性别	男=1	360	69.50
	女=2	158	30.50

指标	类别	频次（次）	占比（%）
年龄	25 岁以下	31	5.98
	25～34 岁	180	34.75
	35～44 岁	139	26.83
	45～54 岁	149	28.76
	55 岁及以上	19	3.67
文化程度	小学及以下＝1	7	1.35
	初中＝2	74	14.29
	高中/中专＝3	185	35.71
	大专＝4	173	33.40
	本科及以上＝5	79	15.25
婚姻状况	未婚＝0	106	20.46
	已婚＝1	389	75.10
	离异/丧偶＝2	23	4.44
健康状况	很健康＝1	462	89.19
	一般＝0	56	10.81

（二）试点区与非试点区返乡农业创业人才个体特征对比分析

在非试点区返乡创业人才样本中，样本农户以男性为主，男性占比达 90.41%，女性样本相对较少，试点区女性比例有所提高。非试点区创业人才平均年龄为 47.062 岁，以 35～44 岁和 45～54 岁受访者为主，分别占比 40.00% 和 31.43%，从两组样本对比来看，试点区返乡农业创业人才组更年轻化。非试点区返乡创业人才样本组文化水平以高中/中专为主，其次是初中，分别占比 34.76%、29.52%，相比于试点区创业人才组，平均文化水平更低，其本科学历仅占 8.10%。试点区返乡农业创业人才学历以高中/中专以及大专为主，分别占比 36.36%、39.29%，这说明返乡农业创业人才在乡村振兴战略实施中起到了促进人才振兴的作用（见表 3-6）。

表 3 - 6　非试点区与试点区返乡创业人才个体基本特征对比

指标	类别	非试点区			试点区		
		均值	标准差	占比（%）	均值	标准差	占比（%）
性别	男 = 1	1.086	0.453	90.41	1.319	0.467	55.24
	女 = 2			9.59			44.76
年龄	25 岁以下	47.062	10.204	0	45.547	9.615	10.06
	25～34 岁			21.90			43.51
	35～44 岁			40.00			17.86
	45～54 岁			31.43			26.95
	55 岁及以上			6.67			1.62
文化程度	小学及以下 = 1	3.014	1.046	2.86	3.440	0.900	0.32
	初中 = 2			29.52			3.90
	高中/中专 = 3			34.76			36.36
	大专 = 4			24.76			39.29
	本科及以上 = 5			8.10			20.13

二、样本家庭特征

（一）返乡农业创业人才家庭征描述

从返乡农业创业人才家庭特征统计来看，家庭总人口平均人数为 4.57 人，劳动力平均人数为 3.08 人，家庭孩子平均人数为 1.19 人，家庭人口平均水平高于 2018 年我国平均每户人数 3.08 人，远高于四川家庭平均每户 2.8 人[①]。总体上看，家庭赡养负担比较重，但相比之下家庭劳动力平均水平较高，创业人力资本质量与数量相对更充分。从收入结构上看，农业收入占家庭收入比例平均水平约 56.58%，家庭总收入平均水平达到 37.67 万元/年，样本家庭收入最高达 850 万元/年，说明样本组以农业收入为主，对农业产业的依赖性更强（见表 3 - 7）。

---

　　① 数据来源：国家统计局：《中国统计年鉴 2018》。

表 3 - 7   返乡农业创业人才家庭特征统计

指标	均值	标准差	最大值	最小值
家庭总人口数（人）	4.57	1.42	10	1
劳动力数（人）	3.08	1.19	8	0
孩子数量（人）	1.19	0.85	5	0
农业收入占比（%）	56.58	0.37	100	0
家庭总收入（万元/年）	37.67	60.53	850	1

（二）非试点区与试点区返乡创业人才家庭特征描述

从非试点区返乡创业人才样本分析来看，家庭总人口数平均数为 4.95 人，而劳动力平均数为 2.70 人，家庭孩子平均数为 1.13 人，家庭人口总量高于试点区，劳动力占比低于试点区，这意味着相较于试点区，非试点区家庭赡养负担更重，家庭可用人力资本较弱。在收入结构上，非试点区农业收入占比平均水平为 55.46%，家庭总收入平均水平 20.38 万元。由此看出，非试点区严重依赖农业收入，且家庭收入水平相对较低，是以家庭经营为主的小规模农业生产户，而试点区家庭总收入均值为 49.46 万元（可能存在大量大规模、高收入创业人才拉高平均值），其平均农业收入约 57.34 万元，也即试点区总体收入水平与农业创业水平高于非试点区，可能的解释是除了生态环境优势外，试点区返乡农业创业人才家庭生态、教育生态与个体生态也占有优势（见表 3 - 8）。

表 3 - 8   试点区与非试点区返乡创业人才家庭特征对比

指标	非试点区		试点区	
	均值	标准差	均值	标准差
家庭总人口数（人）	4.95	1.42	4.31	1.36
劳动力数（人）	2.70	1.10	3.34	1.16
孩子数量（人）	1.13	0.80	1.23	0.92
农业收入占比（%）	55.46	0.38	57.34	0.30
家庭总收入（万元/年）	20.38	82.01	49.46	34.39

三、样本创业特征

通过对受访者的主观判断创业是否成功，发现 54.59% 的返乡农业创业人才表示自己无法明确判定成功与失败，仅有 39.13% 的返乡农业创业人才认为自己创业成功，6.28% 的返乡农业创业人才认为自己创业失败，而创业失败中有 67.74% 的农业创业者表示要总结经验继续创业，返乡创业是否成功受到创业生态显著影响。据农业农村部监测，当前农村创新创业项目中，60% 以上具有创新因素，80% 以上属于产业融合类型，55% 运用"互联网＋"等新模式。不同类型返乡人员的创业需求不同，既有共性特征也有显著的个性化差异。

（一）返乡农业创业以"农民工"为主

从返乡农业创业人才调查分类统计来看，参与调查的返乡农业创业人才包括返乡农民工、返乡大学生、返乡复员转业退役军人、返乡城镇从业人员和返乡下乡科技人员等。统计分析发现，返乡农民工创业的比重最高为 40.93%，其次是返乡城镇从业人员为 29.92%，返乡大学生创业人员为 13.51%，返乡复员转业退役军人为 8.11%，返乡下乡科技人员为 7.53%（见图 3 – 1）。可以看出，在乡村振兴战略与"双创"号召下，无论是毕业大学生、城镇就业人员，还是农民工返乡创业的氛围比较浓厚，以创业促就业成为一种潮流。

从返乡创业人才户籍来看，返乡农业创业大多为农业户口（78.19%），有 89.58% 的创业人才返乡后在户籍所在地创业，而 10.42% 的返乡人员选择了跨地区即非户籍地创业（见图 3 – 2）。伴随户籍所在的是周边社会网络、土地资源等，农业户口为创业提供了最直接的优势，人们无法舍弃自己的农业户口。无论是初次创业还是重新创业，传统的户口所在地是创业区域的首选，这也是我国大力推行引回"新乡贤"、开发

85

"农业百名精英人才"等项目的初衷，鼓励外出打拼致富精英回乡创业，带回先进理念与技术，带动地方农业发展。

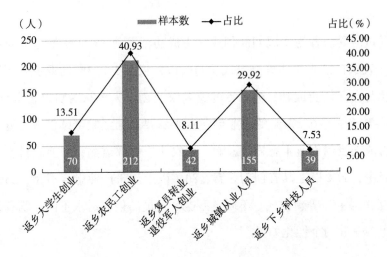

图3-1 返乡农业创业人才主要构成来源

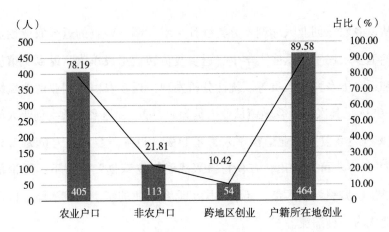

图3-2 返乡农业创业人才户籍状况与创业地区分布

（二）返乡农业创业以种植业为主

调查发现，返乡农业创业人才大部分为返乡农民工，返乡后所创事业基本与农业生产经营或相关行业，其中52.12%的返乡人员选择从事农业生产种植；13.90%的返乡人员以种植与养殖结合型创业；12.74%的返乡人员以纯养殖（如鸡、鸭、鱼类及生猪等）为主创业，受限于养殖环保标准，以养殖为主的创业较少；7.92%的返乡农业创业人才从事农产品网络销售、农业直播等农村电子商务；6.56%的返乡农业创业人才将农业、旅游、文化、餐饮与住宿结合进行农旅文创类创业；6.76%的返乡农业创业人才以为农业提供综合性服务为主，如技术服务、机械租赁等形式创业项目（见表3-9）。总体而言，返乡农业创业选择农业生产种植作为创业项目较多，结合自身条件与区域资源优势选择熟悉的行业，更加了解生产特性、市场属性与风险状况。换言之，与传统小农的有限理性相比较，返乡农业人员在选择创业项目时结合资源禀赋与能力条件作出相对理性的决策。而随着网络现代化的不断推进，直播、众筹农业等不断进入农业行业，逐渐成为人们选择实现创业的重要领域。

表3-9 返乡农业创业人才创业项目

类别	种植	养殖	种养结合	农业电商	农旅文创	农业服务
样本量	270	66	72	41	34	35
占比（%）	52.12	12.74	13.90	7.92	6.56	6.76

注：农村电商包括直播农业等，农业服务既包括农业社会服务相关项目，也包括众筹农业等。

（三）返乡农业创业投资保守，收入不稳

从返乡农业创业投资分析来看，初始注册资本以100万元以上为主（42.47%），其次为10万~50万元，占比26.25%。但注册资本无法真正体现初始投资情况，通过对返乡人员创业初始投资情况分析发现，与注册资本趋势不大一致，10万~50万元初始投资占比达30.69%，其次是100万元以上创业投资，占比达22.20%，50万~100万元的占比为17.37%，5万~10万元的占比为13.32%。从注册与投资金额分析发现，大部分返乡农业创业项目投资规模属于中等试探性投资，也有部分返乡农业创业人才旨在大规模投资经营，初始投资额度最高达1000万元（见图3-3）。

图 3 - 3 返乡农业创业人才创业启动资金

从返乡农业创业人才收入结构分析来看，家庭收入区间主要集中在 20 万 ~ 50 万元（占比为 37.07%），其次是 10 万 ~ 20 万元占比为 24.13%，50 万 ~ 100 万元占比为 14.86%；从调查数据可以看出，创业收入分布主要集中在 10 万元以下，占比为 43.05%，其次是 20 万 ~ 50 万元占比为 22.59%。从返乡创业投资及收入情况分析来看，返乡农业创业初始投资主要在 10 万 ~ 50 万元，而年收入主要为 20 万 ~ 50 万元，返乡人员创业初始投资与家庭收入基本偏低，与务工及前期资本积累和创业能力相关（见图 3 - 4）。

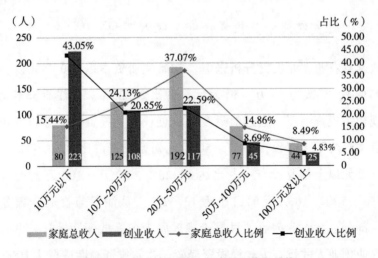

图 3 - 4 返乡农业创业人才创业收入结构

此外,从员工规模来看,大部分(62.36%)返乡农业创业中雇用员工数量为1~10人,26.25%的返乡创业人才雇用11~50人,仅有3.09%的返乡创业人才雇用51人及以上的员工形成大规模的创业,即超过七成的农业创业团队人员在10人及以下,创业雇用人数多少间接体现创业规模较小(见图3-5)。从返乡农业创业规模分析来看,返乡农业创业规模以中小经营为主。

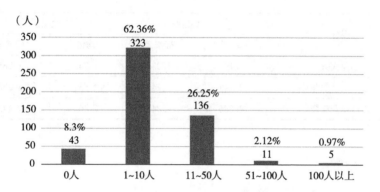

图3-5 返乡农业创业雇员数量

(四) 返乡农业创业时长以"中短期"为主

随着国家对创新创业的大力支持,各地方政府组建创业园区与指导部门对创业予以大力支持,促使不少返乡人员将兴趣与自身优势相结合进行创业。随着城乡二元结构逐渐优化,不少外出务工劳动力回流。调查中,农业创业人才返乡时长主要集中在3~5年(见图3-6),且试点区累计创业年限更长。自2013年"双创"实施以来,返乡农业创业受访者中有56.04%的受访者为"双创"政策召唤下返乡创业。统计发现,受访者最早创业始于1983年,其中首次创业在2000年以前占比为14.98%,最近一次创业以2016年创业居多(30.95%),其次是2015年(26.09%)、2017年(20.77%)、2018年(18.33%)以及2019年(3.86%)。换言之,受访者创业年限以3~5年为主,试点区与非试点区最近一次创业活动均在两年半左右(见表3-10),符合GEM的标准,即企业开始成立之前,创业的前 42 个月时间内均为创业。在创业次数上，55.41% 的受访者为首次创业，29.73% 的返乡人员为二次创业，14.86% 的返乡人员创业次数在三次及以上，试点区创业次数平均值略高于非试点区。返乡人员农业创业属于社会鼓励与支持、包容与历练型创业，大部分经历过失败之后，对创业有了更深层次认知，因而对创业决策更为慎重。

表 3-10　返乡农业创业人才创业活动年限

指标	非试点区		试点区	
	均值	标准差	均值	标准差
创业次数	1.195	1.036	1.743	1.261
最近一次创业年限	2.648	1.245	2.651	1.228
累计创业年限	4.886	4.848	7.463	7.143

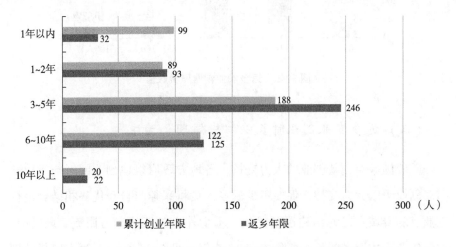

图 3-6　返乡农业创业人才返乡年限及创业年限（含首次创业时间）

（五）返乡农业创业倾向于"单打独斗"

相比于商业模式和资金，创业人才更注重创业团队。45.73% 的创业人才认为团队最为关键，远重于商业模式和资金。在创业形式上，51.54% 的返乡人员选择独立自主创业，25.48% 的返乡人员创业与自己身边有能力、有意愿创业的合伙，另 5.8% 的返乡人员创业依托合作社、投资入股形式组建创业团队，17.18%的返乡人员以加盟或众创的形式参与到返乡农业创业中（见图3-7）。在组织形式上，33.59%的创业人才依托合作社，7.34%的返乡人员依托家庭农场创业。此外，有4.63%、8.69%和3.09%的返乡人员分别依托组织协会、创业孵化园区以及高等院校创业（见图3-8）。这一现象反映出返乡人员创业中存在有限理性决策，选择适合自己的创业形式，在资源与能力范围内组建团队，且对自己目前所处的创业状态有清楚的认知。

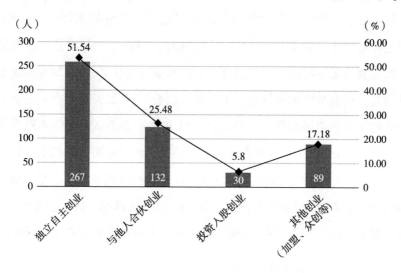

图3-7　返乡农业创业形式

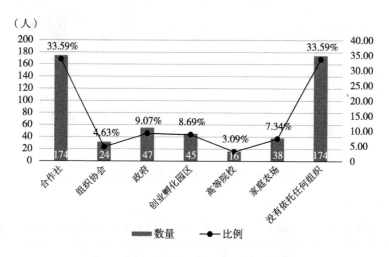

图3-8　返乡农业创业所依托组织类型

（六）返乡农业创业以"机会型"创业为主

对返乡农业创业人才调研发现，大部分属于"机会型"返乡创业（59.27%），约32.43%属于"生存型"创业，仅有8.30%为自我实现型创业①。在创业动机方面，61.54%的返乡人员创业是抓住好的创业机会，29.06%的返乡人员虽然有好的工作岗位，但认为创业机会更好而选择创业，属于机会型创业；9.40%的受访者则是没有更好的工作而选择创业，属于生存型创业。创业人才具备一定的优势，通过个人技术资本、人力资本、社会资本等不断进行资源组合，从而形成核心优势；36.28%的返乡人员认为自己创业最大的优势是具备十足的信心，34.22%的返乡人员认为自己创业的优势在于兴趣是最大的动力，28.91%的返乡人员认为自己个人能力强于他人，20.35%的返乡人员认为自己的优势在于有好的创业项目。在创业前中期，73.04%的返乡人员创业人才有一些计划，但不是很详细；仅有16.30%的返乡人员创业有详细计划，10.66%的返乡人员创业前基本没有计划（见图3–9）。这一现象表明大部分返乡人员在创业前期有相对明确计

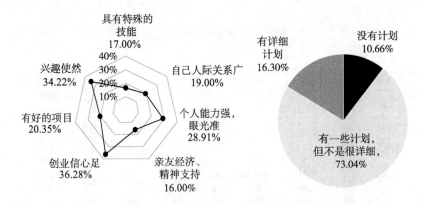

图 3 – 9　返乡农业创业优势、创业计划

① 2001 年，全球创业观察（GEM）报告的撰写者雷诺兹等提出了机会型创业和生存型创业的概念，并逐年对机会型创业和生存型创业的概念进行丰富。机会型创业是指为了追求一个商业机会而从事创业的活动；生存型创业即创业人才为了生存，没有其他选择而无奈进行的创业，显示出创业人才的被动性。

划，有助于初创业时把握创业思路、明确经营理念、实现计划。

第三节 返乡农业创业人才成长生态环境表征

生态环境作为返乡农业创业人才成长的重要外部环境，在很大程度上影响着创业者的积极性、主动性和创造性，最终影响创业行为的效率和效益。从全球的经验来看，创业生态都是经济发展的驱动力之一。活跃度高，表明该地区既有较好的商业环境，也有较好的社会消费人群。在返乡农业创业人才成长生态系统中，返乡农业创业人才作为活动主体，创业活动依托于创业活动种群和群落。返乡农业创业个体是生态系统中的"生态因子"，而返乡农业创业群体则组合形成"生态种群"，返乡农业创业个体、群体、政府、社会、家庭等组织融合，则形成了返乡农业创业人才成长的生态系统。生态系统包括创业主体、生态要素以及生态环境三者，系统内部彼此依存、相互影响，本节主要从中观和宏观系统分别分析家庭生态、制度生态、商业生态与社会生态基本表征。

一、内生态环境表征

对创业人才成长而言，家庭人力、资金来源不可或缺，也在一定程度上减轻了返乡人员创业压力，促进家庭生态健康发展。返乡人员创业经营规模差异大，其中不少家庭人员支持并参与创业。统计分析发现，返乡人员家庭人口最多达 9 人，其中家庭规模 3 ~ 5 人较多，分别占 27.54%、26.09%、23.19%；而家庭成员参与创业统计中，36.23% 的家庭除创业人才本人外无家庭成员参与创业，25.12% 的家庭有 1 人参与家庭创业，其次，16.43% 和12.08% 的家庭分别有 2 人和 3 人参与家庭创业（见图 3 – 10）。返乡人员以家庭创业为主，是在资源整合情况下的有限理性选择。这与雷娜等（2017）

的研究发现一致，家人的支持可以为农村返乡创业提供坚强的心理保障，在一定程度上消除其思想包袱和精神压力，增强其返乡创业的意愿和动力。

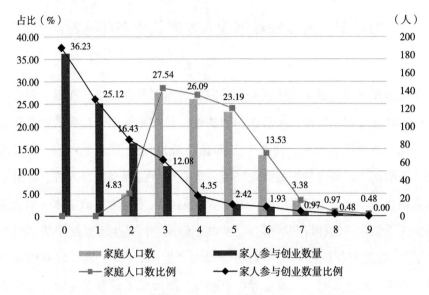

图 3-10 返乡农业创业人才家庭人力支持创业情况

在创业后，家庭收入构成以创业收入为主（69.08%），其次是家庭务农与务工收入。返乡人员创业资金来源多样：务农收入、务工收入、投资理财、生意经营、工资性收入等，主要分为正规渠道与非正规渠道①，其中正规渠道资金来源平均占比为 21.53%，非正规渠道资金来源占比为 78.47%。创业前家庭资金来源主要为务农与务工收入，分别占比为 36.23%、31.88%，而创业后家庭资金的主要来源为创业收入的 69.08%（见图 3-11）。在实际创业过程中，返乡人员创业起点相对比较低，创业启动资金规模小且以自筹为主，囿于资金有限，多以各种渠道资金组合形式作为启动资金，以个人储蓄为主的资金来源是返乡人员创业的主要方式。但同时也反映出社会及政府补贴资金在返乡人员创业事业初创期提供的扶持不够，社会资源的配置有待加强。

---

① 正规渠道包括国有商业银行及农村信用合作社和扶贫贷款等，非正规渠道主要指民间借贷。

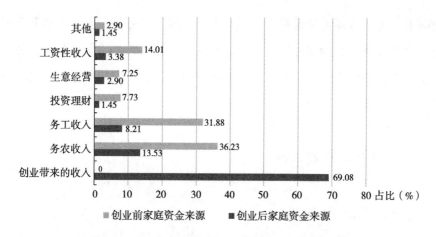

图 3 – 11 返乡农业创业人才家庭收入资金结构

从返乡农业创业人才家庭环境来看，通过对返乡农业创业人才家人是否支持创业的态度统计，82.77%的家庭支持创业，17.23%的家庭不支持创业；在家庭父母保障方面，返乡农业创业人才中有84.52%的父母购买了医疗与养老保险。通过对创业人才成长家庭环境调查，家庭环境氛围方面绝大部分家庭环境氛围良好。家庭成员生活方式方面，仅有2.90%的家庭成员生活方式很奢侈，57.00%的家庭成员生活方式一般，40.10%的家庭成员生活方式比较简朴（见图3 – 12）。分析发现，大部分返乡农业创业人才受到家庭支持，父母购买医疗与养老保险意味着创业的压力相对较小，家庭环境氛围、家庭居住环境、家庭成员生活方式一方面影响农业创业人

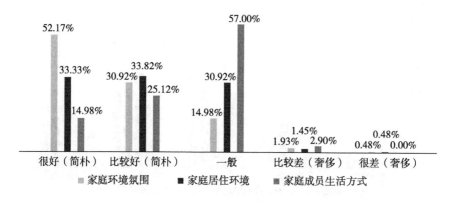

图 3 – 12 返乡农业创业人才成长家庭氛围、环境及生活情况

才成长，另一方面促使返乡人员创业不再局限于生存型创业，更有利于追求效益与经济发展为目标型创业。说明在新时期，随着"大众创业，万众创新"的深入推进，社会和家庭的就业价值观正在不断转变，包容度不断上升，创业成为时代的一个主题。

二、外生态环境表征

（一）商业生态

在社会金融支持创业方面，27.54%的返乡人员创业中受到金融机构支持认为比较好，48.79%的返乡人员创业中认为金融机构对创业支持力度一般，8.70%的受访者表示当地金融机构很不支持创业贷款，金融可得性比较差。从返乡人员创业竞争环境情况来看，40.10%的创业人才认为所创事业市场竞争环境比较好，20.29%的返乡人员认为竞争环境一般。在劳动力雇佣方面，23.19%的返乡人员认为在当地比较容易找到熟练雇工，18.84%的返乡人员认为在当地不容易找到雇佣劳动力，劳动力一方面数量少，导致生产成本增加，另一方面不熟练导致生产效率低。在实际带动效果中，14.49%的返乡人员带动并雇佣周边人，且带动效果非常好，37.20%的受访者认为带动效果一般，3.38%的受访者觉得创业带动效果非常差（见图3-13）。可以看出，

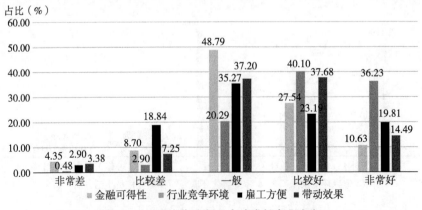

图 3-13　返乡农业创业人才成长商业生态

推动好的商业生态，一方面可以有效促进农业创业人才存在和创业能力提升，另一方面也可以促进农村农业产业发展，推动整体经济发展。

（二）制度生态

在返乡农业创业人才培训指导方面，36.71%的返乡农业创业人才认为自己所在区域创业培训与指导氛围非常好，21.26%的返乡农业创业人才认为政府及社会提供的创业培训与指导一般，7.25%的返乡农业创业人才认为自己所在区域创业培训与指导非常差。调查发现，虽然大部分地区已经建立了创业指导中心，但实际的创业培训与指导服务普及率有待加强。在财政支持创业方面，15.46%的返乡农业创业人才在创业中受到政府的财政支持，41.06%的返乡农业创业人才认为政府对创业财政支持力度一般，9.66%的返乡农业创业人才表示当地政府对返乡人员创业财政支持力度比较差。此外，12.08%的返乡农业创业人才认为政府部门支持创业的法律法规非常好，38.65%的返乡农业创业人才认为政府部门支持农业创业人才创业的法律法规比较好，也有40.58%的返乡农业创业人才认为法律法规保障一般。总体来看，36.71%的返乡农业创业人才认为目前四川省总体创业政策环境较好，38.16%的返乡农业创业人才认为创业政策环境一般，仍需提升，9.66%的创业人才认为目前四川省总体创业政策环境比较差，亟待优化创业制度环境（见图3-14）。

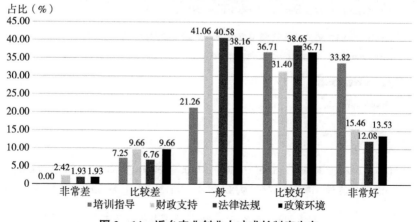

图3-14 返乡农业创业人才成长制度生态

（三）社会生态

从返乡农业创业人才成长社会环境调查来看：文化条件方面，46.86%的返乡农业创业人才认为所在地文化条件比较好和非常好，39.61%的返乡农业创业人才认为文化条件一般，11.59%的返乡农业创业人才认为所在地创业文化条件比较差。卫生医疗方面，50.25%的返乡农业创业人才认为所在地卫生医疗条件比较好和非常好，12.56%的返乡农业创业人才认为所在地卫生医疗比较差和非常差。用水用电方面，41.55%的返乡农业创业人才认为用水用电非常好，31.88%的返乡农业创业人才认为用水用电比较好，21.74%的返乡农业创业人才认为用水用电条件一般，总体来说返乡农业创业人才对创业用水用电评价较好。在自然条件方面，40.58%的返乡农业创业人才认为农业创业自然条件比较好，6.76%的返乡农业创业人才认为创业的自然条件比较差。交通条件方面，6.28%的返乡农业创业人才表示自己创业所在地交通条件比较差（见图3-15）。总之，无论是从创业基础设施、文化卫生建设还是创业总体环境，返乡农业创业总体社会环境正在逐渐改善。

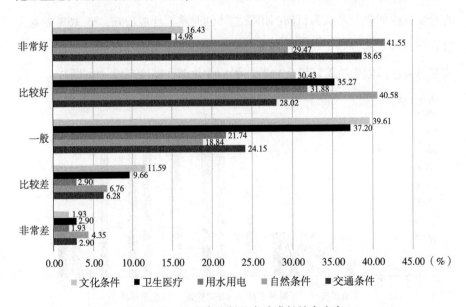

图3-15　返乡农业创业人才成长社会生态

（四）自然生态

从返乡农业创业人才成长自然生态环境调查来看：气候条件方面，68.73%的返乡农业创业人才认为所在地比较符合和非常符合气候条件较好的特征，有利于创业；自然灾害方面，64.48%的返乡农业创业人才认为所在地比较符合和非常符合自然灾害较少的特征，利于农业创业与生产；在土地资源方面，53.86%的返乡农业创业人才认为所在地比较符合和非常符合土地资源丰富的特征，较少存在撂荒现象（见图 3-16）。总体来看，从气候条件、自然灾害以及土地资源来看，对创业人才的成长有着较大的影响，返乡农业创业自然生态环境亟待优化。

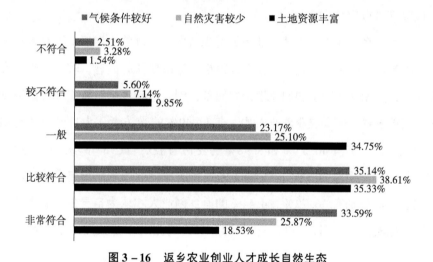

图 3-16　返乡农业创业人才成长自然生态

第四节　返乡农业创业人才成长生态环境面临的主要问题

从实际调研与基层访谈情况看，当前返乡入乡农业创业面临不少困难和问题。本节将从返乡农业创业人才自身、返乡农业创业人才家庭、返乡农业创业支持以及商业与社会生态环境来剖析与阐述。

一、自身创业能力偏低

大部分返乡农业创业人才自身综合素质偏低，有待提升。返乡人员中大学生的文化水平和综合素质普遍较高，但占返乡创业人员比例较大的农民工和农村富余劳动力等普遍素质仍然较低，年龄偏大或偏小，高中及中专以下文化程度返乡创业人才占返乡创业人才总数的51.35%。返乡人员通过外出务工、就业等，具备一定的创业意识，创业愿望较强、学习的积极性也高，但限于自身的文化素质不高，以及不同程度地存在自给自足的小农意识，对国家惠农政策、如何选择创业项目、制订创业计划及规避创业风险等难以理解和掌握。

一些返乡农业创业人才创业市场意识薄弱、管理能力滞后。返乡人员从事低端产业者居多，在打工过程中，很难接触市场核心内容，较少有创业实践活动，更无创业知识和创业理论的储备，创业经验欠缺。从实地调研数据统计结果来看，返乡农业创业人才中有47.49%的受访者认为自己市场意识比较强，而分别有46.53%和5.98%的受访者表示自己的市场意识一般和比较差。在管理能力方面，48.84%的返乡农业创业人才认为自身管理能力比较强，而分别有46.72%、4.44%的返乡创业人才认为自身创业管理能力一般和比较差（见图3－17）。一些返乡农业创业人才在激烈的市场竞争中

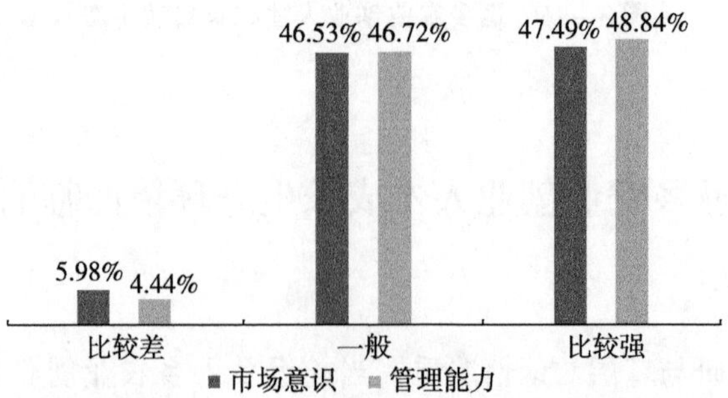

图3－17　返乡农业创业人才市场意识与管理能力

往往处于劣势，市场意识薄弱，难以获取识别有效的创业和市场变动等信息，在面临风险时无法及时预判和避免，作出不切合当地经济发展和市场需求的决策与判断，导致存在不同程度的盲目投资现象。

二、家庭支持后劲有限

返乡农业创业流动资金难以筹措。返乡人员创业前资金来源主要以务工收入和务农收入为主，返乡创业后则以创业收入为主，家庭收入结构较为简单，收入来源有限。返乡人员在外出务工中虽积累了一定的原始资金，但在企业投资阶段已经基本耗尽，不足以支撑企业后期投产，创业资金缺口较大。返乡人员创业多从事农村种植、养殖合作社及一些小微企业，虽有一定政策扶持，但由于种种原因，资金支持仍然有限。具体而言，在创业启动资金来源上主要以个人储蓄（58%）、家人资助（20%）、生意伙伴（7%）、亲戚朋友（6%）为主，银行贷款仅占5%，仅有3%的返乡人员在创业投入资金中争取到返乡创业政策补贴（见图3-18）。

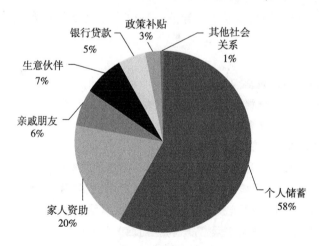

图3-18 返乡农业创业人才创业资金来源分布

此外，返乡农业创业人才家庭赡养负担较重。在被调查的群体中，返乡农业创业人才家庭平均人口接近5人（4.57人）（见表3-7），就平均人数而言，家庭有老有小（1.19 人在读学生），返乡创业人员仍需考虑抚养与赡养的经济负担，且经济负担较为沉重。返乡农业创业人才作为家里的"顶梁柱"，不但要赡养老人，还要供养孩子读书以及日常生活支出，经济负担很重。家庭经济负担造成了返乡农业创业中的后顾之忧，很大程度上阻碍了创业的起步和发展。

三、创业政策环境待优化

返乡创业人才在创业中存在较多困难，调查排名前五的分别是自身管理能力有待提升（19.04%）、市场判断能力弱（16.51%）、无法发挥好资源优势（15.14%）、无法取得政府部门支持（13.76%）以及缺乏人才团体互帮互助（13.53%）（见图 3 - 19），对于返乡农业创业人才个体而言，对当前创业环境与政策的认知直接影响创业效果，但相关部门也缺乏对返乡人员创业进行准确摸排与统计，无法有效提出有针对性的相关扶持政策，出台的多项规定也过于笼统，特别是专门针对返乡人员处理其回乡置业过程中遭遇难题的政策较少，导致各项创业扶持政策出台供给与需求不匹配。

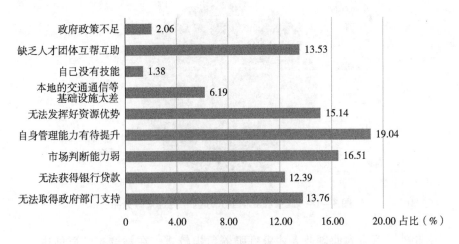

图 3 - 19　返乡农业创业人才面对的主要困难

此外，返乡农业创业人才对返乡创业相关政策的知晓率不高。尽管出台政策大力支持返乡人员创新创业，但政策执行主体宣传不足、政策内容解读不够简洁明了，在信息传递和执行时责任不清，导致政策执行效果大打折扣。政策执行不到位，配套服务不完善，办理相关手续的门槛较高，加上土地问题、企业周边治安环境等问题，政府对返乡人员的允诺得不到兑现，使不少返乡创业人员"业未创、心先疲"，既制约了返乡创业人员的积极性，也影响了创业者对政府的信任度。

四、商业与社会生态配套弱

如前文统计分析，大部分返乡创业人才表示返乡创业中金融支持的作用并不明显。统计发现，13%的返乡创业人才在金融机构贷款得不到支持，62%的返乡农业创业人才得到金融机构支持力度较小，仅有25%的返乡创业人才得到了金融机构的大力支持（见图3-20）。返乡人员虽然积累了一定资金，创业规模初步形成，但往往因缺少流动资金而运转困难，通过正规金融渠道得到贷款的可能性极小，还要承担资金链不稳定、随时可能断裂的风险。此外，农村金融服务机构在基层设立的金融服务网点较少，服务单一，使得创业企业融资艰难。返乡人员需要政府搭建平台提供

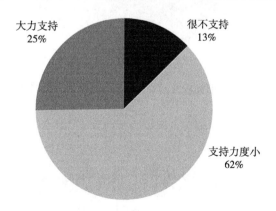

图 3 - 20 返乡农业创业人才对当地金融机构的评价

金融支持，但借贷资金十分艰难，因大部分是租用场地，没有房产抵押，商业银行贷款门槛高且贷款手续复杂，很难从银行获取贷款；而民间信贷数量小且利率高，返乡人员创业资金问题得不到解决，无法满足批量合同，使创业人员失去不少商机。

民生保障供给与返乡农业创业人才的需求匹配度低。目前，城乡经济二元结构仍然存在，对于许多返乡创业人员较为不利，少数地方对返乡人员的养老、医疗等基本社会保险出台了指导意见。但地方政府对返乡创业人员的社会保障供给与其创业需求之间存在一定偏离，集中体现在对返乡人员医疗服务和对其子女教育的忽视两个方面。19%的返乡农业创业人才表示对当地医疗条件不满意，41%的返乡农业创业人才认为一般，有40%的返乡农业创业人才对当地医疗条件满意（见图 3 –21）。总体而言，农村卫生医疗条件相对于城市较弱，而教育资源约束等因素，无法向返乡农业人才子女提供良好教育保障，加之教育文化氛围薄弱，缺少子女教育保障必然制约返乡创业高素质人才的持续供给和输入。

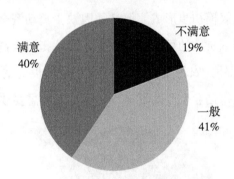

图 3 –21　返乡农业创业人才对当地医疗卫生的评价

第五节　小　结

本章在文献与理论的基础上，介绍调研对象、问卷设计、调研区域以及如何抽样选点，最终实现数据的收集。然后根据预调研优化设计问卷并进行了实地访谈与调研。通过对返乡农业创业人才、返乡非创业人才与相关部门的调研，基于样本分析返乡农业创业人才与返乡非创业人才的数据进行了简单统计分析，呈现了当前返乡农业创业人才基本特征、创业特征、人才成长生态环境的特征，结合数据分析了当前存在的主要问题，得出以下结论。

从样本调研对象、区域分布来看，所调研区域基本涵盖了全国返乡创业典型试点区与非试点区、不同经济发展状况水平和不同农业生产区域，充分考虑了农业创业的特殊性，具有较强的代表性。

从样本特征分析发现，第一，返乡农业创业人才男性占主体，但试点区女性的比例也在提升；返乡农业创业人才年轻化，25～45岁中青年劳动力是创业主力军，高中及中专学历人才是返乡农业创业最活跃的群体。总体人力资源质量较高。第二，返乡农业创业人才以农民工返乡为主，城镇从业人员返乡次之，以农业种植业创业为主，"机会型"创业为主且主要依托合作社、家庭农场等新型经营主体形式创业，初始投入资金基本来源于创业人才个人储蓄。

从样本成长的生态环境看，返乡农业创业人才家庭资金支持力度较大，生态环境总体较好，但商业生态中信贷可得性较差，且带动周边的能力相对较弱；社会生态中地区文化教育与卫生医疗条件相对较弱。总体来看，返乡农业创业人才成长过程中，在生态系统中各个维度均找到合理定位，创业人才个体与生态环境因子之间相互协调，无论是个体创业还是组织形式创业，都符合我国当前返乡创业的现实。

| 第四章 |

返乡农业创业人才成长生态环境评价

返乡农业创业人才成长生态环境是探析人才生态环境对其成长作用机理和提升优化创业生态环境的前提。学界对创业环境、人才生态以及人才成长生态环境做了相关研究，但是针对返乡农业创业人才成长的生态环境评价体系尚未有全面构建，而且未根据我国返乡创业人才成长生态环境的特殊情境做进一步机理研究。故而，本章通过构建返乡农业创业人才成长生态环境评价指标体系，对返乡农业创业人才成长生态环境进行测度与评价，同时分组对试点区与非试点区，五大经济区进行对比。

第一节　指标体系构建

对返乡农业创业人才成长生态环境评价，是基于专家与创业人才的数据源进行的综合评价。根据指标构建与评价选择的综合方法，带入数据并得到综合评价结果。从综合评价一般流程来看，需要先确定评价目标与对象，构建指标体系，选择评价方法与模型，并测度分析得到评价结果（见图 4 −1）。

本章对返乡农业创业人才成长生态环境评价主要依据生态系统理论，结合已有文献梳理，根据专家打分及建议情况，基于评价指标构建的基本原则，构建并初步筛选指标体系。

图 4 - 1　综合评价过程

一、指标体系构建原则

（一）可操作性原则

可操作性原则即评价返乡农业创业人才成长生态环境的指标体系要实用且具有可行性。指标体系在操作时要便于接受与使用，不仅要考虑指标数据的可获得性，还要考虑调研资料获取的可行性。在保证评价指标体系可操作的前提下，才能进行生态环境的评价，进而推广实践指标评价结论。

返乡农业创业人才成长生态环境具有复杂的系统，可以从多个视角评价，但并非所有评价体系都能全面涵盖人才成长生态环境的内容，因而需选择可操作性的评价体系。此外，由于人才成长生态环境以及创业环境的许多衡量指标尚未有官方统计，在获取宏观数据时仅能从新闻、报纸里获得粗略的总体数据，无法具体到返乡创业示范区县，在本书框架内，宏观数据无法有效支撑四川省样本区县或部分区县返乡农业与人才成长生态环境的实际水平。因此，本书摒弃宏观数据和定制指标的模糊评价，降低分析结果的不确定性。参考相关文献，结合研究的可操作性，选择以返乡农业创业人才为评价主体，创业人才对所在生态环境最为了解，通过对微观人才生态个体的调研，收集研究所需数据，从客观视角评价分析农业创业人才成长生态环境的优良情况。指标体系构建不仅适用于当前研究，也能作为动态观察人才成长生态环境变化的参考。

（二）科学性原则

科学性原则即在构建返乡农业创业人才成长生态环境评价指标体系时要客观、科学。总体框架构建、指标筛选、数据收集及综合评价的每个步骤是以研究返乡农业创业人才成长生态环境为前提进行的，同时要结合基础理论与人才成长生态环境实际，选择适合且合理的评价模型，实现客观、科学评价分析农业创业人才成长生态环境的水平。换言之，分析农业创业人才成长生态环境评价指标体系，只有在基于科学建立的基础上，才能进一步为优化农业人才成长生态环境提供现实和理论依据。

具体而言，即生态环境指标体系构建的生态因子要依据生态系统理论，而具体的指标选取、确定及说明、测度方法等都需要有科学的参考文献支撑，同时要符合我国返乡农业创业的基本情境，在设定与选择指标时要从客观实际出发，不能主观判断，在指标赋值时结合科学计量模型，根据指标频数、阈值、等级确定。此外，在选择设定赋权方法与评价方法时要从客观实际出发，既要有完整性、代表性和针对性地反映调研地区返乡农业创业人才成长生态环境的具体情况，又要简明扼要、经得起检验。

（三）系统性原则

系统性原则即在构建返乡农业创业人才成长生态环境指标体系时，考虑构成要素子系统及指标之间生态因子要有逻辑关系，既能体现各个指标特征，又能反映子系统指标之间的内在结构与逻辑。

此外，生态环境指标体系无论是从宏观还是从微观视角出发，选取时都要以系统的观点反映各生态要素及内部的关系，指标体系要具备完整性和异质性，而具体指标则具备可测量性。指标体系内部要具备一定层次性，包括从内到外、从上到下，从目标层到系统层，从准则层再到指标层，从宏观到微观综合考虑，形成有机整体的评价体系。

（四）可比性原则

可比性原则即无论是指标体系还是数据评价结果，都是可以基于一定的价值标准进行比较，具有一定的推广性，评价结果也具有可比性。返乡农业创业人才成长生态环境指标体系只有在遵循可比性的前提下，才能评价不同区域的差异，才能反映出全国试点区县与普通区县返乡农业创业生态环境的区别。评价结果的差异，可进一步实现全国试点区县的辐射带动效应，从而有针对性地提升区域返乡农业创业生态环境，实现县/区域、市域到省域的均衡发展，促进返乡人员创业的可持续性发展。

（五）指导性原则

指导性原则即分析评价农业创业人才成长生态环境的指标体系，不仅用于本书的评价，而且要通过在评价中发现问题，探析生态环境对人才成长的作用机理，进而优化人才生态环境。一般而言，分析农业创业人才成长生态环境是动态的，即随着时间发展，人才自身、家庭、社会等为适应社会发展与政策需要而不断变化，因此在构建指标体系时，指标自身应具备可发展，能指导人才成长生态环境向更优、更健康的持续发展。

二、指标建立与开发说明

根据构成返乡农业创业人才成长生态环境的国内外相关文献可以看出，不同的研究者对生态环境构成要素的划分也是多样化的。但已有研究大部分集中于宏观指标的构建与分析，从人才视角分析人才成长生态环境的研究较为欠缺。沈邦仪（2005）认为人才生态环境包括外生态环境系统和内生态环境系统，外生态环境包括人才与自然生态环境、人才与社会生态环境（宏观社会与微观社会），而内生态环境则包括人才个体生态、精神生态和智能生态。尽管现代学习理论家班杜拉认为，环境既影响着个体的发展也受发展的个体的影响，而其没有对个体发展的环境作出明确描述。布朗芬布伦纳的生态系统理论（Ecological Systems Theory）对人的成长环境的影响作出了详细分析，认为生物因素和环境因素交互影响着人的发展，提出人的个体发展模型，强调人的发展嵌套于相互影响的一系列生态环境之中。

人才生态环境是一个多层次的复杂系统，通过对已有研究的梳理，目前理论界对人才生态环境的划分主要有三个层次：一是从构成要素来看，分为硬环境与软环境；二是从人才需求与发展来看，分为基础环境、主导环境与驱动环境；三是从人才的构成层次来看，分为宏观生态环境、中观生态环境与微观生态环境。结合国内外的研究，本书的人才成长生态环境基本构成包括以下几方面：人才成长外生态环境、人才成长内生态环境，根据返乡农业创业人才成长实际情况与人才特征进行自主设计，最后形成适合评价分析农业创业人才成长生态环境的指标体系。首先，建立指标框架；其次，对指标进行筛选；最后，对选择确定的指标进行解释与说明。

（一）指标的建立与开发过程

人才生态环境的研究多是从宏观角度来分析，但本书主要基于分析农业创业人才对创业成长过程中所处的生态环境的自身感受设计与构建评价指标体系，因此本书只研究微观视角的人才成长生态环境。人才学认为内生因素是人才成长的根本依据，依据生态系统理论（Bronfenbrenner M.，2006），个人成长受个体因素（如人格、自我效能感等）的影响（Sharma S. K.，et al.，2011；Sharma H. L. & Rani R.，2013）。从个体生态学理论来看，个体生态是研究返乡农业创业人才成长的起点，而个体生态主要体现在能力方面。家庭生态环境是人才生态系统中的一部分，恩格斯（Friedrich E.，1962）曾提出家庭是一个积极因素，是随着社会从较低阶段向较高阶段发展（马道明，杜璐，2016）。克雷明（Lawrence A. C.，1925—1990）认为，教育生态包括宏观、微观两个层次，与人的生态存在交互作用关系。已有研究发现，创业人才成长与所在的政商生态环境高度相关，人才的成长情况会随着时间与环境作用而发生变化（杨东涛等，2014）。大量创业实践与研究表明，创业人才成长过程中主要受到当地政策、制度以及特定的交易模式约束作用（李新春等，2008），除创业人才自身因素外，创业制度环境也是影响创业活动的重要因素（Beugelsdijk S. & Noorderhaven N.，2004）。人才的社会生态环境即与自然生态环境相对独立于自然生态环境的与人才社会活动有关的社会因素，涵盖经济、公共服务和社会保障等（黄梅，2014）。本书以生态系统理论为基础，初步设计了 7 个准则层指标、35 个具体测量项指标，以期全面反映返乡农业创业人才成长生态环境的现实情况。系统层指标主要包括内生态环境（个体生态环境、家庭生态环境、教育生态环境）以及外生态环境（社会生态环境、制度生态环境、商业生态环境、自然生态环境），7 个人才成长生态环境相互衔接，偏重于引导返乡农业创业人才自身微观感受来反映生态环境。

基于科学性的原则，在前人的研究成果中对指标进行探索性分析以获取指标，对适用于本书的指标进行保留，不适用的进行了选择性删除。同时，调研组在量表开发过程中，对生态系统理论的各指标维度的指标进行修订。主要通过深度访谈的形式进行指标合理性初步修订，本书对成都周边返乡大学生所创建的邛崃"安瑞特家庭农场"返乡农业创业人才进行了深度访谈，对各指标维度表述的构成的合理性与实用性进行验证，遵循指标体系可操作性、科学性、系统性、可比性以及指导性原则，具体生态环境指标框架的建立如图 4 - 2 所示，具体指标建立与说明如表 4 - 1 所示。

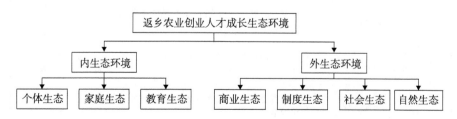

图 4 - 2　返乡农业创业人才成长生态环境评价指标框架

表 4-1 返乡农业创业人才成长生态环境评价指标体系

	准则层	具体指标	指标说明	参考资料
返乡人员创业生态	个体生态 C1	风险承受能力	我在创业过程中的风险承受能力	王洁琼（2018）；朱红根、梁曦（2018）
		市场洞察	我对创业市场洞察能力比较强	
		管理能力	我在农业创业中的生产与经营管理能力比较强	
		交际生态	我的社会交际能力比较强	
		积极乐观	我认为自己所创事业未来好发展、能成功	
	家庭生态 C2	资金支持	家庭经济环境对我创业作用较大	杨文兵（2011）；汪玉敏（2014）
		人力支持	家人对我很信任，允许并大力支持创业	
		生活质量	家庭成员之间关系比较融洽，生活幸福	
		赡养负担	家庭赡养老人与抚养小孩的负担较小	
		居住氛围	家庭成员之间会相互支持与鼓励，氛围很好	
	教育生态 C3	创业培训	政府提供的创业培训与指导对我很有帮助	赵浩兴、张巧文（2013）；胡江霞、文传浩（2016）
		继续教育	创业中继续教育对我很有帮助	
		农业知识	我的农业知识与创业知识水平较好	
		启蒙教育	启蒙教育对返乡农业创业有支持作用	
		村社图书室条件	所在村镇农家书屋、图书室条件比较好	
	商业生态 C4	金融可得性	我在返乡创业过程中，金融信贷获取比较容易	李衡雨、孙茂硕（2013）；覃巍（2013）
		行业竞争环境	我所在农业创业市场竞争环境良好	
		人力资源环境	我在创业过程中比较容易雇用到劳动力	
		组织氛围	我所在地组织（协会/社区等）创业氛围比较好	
		政商关系	我与政府部门往来密切，建立了良好关系	
	制度生态 C5	创业补贴	我对创业过程中政府的补贴力度满意	周琨（2019）；郑雅娟（2019）
		人才激励	我对政府提供农业创业人才评价和激励措施满意	
		财政支持	在返乡创业中，政府对我创业财政支持力度很大	
		法律法规	政府对返乡农业创业人才的法律法规保障比较健全	
		政策环境	我对所在地返乡创业政策环境比较满意	

续　表

准则层	具体指标	指标说明	参考资料
社会生态 C6	交通条件	创业所在地交通条件比较好	黄梅（2014）；王晓丹等（2017）
	经济水平	创业所在地经济发展水平较高	
	文化氛围	创业所在地具有较强的文化氛围	
	卫生医疗	创业所在地可用的卫生医疗条件较好	
	基础设施	创业所在地基础设施条件比较好	
自然生态 C7	物流条件	创业所在地物流条件方便	罗明忠、邹佳瑜（2011）；张晓芸等（2014）
	土地资源	创业所在地土地资源利用度高、撂荒少	
	自然灾害	创业所在地近年自然灾害发生频率较低	
	气候条件	创业所在地气候条件适合我的创业项目	
	用水用电	创业所在地用水和用电条件比较方便	

注：以上指标构成及指标解释主要由文献梳理进行删减整合，结合对返乡农业创业人才深度访谈整理所得。

（二）指标的筛选

在实际选择指标筛选的过程中，主要采用访谈法、问卷调查法、专家咨询法、文献研究法等，结合多种方法来选择指标。本书在筛选返乡农业创业人才成长生态环境测度指标时，主要采用文献研究法、频数分析与专家咨询法。为了获取学者使用和验证的指标，通过对相关文献资料的总结和整理而获取指标。

在人才生态环境的指标构成方面，国内外学者从不同视角进行了研究，为构建人才生态环境评价指标体系提供了理论依据。在人才生态环境研究中，李锡元和查盈盈（2006）认为人才生态环境评价体系可分为基础层次、社交层次和最高层次。顾然和商华（2017）基于生态系统理论构建了包括微观系统、中观系统、外系统和宏观系统四个人才生态环境评价指标。林洁梅（2006）认为营造人才成长的良好生态环境需要外部因素与内部因素共同作用。在国外研究中，更多的学者集中于人才发展环境的研究，也即人才的成长环境。Henriksen 等（2010，2017）认为人才是嵌入在成长环境中的，并将人才成长环境描绘为一系列从微观到宏观层次的嵌套结构。具体而言，外生态环境是充分满足人才需要的文化、社会、制度和商业环境，内生态环境是充分满足人才成长的家庭、教育和个人成长生理生存需要的生态因子。因此，本书从人才成长个人生态、家庭生态与教育生态三个准则层来测度返乡农业创业人才成长内部生态环境。而在外部生态环境方面，返乡农业创业人才所在的创业行业的商业生态要求良好的外部环境是基本的软性条件，而制度生态、社会生态与自然生态则是影响返乡创业人才成长的硬性条件。

农业创业人才成长生态环境评价指标体系分析可按照内涵界定与理论进行划分。具体而言，对生态环境的指标体系进行了文献可视化与计量分析，选择符合本书方向的指标，结合实际补充欠缺的指标，建立了初始的指标体系。由于依据理论分析所构建的指标体系可能存在矛盾或不合理性，本书基于人才生态环境指标体系基本原则，以当面和邮件两种形式发送指标筛选调查表，咨询了相关政府部门、返乡农业创业拔尖人才、本专业专家教授及本领域博士等 10 人，最后进行调整与修改。这些专家对返乡农业创业与人才生态环境比较了解，对返乡农业创业人才成长生态环境指标的评价具有较强代表性。德尔菲法是一种专家匿名评审的方法，具体是将所要评审的问题发给各位专家，在取得评审意见后对其进行汇总与整理。调查表分非常重要、比较重要、重要、不重要、非常不重要五个等级打分，并采用德尔菲法对指标体系进行检验。

假设咨询 M 个相关领域专家对指标体系中 N 层次指标进行评价，对评价结果分别进行统计分析：

①集中度：用 $\hat{E}$ 表示。$\hat{E}_i = \dfrac{1}{m}\sum\limits_{j=1}^{5} E_i X_{ij}$ 式（4-1）

即，$\hat{E}_i$ 表示第 i 个指标，代表了该指标相较于其他指标的重要性，是 M 位专家对该指标的期望值。E_i 则表示专家对第 i 个指标等级重要程度打分（非常重要 =5、比较重要 =4、重要 =3、不重要 =2、非常不重要 =1）；而 X_{ij} 则表示对第 i 个指标的等级 j 重要性评价具体人数。

②离散度：用标准差 S_j 表示。$S_j = \sqrt{\dfrac{1}{m-1}\sum_{j=1}^{5}(E_i - \hat{E}_i)^2 X_{ij}}$　式（4-2）

即，S_j 代表分散度，即专家对第 j 个指标重要程度评价的分散程度，专家对某一指标评价意见集中，则 S_j 较小，若意见分散，则 S_j 较大。

③协调程度：变异系数 V_j。$V_j = S_j/\hat{E}_i$　　　　　　式（4-3）

即专家对第 j 个指标评价的协调程度，V_j 越小，说明专家意见越协调，V_j 越大，则专家对此指标评价越不重要。

通过对专家问卷咨询，准则层指标均表现出较好的集中度 ≥4.0，说明专家对评价体系的基本框架比较认可。但是在二级指标的设计与逻辑上存在较大分歧，并在二级指标的构造上提出了评审意见与相应结果。本书列出了部分指标专家重要程度评价结果（见表 4-2）。

表 4-2　返乡农业创业人才成长个体生态环境各指标重要程度评价

具体指标	重要程度	非常不重要	不重要	重要	比较重要	非常重要
		1	2	3	4	5
个体生态	风险承受能力	0	1	5	3	1
	市场洞察	0	0	4	3	3
	管理能力	0	2	4	2	2
	交际生态	1	2	3	2	2
	积极乐观	0	1	4	3	2

根据式（4-1）、式（4-2）和式（4-3）计算返乡农业创业人才成长个体生态环境各指标，结果如表 4-3 所示。从表 4-3 计算结果可以发现，所有个体生态集中度均大于 3，说明以上指标专家评分都在"重要"及以上；而离散程度可以看出 S3 与 S4 相对较大，表示对"管理能力""交际生态"的评分较为分散；从协调程度来看 5 个指标的值均较为接近，因此根据专家评分与计算结果，个体生态环境中保留以上 5 个指标。其余 6 个准则层则同样依据以上方法，对余下 27 个指标逐一筛选，最后构建出返乡农业创业人才评价指标体系 32 个指标（见图 4-3）。

表 4 – 3　返乡农业创业人才个体生态环境指标重要程度

具体指标		集中度		离散度		协调程度	
个体生态	风险承受能力	$\hat{E_1}$	3.4	S_1	0.84	V_1	0.25
	市场洞察	$\hat{E_2}$	4	S_2	0.88	V_2	0.22
	管理能力	$\hat{E_3}$	3.4	S_3	1.07	V_3	0.32
	交际生态	$\hat{E_4}$	3.2	S_4	1.09	V_4	0.34
	积极乐观	$\hat{E_5}$	3.6	S_5	0.97	V_5	0.27

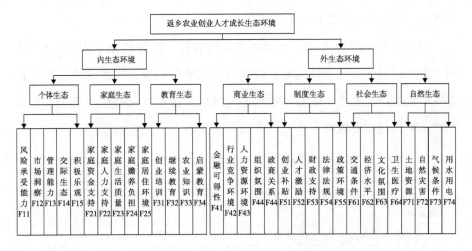

图 4 – 3　返乡农业创业人才成长生态环境评价指标体系

（三）返乡农业创业人才成长生态环境评价指标说明

在指标筛选后，本书包括 1 个目标层、2 个系统层、7 个准则层以及以 32 个[①]具体返乡农业创业人才为主体的人才生态环境评价指标体系（Mebratu D.，1998）。

1. 个体生态准则层

一般而言，个体生态是从生物个体水平层次上介绍个体与环境的关系（徐锡广，2017），人的行为活动是现实生活空间内在心理力场和外在心理

_____

① 欧洲统计实验室研究发现，30 个及以上的指标能反映 90% 以上的水平。

力场相互作用影响的结果。个体层面包括统筹协调能力、沟通能力、反应能力、判断能力、信息获取能力、创新能力等（吕诚伦，2016）。从返乡创业主体自身来讲，个体的管理能力与市场意识是创业的重要资本，而风险承受能力是反映返乡农业创业人才在创业中处理风险的应急能力，交际能力与决策能力是创业个体经营管理的基本要素。综上，本书将风险承受能力、市场洞察、管理能力、交际生态和积极乐观作为反映返乡创业人员的个体生态的指标。

其中，返乡农业创业人才的风险承受能力从"在创业过程中对风险的承受能力"方面进行衡量。由于返乡农业创业人才的个体生态中，风险态度是人才个体成长中的心理生态与智慧生态的统一，风险态度不能直接测量，但可以由受访者自身客观评价自己对风险的承受能力，所以返乡农业创业人才的风险承受能力是通过人才自身的评价衡量的。返乡农业创业人才的市场洞察从人才自身对农业市场的供求判断、价格预期等进行评价，市场意识是人才个体生态环境中反映人才成长智慧生态与能力生态的因子，通过分析农业创业人才自身对市场判断能力强弱来测度。返乡农业创业人才管理能力从人才在创业过程中的农业生产能力、经营管理能力等方面综合评价。一方面，反映返乡农业创业人才劳动力生态的成长情况；另一方面，反映返乡农业创业人才个体智慧、知识与能力生态水平。返乡农业创业人才个体交际能力生态因子通过人才自身与他人的社会交际能力来反映，返乡农业创业人才交际能力不仅是自身与人沟通等内生态的反映，也是在创业中拓展资源、提升个体生态能力的过程，通过人才自我评价在创业中交际能力的变化进行评价。

2. 家庭生态准则层

家庭作为社会的子细胞和基本单位，家庭生态关系着返乡人员创业的资源配置与创业可持续能力。本书把返乡农业创业人才家庭生态分为家庭资金支持、家庭人力支持、家庭生活质量、家庭赡养负担、家庭居住环境。经济收入作为家庭生态系统物质流的主要外在表现形式，对返乡农业创业人才家庭生态具有决定性影响（淦未宇，徐细雄，2018）。家庭支持在创业活动中有正向调节作用，随着家庭支持的强化，经营效率会有所提升（林嵩，2011）。家庭资金支持不仅影响创业物质生活，同时还影响创业人员精神生活，家庭人力支持能进一步在资本维度注入动力。返乡农业创业人才家庭的物质环境压力比较大，不同背景的家庭生活质量会带来不同的创业收益，其子女教育支出大、医疗和养老等社会保障无法得到必要支持，创业效果深受家庭环境的影响（马连湘，2018）。

其中，返乡农业创业人才家庭生态中家庭资金支持用"创业过程中家庭对创业的资金支持力度"衡量；家庭人力支持则用"创业过程中家庭劳动力参与支持创业的力度"衡量；家庭生活质量是人才成长的基础，本书用"家庭幸福水平"表示；家庭赡养负担则用返乡农业创业人才"家庭赡养小孩与老人的负担"衡量；家庭居住环境好坏直接影响人才创业的人才健康与心理生态，本书用"目前家庭居住环境"来衡量。

3. 教育生态准则层

教育生态对返乡农业创业人才成长有着潜移默化的作用，作为人才成长生态环境系统中的一个重要生态，教育生态必然会受到周围环境的深刻影响，也会对人才成长产生作用（黄兢，2017）。无论是幼小时期的启蒙教育，还是成年后的中高等教育都是返乡农业创业人才内在能力的重要基础，科学家认为人在幼小时期的智力激发在成长中有重要作用。特别是返乡后的继续教育，为返乡农业创业人才创业奠定了知识基础，培训指导是提升创业意识和技能的重要手段（周全，2019），同时在接受培训指导后迅速积累专业知识与技能水平，为创业的发展提供有利条件。此外，返乡农业创业人才所在区域的教育水平是直接反映区域人均受教育年限的指标，人才的流动必然会受区域教育资源构成的影响（沈国琪，陈万明，2009）。因此，本书的教育生态包括创业培训、继续教育、农业知识、启蒙教育几方面。

其中，创业培训指导用"政府提供的创业培训与指导"测度，反映返乡农业创业人才创业中的培训教育生态因子；继续教育则用"继续教育在返乡创业中的作用"衡量，在创业过程中部分人才会选择提升学历以拓宽知识面，促进创业的发展；农业知识水平则用"农业知识与创业知识"反映；启蒙教育则用"启蒙教育在返乡农业创业中的支持作用"评价。

4. 商业生态准则层

返乡农业创业人才作为创业群体中的生态主体，主动或被动嵌入各种商业生态系统中，从而形成资源互惠等机制。从金融可得性、行业竞争环境、人力资源环境、组织氛围和政商关系几方面对返乡农业创业人才创业进行测度。金融约束在一定程度上制约创业活动，家庭金融可得性对于提高创业成功概率，促进返乡人员创业的作用显著（Jahanshahi A. A.，et al.，2017）。而行业竞争环境中来自其他创业人才的竞争和产品的竞争能最大限度地激发返乡创业人才的危机意识（蔡莉等，2016）。在创业过程中，所在组织创业氛围组织创业气氛是一个多维概念，组织创业气氛各要素在创业过程中动态变化，对创业绩效有直接影响（肖勇军，董学良，2012）。此外，返乡农业创业人才创业政商关系不仅体现区域内创业活跃氛围，同时有助于通过雇工缓解创业中劳动力困境，解决当地就业问题。

其中，金融可得性用"在农业创业过程中金融贷款的难易程度"评价，行业竞争环境则用"在创业过程中创业领域及市场的竞争环境"评价，人力资源环境则用"创业所在地雇佣劳动力方便程度"评价，组织氛围则用"创业所在地组织（协会、园区等）创业氛围"反映，政商关系用"与政府部门往来密切，建立了良好关系"评价，综合测量返乡农业创业人才成长商业生态环境水平。

5. 制度生态准则层

返乡农业创业制度环境对于其创业成败具有巨大影响，创业制度生态的优劣同创业技术、资源等因素一样重要，是造成创业绩效具有差异性的根本因素（张秀娥，王超，2018）。通过文献梳理，本书从创业补贴、人才激励、财政支持、法律法规、政策环境几方面反映返乡农业创业人才制度生态环境。创业补贴能充分激励返乡人员创业（张一进，高良谋，2019），人才激励能激发创新创业的活力（吴金玉，2016），而财政支持则是以财税杠杆撬动地方创业经济活力，法律法规从法律层面上助推返乡人员能够创业成功（庞静静，2016），返乡人员创业的自我实现需要依托于良好的政策条件，政策环境是创业生态中最为关键的要素。

其中，创业补贴用"创业过程中政府给予的政策支出和补贴力度"测度，人才激励用"创业所在地政府农业人才评价与激励措施满意度"评价，财政支持用"创业所在地对返乡农业创业人的财政等支持力度"反映，法律法规则用"创业所在地为返乡农业创业人才提供的创业法律法规保障制度情况"评价，政策环境用"创业所在地政府提供的创业政策环境"评价。

6. 社会生态准则层

返乡农业创业人才社会生态与其经济水平、社会文化、基础设施、医疗卫生等生态因子息息相关（杨秀丽，2019），包括交通状况、网络、水电系统输出能力状况等有关指标，反映该地区的创业与生活便利程度。通过医疗卫生条件的反馈，间接反映该地区创业人才的健康保障状况。交通条件、经济水平等有关指标，间接反映返乡创业人员的生存等生活状况。文化氛围则反映地区的创新精神、竞争合作意识、对创业人员的接纳与对人才和知识的尊重与重视程度等（李仁苏，蔡根女，2008）。

其中，交通条件用"创业所在地道路交通条件"表示，经济水平用"创业所在地综合经济发展水平"测度，文化氛围用"创业所在地精神文化氛围"评价，卫生医疗用"创业所在地基础卫生医疗水平"评价。

7. 自然生态准则层

返乡农业创业人才成长自然生态环境是人才成长外生态系统的重要子系统之一，包括人才生活与创业所在地的水、空气、气候等一切自然因素的综合，是人才成长与生存的基础（顾然，商华，2017）。本书的返乡农业创业人才成长自然生态环境包括土地资源、自然灾害、气候条件等。土地资源是创业和创新不可或缺的支撑资源，随着农业现代化的兴起，不少返乡农民工凭借自身的资金、劳动力和技术文化，积极与土地结合创业（张颖，2018；余练，陈跃，2018）。此外，自然灾害显著影响农民创业行为与生存状态（李后建，2016）。气候条件影响农业创业人才身体状况与健康成长情况。

其中，土地资源则用"创业所在地土地利用程度"评价，自然灾害则用"创业所在地近几年自然灾害发生频繁程度"表示，气候条件则用"创业所在地气候等自然因素"表示。

三、目标值设置及评价预期

（一）返乡农业创业人才生态环境目标值设置

本书中返乡农业创业人才成长生态环境评价主体是创业人才，因此调研问卷及指标体系设计都是以创业人才为主。为了便于创业人才评价其所在地区返乡农业创业人才成长生态环境，指标体系的评分采用李克特5分量表（Likert scale），即最小值为1，最大值为5，单个指标的目标值与赋权综合测度的目标值为5。为了便于分析返乡农业创业人才成长生态环境水平，本书参考国内外既有分级方法（柯丽娜等，2013），结合返乡农业创业人才成长生态环境评价指标实际，将生态环境评价等级划分并分类（见表4-4）。

表4-4　返乡农业创业人才成长生态环境评价等级划分

评价等级	人才成长生态环境评价值	生态环境评价等级
Ⅰ级	[4.5～5.0]	人才成长生态环境很好
Ⅱ级	[3.5～4.5)	人才成长生态环境中上
Ⅲ级	[2.5～3.5)	人才成长生态环境中等
Ⅳ级	[1.5～2.5)	人才成长生态环境中下
Ⅴ级	[0～1.5)	人才成长生态环境很差

(二) 返乡农业创业人才生态环境评价预期

为了检验返乡农业创业人才成长生态环境评价指标体系的合理性，本书设计了返乡创业示范区为实验组，而其他调研区域则为对照组。一般而言，国家创业示范区的人才成长生态环境可能优于其他区域，且示范区无论是政策还是资源投入力度更大，因此成长生态环境水平可能优于其他区县。基于此，本书对返乡农业创业人成长生态环境作出如下预期：返乡创业试点区县返乡农业创业人才成长生态环境与其他区县人才成长生态环境水平存在明显差异；返乡创业试点区县返乡农业创业人才成长外部生态环境与其他区县人才成长生态环境水平存在明显差异。

第二节 信度与效度分析

在进行返乡农业创业人才成长生态环境正式评价之前，需要对指标数据的信度与效度检验。信度和效度的概念来源于心理测试中关于测验的可靠性与有效性研究，当建构和评估测量时，通常使用信度和效度这两个技术性指标。因此我们采用问卷的信度和效度分析来评估其测量能力，进而实现对变量设计质量的检验。利用 STATA15.1 对问卷数据进行分析，验证指标体系设计的科学性，检验结果如表 4 - 5 所示。

表 4 - 5 返乡农业创业人才成长生态环境指标体系信效度检验

准则层	具体指标	Cronbach's a	KMO	Bartlett's	共同度
个体 生态 C1	F11 风险承受能力	0.641	0.739	422.789 (0.000)	0.671
	F12 市场洞察				0.542
	F13 管理能力				0.586
	F14 交际生态				0.581
	F15 积极乐观				0.568

	准则层	具体指标	Cronbach's a	KMO	Bartlett's	共同度
返乡人员创业生态	家庭生态 C2	F21 家庭资金支持	0.701	0.664	272.784 (0.000)	0.602
		F22 家庭人力支持				0.629
		F23 家庭生活质量				0.649
		F24 家庭赡养负担				0.579
		F25 家庭居住氛围				0.582
	教育生态 C3	F31 创业培训	0.616	0.636	116.289 (0.000)	0.644
		F32 继续教育				0.500
		F33 农业知识				0.716
		F34 启蒙教育				0.547
	商业生态 C4	F41 金融可得性	0.608	0.538	50.309 (0.000)	0.589
		F42 行业竞争环境				0.516
		F43 人力资源环境				0.593
		F44 组织氛围				0.455
		F45 政商关系				0.362
	制度生态 C5	F51 创业补贴	0.843	0.850	1059.465 (0.000)	0.665
		F52 人才激励				0.655
		F53 财政支持				0.622
		F54 法律法规				0.683
		F55 政策环境				0.737
	社会生态 C6	F61 交通条件	0.802	0.778	729.698 (0.000)	0.688
		F62 经济水平				0.738
		F63 文化氛围				0.660
		F64 卫生医疗				0.587
	自然生态 C7	F71 土地资源	0.697	0.610	442.218 (0.000)	0.531
		F72 自然灾害				0.469
		F73 气候条件				0.720
		F74 用水用电				0.727

注：表中变量共同度反映了所有公共因子对该原变量的方差（变异）的解释程度，是衡量因子分析效果的常用指标。当指标选项共同性低于 0.200，则应将该项删除；若无低于 0.200 的问项，则表示问卷设计良好（吴明隆，2010）。

信度分析 Cronbach Alpha 系数为 0.825，此值高于 0.8，则说明信度高，各生态因子之间存在良好的一致性。效度分析包括内容效度、建构效度和校标效度等，内容效度通常由专家评判，校标效度则需要测量确定指标的有效性（张董敏，2016）。前文分析可知已经由专家评判确定指标体系的有效性，表4-5检验结果则是从建构效度方面进行 KMO 与 Bartlett 球形检验，通过对子项目的检验。KMO 值为 0.893，Bartlett 球形检验结果（5832.152，p 为 0.000）可知，各维度生态要素适合做因子分析，即量表具有良好的构建效度。

第三节　评价方法

一、指标赋权

常见的主观赋权法有：德尔菲专家赋权法、层次分析法、序关系分析法、模糊分析法等；常见的客观赋权法有：主成分分析、因子分析、变异系数法、熵值法和坎蒂雷赋权法等。主观赋权法的弊端是过分依赖专家的意见；客观赋权法过分依赖统计或数学的定量方法，而忽视了评价指标的主观定性分析。因此，比较科学的做法是将主观与客观结合起来，一般常用乘法或线性综合法。

在进行综合评价的过程中权重确定是非常重要的，权重分析会影响最终结果。客观赋权完全依赖于样本数据，当样本数据变化时，权重也会发生变化，从统计规律来讲，随着样本容量的增加，权重的变化应该越来越小，最终趋于一个稳定的值，但在实际的评价过程中不可能让样本数达到足够大，因此要将整个评价系统看作不确定性的系统，运用已知的信息来最大限度地挖掘系统的规律，基于此，在有限样本下求出的只能是近似值。综合来看，主观权重方法简单，但人为因素太强。客观权重又过于依赖样本，两种赋权方法都存在信息的损失，采用组合赋权就是最大限度地减少信息的损失，使赋权的结果尽可能与实际结果接近。

目前，组合赋权国内外主要有四种典型的主客观组合赋权方法：加法合成法、乘法合成法、级差最大化以及基于客观修正主观的组合赋权法（李刚等，2017），不同方法的主观权重与客观权重分配系数所运用的模型或方法有差异。加法合成法与乘法合成赋权法合理性相对较弱，级差最大化组合赋权法组合权重解释力度弱于基于客观修正主观组合赋权法。综合看来，本书选择基于熵权法修正序关系分析法（G1）组合赋权法，即群组G1 – 熵权组合赋权法。

（一）G1 法确定权重系数

目前，大部分主观赋权使用的是层次分析法（AHP 法），但 AHP 法在确定指标较多、样本较大的情况时所设立的判断矩阵不一定具备一致性，可能会导致指标之间的权重系数混乱，影响对权重结果的修正。而 G1 法是基于 AHP 法改进后的赋权方法，无须一致性检验，能有效避免上述问题。G1 法是通过确定评价指标之间的序关系和确定相邻指标之间的重要程度来赋予权重，根据专家对指标重要程度的排序与赋值确定权重，得出各个评价指标的权重系数（王学军等，2006）。

首先，聘请专家确定指标集 Xi（$i = 1$，2，$\cdots$，m）的顺序关系。即在满足返乡农业创业人才成长生态环境评价准则下在指标集 Xi 中选出最重要的一个指标 $X1^*$，在余下 $m - 1$ 个指标中在依次选出最重要的指标 $X2^*$，依此类推确定所有指标集的序关系，可记为：$X_1^* > X_2^* >$，$\cdots$，$> X_m^*$。

其次，在序关系基础上对相邻的指标 X_{i-1}^* 和 X_i^* 的相对重要程度赋值，可记为 $R_i = W_{i-1}/W_i$，$i = m$，$m - 1$，$m - 2$，$\cdots$，3，2。W_{i-1}、W_i 分别表示 X_{i-1}^* 和 X_i^* 的权重，R_i 表示两个相邻指标重要程度比，若 $R_i = 1$，则表示这两个相邻指标同等重要，$R_i = 1.2$ 则说明 X_{i-1}^* 比 X_i^* 稍微重要，$R_i = 1.4$ 则说明 X_{i-1}^* 比 X_i^* 明显重要，$R_i = 1.6$ 则说明 X_{i-1}^* 比 X_i^* 强烈重要，$R_i = 1.8$ 则说明 X_{i-1}^* 比 X_i^* 非常重要（王学军等，2006）。

最后，基于所有相邻指标 R_i 的理性赋权，计算得到 X_i^* 的权重系数

W_i, 计算公式如下:

$$W_m = \left(1 + \sum_{i=2}^{m}\prod_{j=i}^{m} R_k\right)^{-1} \qquad \text{式 (4-4)}$$

通过上述公式得到权重, 以此类推可得到余下各指标权重:

$$W_{i-1} = R_i W_i, \quad i = m, \ m-1, \ m-2, \ \cdots, \ 3, \ 2 \qquad \text{式 (4-5)}$$

为了避免单一 G1 法受单一专家的知识与经验影响过大, 本书采取群组 G1 法, 聘请 L (2 人以上) 位专家对指标进行序关系判断。最后 L 为专家获得的群组权重系数为:

$$W_i = \frac{\sum_{q=1}^{L} W_{qi}}{L}, \quad i = 1, \ 2, \ \cdots, \ m \qquad \text{式 (4-6)}$$

假设有 p 位专家序关系一致, 则有 $L-p$ 专家序关系不一致, 由 $L-p$ 位专家权重算数平均值作为群组 G1 法权重结果 (本书 3 位专家序关系不一致, 故 $p=0$):

$$W_i^* = \frac{1}{L-p} \sum_{i=1}^{L-p} W_{it}, \quad t = m, \ m-1, \ m-2, \ \cdots, \ 3, \ 2 \qquad \text{式 (4-7)}$$

因此, 运用群组 G1 法获得的指标权重系数记为: $W_j^G = (W_1^*,$ $W_2^*, \ \cdots, \ W_m^*)$。

(二) 熵权法确定权重系数

熵权法作为客观赋权中应用最广泛的方法, 具有较高的可信度 (岳立等, 2011)。熵值法是根据各类指标所提供的信息量大小来确定指标权重的研究方法, 为了实现对信息的综合评价, 主要是通过对各类指标进行客观赋权来完成。本书利用熵值法加强指标的客观解释性, 可以避免由于主观判断产生的不确定性, 减少主观因素对各指标的影响, 使得评价结果更符合实际情况。

第一, 对指标进行熵值法客观赋权。利用标准化法对数据进行无量纲化处理。考虑 n 个方案、m 个指标解决多个指标的决定策略, 即决策矩阵为 $X = (x_{ij})_{mn}$。设被评价对象表示为 $Y = (Y_1, \ Y_2, \ \cdots, \ Y_n)$, 综合评价指

标体系为 $U = (u_1, u_2, \cdots, u_m)$，指标矩阵 R 主要用于表示 m 个指标对 n 个被评价对象的评价指标体系矩阵，对原始矩阵进行归一化处理，得到新的矩阵：

$$D = (d_{ij})_{mn} = (\frac{x_{ij}}{\sum_{i=1}^{n} x_{ij}})_{mn}, \ (i = 1, 2, \cdots, n; j = 1, 2, \cdots, m) \quad 式（4-8）$$

第二，计算各个指标信息熵。熵可用于测量信息量，指标所携带的信息量与指标对决策的影响呈正相关关系。系统的熵，又称贡献度 $H(d_1, d_2, \cdots, d_i)$ 形式如下：

$$H(d_1, d_2, \cdots, d_i) = - \left[\frac{1}{\ln(n)} \right] \sum_{i=1}^{n} d_{ij} \ln d_{ij} \quad 式（4-9）$$

式中：m 是指系统中可能存在的状态数量；d_i 是指关于系统在特定状态中的概率。则第 j 个指标的信息熵为：

$$H_j = - \left[\frac{1}{\ln(n)} \right] \sum_{i=1}^{n} d_{ij} \ln(d_{ij},), \ H_j \geqslant 0 \quad 式（4-10）$$

则一致性程度的计算为：$b_j = 1 - H_j$ $\qquad$ 式（4-11）

第 j 个指标的信息熵权重为：$W_j = b_j / \sum_{j=1}^{m} b_j$ $\qquad$ 式（4-12）

因此，运用熵权法获得的指标权重系数记为：

$$W_j^S = (W_1, W_2, \cdots, W_m)$$

（三）基于主客观组合赋权法

为了避免 G1 法过于主观，一旦客观环境变化无法及时体现权重系数的变化；熵权法能反映指标的变化程度，但可能权重系数与指标的实际重要程度不匹配的情况。因此，群组 G1－熵权组合赋权法弥补两种方法单独使用的缺点，既可以反映专家经验又符合客观环境变化的需要。令群组 G1－熵权组合赋权后的组合权重为 W_j^*，表达公式如下：

$$W_j^* = \alpha W_j^G + (1-\alpha) W_j^S \quad 式（4-13）$$

W_i^G 和 W_i^S 分别表示指标 j 的 G1 方法和熵权法权重，α 表示 W_i^G 的系数。学者们研究认为，G1 赋权与熵权法赋权一般情况下同等重要，即 $\alpha = 0.5$

（李旭辉，张培钰，2019）。在本书中，同样认为两种方法测度的权重系数具有同等重要程度。因此，将两个权重系数带入式（4-13），最终测算出主客观组合赋权的权重系数。从表4-6可以发现，群组G1-熵权组合赋权法综合了主客观评价，最终组合权重更能反映现实情况。

表4-6　返乡农业创业人才生态环境评价指标赋权

指标	熵权法			G1法		组合权重
	信息熵	权重 W_i^S		权重 W_i^G		权重 W_i^*
F11 风险承受能力	0.9933	0.0270		0.0951	0.0610	
F12 市场洞察	0.9949	0.0202		0.1067	0.0635	
F13 管理能力	0.9958	0.0167	0.1078	0.0085	0.0126	0.1650
F14 交际生态	0.9947	0.0212		0.0029	0.0120	
F15 积极乐观	0.9944	0.0226		0.0090	0.0158	
F21 家庭资金支持	0.9950	0.0198		0.0907	0.0553	
F22 家庭人力支持	0.9811	0.0755		0.0074	0.0414	
F23 家庭生活质量	0.9900	0.0400	0.2056	0.0042	0.0221	0.2003
F24 家庭赡养负担	0.9864	0.0159		0.0890	0.0524	
F25 家庭居住氛围	0.9864	0.0544		0.0037	0.0290	
F31 创业培训指导	0.9934	0.0264		0.0515	0.0389	
F32 继续教育作用	0.9941	0.0236	0.1003	0.0046	0.0141	0.0856
F33 农业知识水平	0.9930	0.0282		0.0047	0.0164	
F34 启蒙教育作用	0.9945	0.0221		0.0100	0.0161	
F41 金融可得性	0.9878	0.0486		0.0618	0.0552	
F42 行业竞争环境	0.9954	0.0183		0.0117	0.0150	
F43 人力资源环境	0.9898	0.0407	0.1806	0.0152	0.0279	0.1583
F44 组织氛围	0.9926	0.0296		0.0429	0.0363	
F45 政商关系	0.9892	0.0434		0.0044	0.0239	
F51 创业补贴	0.9911	0.0354		0.0740	0.0547	
F52 人才激励	0.9927	0.0293		0.0515	0.0404	
F53 财政支持	0.9919	0.0324	0.1603	0.0357	0.0341	0.1947
F54 法律法规	0.9920	0.0319		0.0060	0.0190	
F55 政策环境	0.9922	0.0312		0.0618	0.0465	

返乡农业创业人才成长生态环境研究

续 表

指标	熵权法			G1 法		组合权重
	信息熵	权重 W_i^S		权重 W_i^G		权重 W_i^*
F61 交通条件	0.9909	0.0364	0.1374	0.0357	0.0361	0.1136
F62 经济水平	0.9920	0.0319		0.0255	0.0287	
F63 文化氛围	0.9908	0.0370		0.0030	0.0200	
F64 卫生医疗	0.9920	0.0322		0.0255	0.0289	
F71 土地资源	0.9938	0.0250	0.1080	0.0054	0.0152	0.0825
F72 自然灾害	0.9931	0.0274		0.0152	0.0213	
F73 气候条件	0.9938	0.0249		0.0182	0.0216	
F74 用水用电	0.9923	0.0307		0.0182	0.0245	

二、评价模型

在实际研究中，常用评价模型主要有三类：线性评价模型、非线性评价模型与逼近理想点法。其中，线性评价方法要求指标之间相互独立；非线性评价方法适用于指标之间具有较强关联的情况；逼近理想点法则是一类综合评价问题的方法。本书分析农业创业人才成长的生态环境为评价对象，采用 Fuzzy 模糊综合评价。

（一）确定评价因素集

设返乡农业差异人才成长生态环境的因素集为：$Y=(Y_1, Y_2, \cdots, Y_t)$，具体包括个体生态、家庭生态、教育生态、制度生态、商业生态、社会生态及自然生态七个层面。

（二）确定评语集

$V=(V_1, V_2, \cdots, V_5)$ 即等级集合，每个等级都有相应的一个模糊子集，s 指元素数。本书通过对它们的量化，使得最终结果更易于区分。根据具体的实际情况，本书综合评价中的每个指标均设置了五个等级，等级越高代表该因素对返乡创业生态作用越大。

(三) 建立隶属度矩阵

定性指标是指人们在判断事物时无法定量地表达它们，一般会使用较为模糊的表达方式，比如合理、一般、较好等。本书直接计算被评价对象评价结果的百分比，将该结果用作指标的隶属度。通过问卷调查的形式来表示分析所得出的感知因素，将不同因素的隶属度表述如下：

$$R = \begin{bmatrix} r_{11} & r_{12} & \cdots & r_{1n} \\ r_{21} & r_{22} & \cdots & r_{2n} \\ \cdots & \cdots & \cdots & \cdots \\ r_{m1} & r_{m2} & \cdots & r_{mn} \end{bmatrix} \qquad 式 (4-14)$$

(四) 进行综合评价

本项目中利用合适的算子把 W 和被评价的各事务的模糊评价向量 R，生成了最终的模糊评价结果向量 C：

$$B = W \circ R^T = (w^1, w^2, \cdots, w^n) \circ \begin{bmatrix} r_{11} & r_{12} & \cdots & r_{1m} \\ r_{21} & r_{22} & \cdots & r_{2m} \\ \cdots & \cdots & \cdots & \cdots \\ r_{n1} & r_{n2} & \cdots & r_{nm} \end{bmatrix} \qquad 式 (4-15)$$

公式中 $\circ$ 为模糊合成算子。其中 b_j 由 W 与 R^T 的第 m 列运算而得，它是从整体来看，被评事物对评语集的隶属度。由于返乡农业创业人才成长生态环境由多个生态因子构成，只有充分考虑各种因素，才能使评价结果具有合理性。这就需要根据权重来平衡所有因素，因此本书选用加权平均型 $M(\cdot, \oplus)$ 算子进行运算。根据计算结果 b_j 的值来综合判断创业人才成长生态环境优良，b_j 值越大则生态环境越好，反之则越差。分别计算二级指标模糊综合评价矩阵、一级指标模糊综合评价矩阵。为了得到一级指标的模糊综合评价结果，需要模糊运算二级指标的评价矩阵和二

级指标的权重集:

$$C = WR \qquad\qquad 式（4-16）$$

第四节　返乡农业创业人才成长生态环境评价结果

一、返乡农业创业人才成长生态环境评价

（一）返乡农业创业人才成长生态环境综合评价

根据前文返乡农业创业人才成长生态环境评价指标体系在指标层的得分，结合组合赋权，运用模糊综合评价方法得到返乡农业创业人才成长生态环境综合评价值。根据表4-7呈现的综合评分结果，可以得出如下结论。

表4-7　返乡农业创业人才生态环境总体评价结果

准则层	目标层	评价得分与等级		目标层得分	排名
个体生态 C1	F11 风险承受能力	3.4775 Ⅲ级	3.7277 Ⅱ级	3.9981	1
	F12 市场洞察			3.5212	16
	F13 管理能力			3.5502	15
	F14 交际生态			3.5965	11
	F15 积极乐观			3.7664	5
家庭生态 C2	F21 家庭资金支持		3.4933 Ⅲ级	3.1081	28
	F22 家庭人力支持			2.2799	31
	F23 家庭生活质量			2.4305	30
	F24 家庭赡养负担			3.6680	8
	F25 家庭居住氛围			2.1583	32
教育生态 C3	F31 创业培训指导		3.6045 Ⅱ级	3.8012	4
	F32 继续教育作用			3.6390	9
	F33 农业知识水平			3.2471	22
	F34 启蒙教育作用			3.4730	17

准则层	目标层	评价得分与等级	目标层得分	排名
商业生态 C4	F41 金融可得性	3.2026 Ⅲ级	2.7355	29
	F42 行业竞争环境		3.9942	2
	F43 人力资源环境		3.2490	21
	F44 组织氛围		3.5618	13
	F45 政商关系		3.1892	25
制度生态 C5	F51 创业补贴	3.3678 Ⅲ级	3.5618	14
	F52 人才激励		3.3436	18
	F53 财政支持		3.3320	19
	F54 法律法规		3.2355	24
	F55 政策环境		3.2432	23
社会生态 C6	F61 交通条件	3.3465 Ⅲ级	3.6293	10
	F62 经济水平		3.1660	27
	F63 文化氛围		3.1815	26
	F64 卫生医疗		3.2819	20
自然生态 C7	F71 土地资源	3.7741 Ⅱ级	3.5946	12
	F72 自然灾害		3.7664	6
	F73 气候条件		3.9170	3
	F74 用水用电		3.7587	7

（表左侧评价得分与等级栏合并为：3.4775 Ⅲ级）

返乡农业创业人才成长生态环境综合评价得分 3.4775，处于Ⅲ级即生态环境处于中等水平。在系统层方面，返乡农业创业人才成长的内生态环境得分 3.5998，外生态环境得分 3.3771。总体来看，返乡农业创业人才成长内生态环境处于中上水平，外生态环境处于中等水平。内生态环境处于中上水平，即人才成长的自身能力、家庭资源与教育水平条件较好，创业人才自身对资源整合的能力较强，从人力资本、知识技能等方面形成了返乡创业核心竞争力，拥有较强的劳动力与产品市场沟通能力、议价能力。外生态环境处于中等水平，这意味着返乡农业创业人才处于低外在创业生态，无法及时形成合适的创业生态环境，对返乡创业人才吸纳有限，同时不利于返乡农业创业人才可持续成长。总体来看，当前阶段返乡农业创业人才成长内生态环境与外生态环境水平存在落差，两者相差 6.59%，无法实现有效趋同。可能导致有能力创业人才返乡后农业创业持续能力降低，创业成功率低。

从准则层评价结果来看，返乡农业创业人才成长个体生态、教育生态与自然生态处于中上水平；家庭生态、商业生态、制度生态与社会生态处于中等水平。返乡人才在返乡创业前的见识、经验及资本等积累，形成了创业的相对优势，促使个体生态与教育生态处于相对较好的水平，并作为创业的技术资本与人力资本，具备较强的属性，既涵盖技术、经验等显性资本，也包括以创业能力为主的内在资本。相比之下，返乡农业创业人才成长的家庭生态、商业生态、制度生态与社会生态水平较差，距离目标值分别相差30.13%、35.95%、32.64%和33.07%，尤其是商业生态环境作为创业中与市场、生产和消费者高度关联的准则层，处于相对不足的水平。

总体来看，返乡农业创业人才成长生态环境都存在较大的优化空间，良好的创业生态环境才能为创业人才可持续成长奠定基础。由于创业生态环境受不同经济水平发展的影响，且不同地区存在政策、文化及商业等差异，返乡创业试点区域的返乡创业氛围与创业支持政策等具备了良好的基础，使得创业人才成长具备良好的机制平台。因此，本书从返乡创业试点区域非试点区对成长生态环境进行综合评价，从侧面对全国返乡创业试点第一批、第二批、第三批以及全国农村创业创新典型县的四川省地区返乡创业试点区县与非试点区县进行比较分析。

（二）返乡农业创业人才成长生态环境对比分析

从表4-8返乡创业试点区与非试点区生态环境对比分析来看，返乡创业试点区县返乡农业创业人才成长生态环境与非试点区县人才成长生态环境水平均处于中等水平，两者相差2.63%，生态环境水平无明显质的差异。在内生态环境方面，返乡创业试点区县（3.3136）高于非试点区县（3.3047），两者基本一致；外生态环境方面，试点区县（3.4380）高于非点区县（3.2872），两者相差4.59%，返乡创业试点区县返乡农业创业人才成长外生态环境与其他区县人才成长生态环境水平存在明显差异。

表4-8 返乡农业创业人才在生态环境试点区与非试点区评价结果

准则层	目标层	返乡创业试点区			非返乡创业试点区		
		得分（等级）			得分（等级）		
个体生态 C1	F11	4.0227	3.7410 Ⅱ级		3.9619	3.7084 Ⅱ级	
	F12	3.5292			3.5095		
	F13	3.5455			3.5571		
	F14	3.6071			3.5810		
	F15	3.7727			3.7571		
家庭生态 C2	F21	3.1039	2.8048 Ⅲ级		3.1143	2.8943 Ⅲ级	
	F22	2.2175			2.3714		
	F23	2.1136			2.2238		
	F24	3.6266			3.7286		
	F25	2.1136			2.2238		
教育生态 C3	F31	3.8961	3.6830 Ⅱ级		3.6619	3.4893 Ⅲ级	
	F32	3.6656			3.6000		
	F33	3.3247			3.1333		
	F34	3.5584			3.3476		
商业生态 C4	F41	2.7305	3.2307 Ⅲ级	3.3819 Ⅲ级	2.7429	3.1616 Ⅲ级	3.2951 Ⅲ级
	F42	4.0325			3.9381		
	F43	3.2857			3.1952		
	F44	3.6331			3.4571		
	F45	3.2110			3.1571		
制度生态 C5	F51	3.6461	3.4280 Ⅲ级		3.4381	3.2795 Ⅲ级	
	F52	3.3799			3.2905		
	F53	3.3799			3.2619		
	F54	3.2792			3.1714		
	F55	3.3117			3.1429		
社会生态 C6	F61	3.7630	3.4692 Ⅲ级		3.4333	3.1667 Ⅲ级	
	F62	3.2662			3.0190		
	F63	3.2955			3.0143		
	F64	3.4188			3.0810		
自然生态 C7	F71	3.5844	3.8145 Ⅱ级		3.6095	3.7107 Ⅱ级	
	F72	3.7273			3.8238		
	F73	3.9870			3.8143		
	F74	3.8734			3.5762		

从准则层综合评价结果来看，除家庭生态准则层外，其他准则层试点

区县创业人才成长生态环境水平均高于非试点区县。返乡农业创业试点区县一般确立在经济水平及产业条件优良的区县，部分区县有极富竞争力的核心产业与地理优势，也即外在生态相对于其他区县更优，在确立为全国返乡创业试点后，政策倾斜则带来更多的返乡创业生态环境投入差距。而家庭生态准则层则是反映创业过程中隐性生态环境，受外在政策制度等影响较小，因此返乡创业试点区县家庭生态可能低于非试点区县。从综合评价值来看，返乡创业试点区县的个体生态、教育生态以及自然生态处于中上水平，其他均处于中等水平；非试点区县仅个体生态和自然生态处于中上水平。综合来看，无论是试点区还是非试点区，返乡农业创业人才成长生态环境均亟待加强，尤其是在提高对返乡农业创业人才个人能力培训提升的同时，要大力优化返乡创业的商业生态、制度生态与社会生态，这一结论与杨东涛等（2014）分析发现制度与商业环境显著影响创业成长的研究结论基本一致。

二、返乡农业创业人才成长生态环境区位差异

（一）返乡农业创业人才成长生态环境区位差异

考虑到不同经济区生态环境存在差异，可结合四川省五大经济分区进行分析对农业创业人才成长生态环境作出评价。囿于川西北生态经济区与攀西经济区经济水平差异相对较小，地广人稀且样本获取难度极大，本书合并攀西经济区与川西北生态经济区，最终形成成都平原经济区、川南经济区、川东北经济区、攀西/川西北生态经济区四大经济区位。分析以上四个经济区分析创业试点区县与非试点区县的返乡农业创业人才成长生态环境水平区位差异。

返乡农业创业人才成长生态环境横向比较来看，试点区中成都平原经济区处于中上水平，其次是川南经济区、攀西/川西北经济区，最后是川东北经济区。非试点区中川南经济区高于其他经济区，且均处于中等水

平，不存在明显的质的差异。返乡农业创业人才成长生态环境纵向比较来看，成都平原经济区返乡创业试点区县人才成长生态环境高于非试点区县，且试点区处于中上水平，而成都平原经济区非试点区处于中等水平，两者相差 5.80%，返乡农业创业人才成长生态环境存在明显质的差异。其他经济区试点与非试点区评价值不存在明显差异。总体来看，在返乡创业试点区中，成都平原经济区高于其他区域，且存在明显的区位差异；非试点区中，川南经济区高于其他区域，但不存在明显区位差异（见表 4 - 9）。

表 4 - 9　返乡农业创业人才成长生态环境差异分析

区域	返乡创业试点区				非创业试点区			
	成都平原经济区	川南经济区	川东北经济区	攀西/川西北生态经济区	成都平原经济区	川南经济区	川东北经济区	攀西/川西北生态经济区
	仁寿/郫县/邛崃	富顺	苍溪	理县	乐山/雅安	资中	巴州	会东、甘孜
A	3.5029	3.4107	3.2966	3.3094	3.3110	3.4218	3.1881	3.0012
	3.3819 Ⅲ级				3.2951 Ⅲ级			
B1	3.3383	3.3167	3.3143	3.2280	3.2635	3.2159	3.0377	3.0874
	3.3136 Ⅲ级				3.1047 Ⅲ级			
B2	3.6213	3.3057	3.2624	3.1971	3.3000	3.2266	3.0653	2.8274
	3.4380 Ⅲ级				3.2872 Ⅲ级			
C1	3.7172	3.8699	3.8440	3.6907	3.6846	3.8013	3.6828	3.4952
	3.7410 Ⅱ级				3.7084 Ⅱ级			
C2	2.8356	2.9385	3.0062	2.9856	2.7585	2.8465	2.8556	2.8634
	2.8048 Ⅲ级				2.8943 Ⅲ级			
C3	3.8409	3.6605	3.4954	3.5252	3.4556	3.4855	3.4508	3.4955
	3.6830 Ⅱ级				3.4893 Ⅲ级			
C4	3.5049	3.3462	3.1635	3.1248	3.2068	3.1165	3.1568	2.9449
	3.4307 Ⅲ级				3.1616 Ⅲ级			
C5	3.6580	3.4090	3.4739	3.4383	3.3230	3.2716	2.9455	2.9611
	3.4280 Ⅲ级				3.2795 Ⅲ级			

续 表

区域	返乡创业试点区				非创业试点区			
	成都平原经济区	川南经济区	川东北经济区	攀西/川西北生态经济区	成都平原经济区	川南经济区	川东北经济区	攀西/川西北生态经济区
	仁寿/郫县/邛崃	富顺	苍溪	理县	乐山/雅安	资中	巴州	会东、甘孜
C6	3.7308	3.4803	3.2574	2.7990	3.2939	3.2167	2.9103	3.0810
	3.4692Ⅲ级				3.1667Ⅲ级			
C7	3.9894	3.9874	3.6663	3.7922	3.7638	3.6216	3.3841	3.4533
	3.8145Ⅱ级				3.7107Ⅱ级			

在系统层方面，从区位差异来看，返乡农业创业人才成长内生态环境试点区总体高于非试点区，各区域间不存在明显差异；返乡农业创业人才成长外生态环境试点区总体高于非试点区，外生态环境存在显著差异，成都平原经济区试点与非试点均处于中上水平，存在明显的区位差异；而攀西/川西北生态经济区外生态环境相对最弱，同川南经济区、川东北经济区一致，处于中等水平。

在准则层方面，返乡农业创业人才成长个体生态试点区中川南经济区最高，其次是川东经济区、成都平原经济区，试点区不存在明显区位差异；非试点区攀西/川西北生态经济区滞后于其他经济区，且存在明显区位差异。在家庭生态方面，总体生态水平呈现中等水平，且处于所有准则层最低；在试点区中川东北经济区相对较高，试点区各区位之间不存在质的差异，非试点区中攀西/川西北生态经济区较高，非试点区各区位均处于中等水平且不存在明显差异。在教育生态方面，试点与非试点的各经济区位差异明显。返乡创业试点区中，成都平原经济区除川东北经济区外，其余返乡农业创业人才教育生态均在中上水平，区位之间存在质的差异；非试点区各区位均处于中等水平且不存在差异。商业生态层中，试点区中仅成都平原经济区处于中上水平，且与其他经济区位存在显著差异，非试点区各经济区位均处于中等水平且不存在明显差异。制度生态方面，试点区中成都平原经济区处于中上水平，与其他经济区位存在明显差异；试点区中川东北经济区与攀西/川西北生态经济区综合评分相对较低，且与其他非试点经济区均处在中等水平。社会生态方面，试点区中成都平原经济区高于其他区，处于中上水平，与其他经济区位存在质的差异；非试点区中川东北经济区评价得分相对较低，与其他经济区不存在质的差异。自然生态方面，在试点与非试点所有区对比分析中，除川东北经济区与攀西/川西北经济区处于中等水平之外，其余均处于中上水平。

总之，通过试点区与非试点区各经济区位分析农业创业人才成长生态环境评价对比分析，各区位返乡农业创业人才成长生态环境均需加强建设，尤其是川南经济区、川东北经济区与攀西/川西北经济区在创业家庭生态、创业商业生态、创业制度生态、创业社会生态等方面，有很大的提升空间。

(二) 返乡农业创业人才成长生态环境独立样本 T 检验

为了进一步分析返乡农业创业人才成长生态环境差异的显著性，对区位差异各指标层进行了独立样本 T 检验（见表 4 - 10）。

表 4 - 10　返乡农业创业人才成长生态环境差异独立样本 T 检验

指标层	假设	方差方程的 Levene 检验		均值方程的 T 检验		结果
		F	Sig	t	Sig（双尾）	
A	假设方差相等	0.983	0.350	1.907	0.093 *	拒绝
	假设方差不相等			1.907	0.099	
B1	假设方差相等	6.055	0.039 **	3.477	0.008	拒绝
	假设方差不相等			3.477	0.015 **	
B2	假设方差相等	0.186	0.678	1.920	0.091 *	拒绝
	假设方差不相等			1.920	0.091	
C1	假设方差相等	0.013	0.911	1.603	0.148	接受
	假设方差不相等			1.603	0.151	
C2	假设方差相等	3.919	0.083 *	1.526	0.165	接受
	假设方差不相等			1.526	0.175	

续　表

指标层	假设	方差方程的 Levene 检验		均值方程的 T 检验		结果
		F	Sig	t	Sig（双尾）	
C3	假设方差相等	6.802	0.031**	2.646	0.029	拒绝
	假设方差不相等			2.646	0.055*	
C4	假设方差相等	2.575	0.147	2.265	0.053*	拒绝
	假设方差不相等			2.265	0.060	
C5	假设方差相等	0.280	0.611	3.491	0.008***	拒绝
	假设方差不相等			3.491	0.008	
C6	假设方差相等	2.235	0.173	1.260	0.243	接受
	假设方差不相等			1.260	0.260	
C7	假设方差相等	0.352	0.570	2.749	0.025**	拒绝
	假设方差不相等			2.749	0.026	

注：***、**、* 分别表示在1%、5%、10%的水平上显著。

从返乡农业创业人才成长生态环境各级指标层的检验结果来看，内生态环境 B1 与家庭生态 C2、教育生态 C3 方差不相等，其余子系统与准则层的试点区与非试点区人才成长生态环境水平方差均相等。独立样本 T 检验，首先要进行方差方程的 Levene 检验方差齐性，若 F 检验 Sig 值 > 0.05，说明接受原假设（原假设就是两组总体的方差相等），代表方差齐性，即可进行正常 T 检验。当方差检验相等时以方差相等结果为准，方差结果不相等时则以方差结果不相等的假设检验结果为准，即 B1 的 T 检验结果显著性为 0.015。从返乡农业创业人才成长生态环境总系统 A、内生态环境 B1 与外生态环境 B2 检验结果来看，人才成长生态环境总系统、内生态环境和外生态环境均存在不同显著差异。也即返乡创业试点区的整体创业人才成长生态环境水平、内生态环境水平、外生态环境与非试点区域存在显著差异；区位属性显著影响创业人才成长生态环境整体水平、内生态环境水平、外生态环境水平。

准则层检验结果显示，教育生态 C3、商业生态 C4、制度生态 C5、自然生态 C7 的试点区域非试点区返乡农业创业人才成长生态环境存在显著差异。在内生态环境中子维度教育生态试点区与非试点区存在显著差异，而个人生态、家庭生态试点与非试点区不存在差异。虽然个体生态与家庭生态在试点与非试点区之间不显著差异，由于个体的生态不仅仅影响内生态环境，同时也会影响其在商业生态、社会生态的水平，因此后续章节还需要进一步检验。同理，家庭生态虽然在试点区与非试点区差异不显著，但返乡创业人才创业过程中家庭生态在影响社会生态、商业生态等的同时也会对总体返乡创业人才成长生态环境产生作用，因此后续章节也亟待进一步验证分析。

（三）返乡农业创业人才成长生态环境差异结果稳健性分析

为了检验返乡农业创业人才成长生态环境水平差异结果的稳健性，进一步做了 ANOVA 单因素方差分析（见表 4 – 11）。从表中分析结果与表 4 – 10 结果对比发现与 T 检验结果基本一致，也即本章返乡农业创业人才成长生态环境评价结果是稳健且可靠的。

表 4 –11　返乡农业创业人才成长生态环境差异 ANOVA 分析

	A	B1	B2	C1	C2	C3	C4	C5	C6	C7
F 值	3.636	12.093	3.686	2.570	2.329	7.000	5.131	12.184	1.588	7.555
Sig	0.093*	0.008***	0.091	0.148	0.165	0.029**	0.053*	0.008***	0.243	0.025**

第五节　讨论与结果启示

通过对返乡农业创业人才成长生态环境水平的测度、试点区与非试点区对比分析以及差异检验结果可知，与本章第一节第三部分的评价预期基本一致，即基于分析农业创业人才视角的成长生态环境评价体系与评价是有效的。分析结果发现：返乡农业创业人才成长生态环境综合评价得分 3.4775，处于Ⅲ级即生态环境处于中等水平；内生态环境处于中上水平，外生态环境处于中等水平。此外，预期假设得到验证，即试点区人才成长生态环境水平显著高于非试点区，换言之，返乡农业创业人才成长生态环境水平可能因区位差异而不同。返乡创业试点区在产业发展、制度政策等方面具有优越性和先行示范作用，而非试点区域水平由于基础差异各不相同。这意味着无论是试点区还是非试点区，返乡农业创业都根据当地特色，构建可持续成长的返乡农业创业人才生态环境，打造符合返乡创业人才实际的创业生态与人才生态。从区位差异结果来看，五大经济区内生态环境差异较小，在外生态环境上差异显著，其中，成都平原经济区试点与非试点外生态环境均处于中上水平，存在明显的区位差异；而攀西/川西北生态经济区外生态环境相对最弱，同川南经济区、川东北经济区一致，处于中等水平。也即川南、川东北与攀西/川西北经济区在创业家庭生态、创业商业生态、创业制度生态、创业社会生态等方面，有很大的提升空间。

第六节　小　结

本章主要构建了返乡农业创业人才成长生态环境评价指标体系，利用群组 G1－熵权组合赋权对各指标进行赋权，利用综合评价方法对人才成长生态环境进行评价。此外，对试点区与非试点区进行比较分析，探究四川省五大经济区农业创业人才成长生态环境的区位差异，并检验了指标体系的合理性。主要研究结论如下。

从指标体系构建与检验来看，本章建立的以返乡农业创业人才为评价主体的创业人才成长生态环境评价指标体系合理有效。以群组 G1－熵权组合赋权与模糊综合评价结果显示，各指标通过了信度与效度检验，具有一定可操作性。

从整体评价结果来看，返乡农业创业人才成长生态环境处于中等水平，返乡创业试点区创业人才成长生态环境高于非试点区，且存在明显差异。试点区与非试点区内生态环境、外生态环境存在显著差异，成都平原经济区与其他区存在显著差异。从准则层评价与检验结果来看，个体生态、教育生态与自然生态处于中上水平，其他处于中等水平；教育生态、商业生态、制度生态、自然生态在试点区与非试点区返乡农业创业人才成长生态环境存在显著差异；成都平原经济区试点区与非试点区外生态环境均处于中上水平，存在明显的区位差异；而攀西/川西北生态经济区外生态环境相对最弱，同川南经济区、川东北经济区一致，处于中等水平。

总体来看，返乡农业创业人才成长生态环境存在较大的优化空间，良好的创业生态环境才能为创业人才可持续成长奠定基础。由于创业生态环境受不同经济水平发展的影响，且不同地区存在政策、文化及商业等差异，返乡创业试点区域的返乡创业氛围与创业支持政策等具备了良好的基础，使得返乡农业创业人才成长具备良好的机制平台，为可持续成长提供良好条件。

| 第五章 |

内生态环境对返乡农业创业人才
成长作用机理分析

　　人才内生态环境是影响人才成长的第一要素，内生态环境是返乡农业创业人才成长生态环境的重要构成。返乡农业创业人才初期的发展依赖于人才的能力、知识、身体素质等个体生态。从人才成长生态系统视角来看，内生态环境即返乡农业创业人才微观环境要素所组成的小生态环境，从人才个体等微观组织的内在生态要素可以分析其对人才成长与可持续成长发挥的作用。本章在文献综述与理论梳理的基础上，结合第四章的指标，立足于人才内生态环境的视角，考察内生态环境对返乡农业创业人才成长与可持续成长的作用机理。本章主要回答绪论中提出的第二个研究问题，即内生态环境对返乡农业创业人才成长有什么样的影响，这一影响的内在机理是什么，内生态环境对返乡农业创业人才可持续成长的作用如何？具体而言，围绕个体生态、家庭生态以及教育生态三个维度对人才内生态环境进行构建，系统分析三个维度如何作用于返乡农业创业人才成长与可持续成长，并通过实证研究检验作用机理，以及引入创业动态能力（环境感知和资源整合）两个认知变量检验在上述关系中所起到的中介作用。

第一节　内生态环境与返乡农业创业人才成长理论分析

　　基于对已有研究的梳理，返乡创业是在个人（Ogunyemi & Mabekoje,

2007)、家庭（Whittaker & Robitschek，2001）等多种内部生态与外部生态环境共同的作用下，农民工对外出务工和从事农业的收益进行比较后，做出的一种理性选择（钞鹏，2010）。本章聚焦于返乡农业创业中呈现的个体与家庭的交互，具有"个体创业""家庭涉入"等基本表征，以人才的生态系统作为基本理论切入点，厘清内生态环境对返乡农业创业人才成长与可持续成长作用机理。

一、个体生态—人才成长

个体生态—人才成长（IE‐TG）模型旨在验证内生态环境对返乡农业创业人才成长作用机理，探索个体生态与人才成长、人才可持续成长的作用路径。人才学认为内生因素是人才成长的根本依据，依据生态系统理论（Bronfenbrenner M.，2006），个人成长受个体因素（如人格、自我效能感等）的影响（Sharma S. K. et al.，2011；Sharma H. L. & Rani R.，2013）。从个体生态学理论来看，个体生态是研究返乡农业创业人才成长的起点，而个体生态主要体现在能力方面。创业成长过程本质上是洞察和抓住创业机会、获取与整合资源、实施有效运营并创造机会价值等一系列活动（刘智勇，姜彦福，2009）。众多学者研究得出，风险承受能力、市场洞察能力、经营管理能力、交际能力等综合反映出创业人才个体能力会影响企业与个体成长（范晓光，郑峰，2012；王敬雯，2020）。创业人才能力与创业成长紧密相关，创业人才能力水平决定了人才成长的"高度"（顾桥等，2004）。创业人才风险承受能力即对市场与自然等风险的承受与反应能力，是人才个体对市场与自然变化作出及时反映的能力，面对风险来临能从容应对与规避风险，保证创业的有序进行。因此，创业人才风险承受能力越强，对人才成长的正向作用越显著。市场洞察能力是返乡农业创业人才对市场资源识别、创业资源获取的重要能力，能够识别潜在的发展机会与退出市场的契机的能力，帮助其更好地对创业资源进行整合。这意味着返乡农业创业人才市场洞察力越敏锐，越有利于人才自身的成长。生产与经营管理能力有利于创业活动的顺利经营，创业人才的运营管理能力关系到其完成日常工作及应对突发状况的效率和效果，继而对所创事业的绩效水平产生直接影响（易朝辉等，2018）。因此，经营管理能力越强，越能成功应对创业过程中的各种挑战，进而推进创业活动的有序运行，促进创业人才的健康成长。此外，借鉴交际生态框架的路径，用人际交流能力作为反映创业人才社会关系观测的变量；创业人才的交际能力对创业过程的影响极其深远，社会交际能力是返乡人员获取创业所需资源的一条重要途径，交际能力强则创业意愿更强（石智雷等，2010；徐士华，2014；芮正云，史清华，2018）。因此，社会交际能力越强，越有利于获取信息与资源，对人才成长作用越显著。创业人才对创业前景看好反映人才乐观心态，乐观的创业人才在面对困难时能够较快转变心态，抱有较好的前景希望，对创业前景越看好越有利于人才的成长（王洁琼，孙泽厚，2018）。

毫无疑问，返乡农业创业人才在面对资源约束情况下，并非能顺利越过障碍成长，在越复杂、越具有动态性的成长过程中，创业人才的动态能力更能积极响应市场与环境变化，从个体生态中进行信息获取与能力整合以构建"成长"逻辑，根据外部生态环境变化感知与资源阶段性需求动态的整合，实现创业现有生态环境中资源与发展的有效匹配，从而有利于个体生态实现先发优势促进创业人才的成长。此外，在面临创业资源约束困境时，个体生态水平越好，对环境感知能力、资源整合能力越好的创业人才更有可能表现出对风险、挫折等的包容性，通过动态能力对资源整合，从而促进返乡农业创业人才成长。由此提出以下假设：

H1：返乡农业创业人才个体生态正向影响返乡农业创业人才成长。

H1a：返乡农业创业人才个体生态环境能够正向影响人才环境感知能力。

H1b：返乡农业创业人才个体生态环境能够正向影响人才资源整合能力。

二、家庭生态—人才成长

家庭生态—人才成长（FE－TG）模型旨在验证家庭生态环境对返乡农业创业人才成长作用机理，探索家庭生态与人才成长、人才可持续成长的作用路径。家庭是创业人才生产经营的最基本单元，在中国农村劳动力市场与土地市场发育不完善的条件下，家庭劳动力、家庭土地资源是农业创业的先决基础条件。家庭生态环境是家庭生态系统中的一部分，恩格斯（Friedrich E.，1962）曾提出家庭是一个积极因素，随着社会从较低阶段到较高阶段发展（马道明，杜璐，2016）。家庭的经济水平则是反映返乡农业创业人才成长的重要指标：经济水平越好，创业的可能性越大；相反，经济条件越差，创业的基础越薄弱（董静，赵策，2019）。因此，家庭对返乡农业创业人才的资金支持可能对人才成长具有显著正向影响。此外，由于家庭成员具备的社会资源与创业能力各异，在创业过程中的人力支持通过贡献差异化的知识、技能以及社会网络资源，帮助返乡农业创业人才克服创业风险与资源制约。显然，家庭人力支持的程度也必然对创业成长以及人才成长产生影响，即家庭人力的支持对返乡农业创业人才的成长呈正向关系。家庭成员关系具有不可打破的亲情约束，成员关系越和谐，越能形成相互信任的关系，在面对困难、矛盾时通过家庭成员的坦诚与合作，使得创业决策更加合理高效，而和谐的居住氛围更有利于创业人才能力发挥与可持续成长。同理，若家庭关系出现问题也势必会给返乡农业创业人才成长带来影响，从而降低创业成长的速度。因此，家庭成员关系、家庭居住氛围对返乡农业创业人才成长具有正向关系。此外，家庭赡养负担越重，创业意愿呈反向变化（包天骏，2016）。一般而言，子女教育、赡养父母等家庭开支压力越大，赡养负担相对越重，导致其投入创业的精力较少，不利于创业人才快速成长。因此，赡养负担返乡农业创业人才成长有负向影响。

显然，作为特殊创业群体，返乡农业创业人才成长不仅需要良好的家庭生态，还要拥有对家庭即亲缘资源有效感知、利用的动态能力。环境感知能力是创业人才为适应环境变化，有效把握内部与外部生态变化的能力，以整合与协调家庭生态中可用于创业的亲缘资源等。学界中，较少研究揭示家庭生态与动态能力的关系，但也有学者认为家庭环境能影响创业能力的形成（汪玉敏，2014），对于返乡农业创业人才特殊的创业群体，也可以推测，家庭生态环境越好，人才对环境感知、资源整合的能力越强，越易促进创业成长（Cepel M. & Kljucnikov A.，2019）。综上所述，对家庭生态环境与人才成长理论梳理可以得出以下假设：

H2：返乡农业创业人才家庭生态正向影响返乡农业创业人才成长。

H2a：返乡农业创业人才家庭生态环境能够正向影响人才环境感知能力。

H2b：返乡农业创业人才家庭生态环境能够正向影响人才资源整合能力。

三、教育生态—人才成长

教育生态—人才成长（EE – TG）模型旨在检验教育生态与人才成长、人才可持续成长的作用路径。运用生态学方法研究教育生态环境与创业人才的发展规律，试图建立合理的教育内外生态环境，促进返乡农业创业人才成长。克雷明（Lawrence A. C.）认为教育生态包括宏观、微观两个层次：宏观教育生态指以教育为中心的各种环境系统，分析其功能以及与教育、人类的交互作用关系；微观教育生态则指微观组织及个体的教育生活空间、心理状态对教育的作用。创业需要不断地学习积累创业知识，获取创业资源，从而不断适应环境变化。而创业培训将创业知识变现为创业能力，最终实现创业人才成长（杨道建等，2018），即创业培训对创业人才具有正向作用。创业人才的继续教育是提高人力资本的重要途径，是在满足知识经济、信息时代对人才标准变化的需求下产生的。任胜钢等（2017）认为创业继续教育促进创业人才创业导向的形成，进而有利于机会开发和创业人才成长。由此推导，创业继续教育对创业人才的成长有正相关关系。德姆塞茨（Harold D.，1998）提出的企业知识理论（Enterprise Knowledge Theory）强调，创业的知识积累对创业竞争具有重要意义。具有一定农业知识不仅能够帮助返乡农业创业人才节约一定成本，还能影响创业人才做出决策，提高资源整合的效率，由此，农业知识水平对创业人才的成长有正向作用。此外，启蒙教育是创业型人才成长之源，但学界在启蒙教育对创业中的作用很少，创业人才启蒙教育的水平显然是影响其人力资本投资的重要考量因素，同时也影响创业结构和创新水平（吴长征，2019），即启蒙教育对返乡农业创业人才的支持作用会显著作用于人才成长。

创业人才教育生态水平不仅与其所接受的教育培训、积累的知识水平等有关，还与创业人才成长中的动态能力相关。然而在动态成长的生态环境中，学习与教育水平对创业资源积累尤其重要（Keats et al.，1988）。为此，教育生态的高低对外界环境感知与资源整合起到了决定性作用，使得创业人才通过学习与吸收经验和知识，从而发挥教育和培训的效果，通过学习交流提高对国家政策等环节的感知，从而获得更多优惠政策（陈昭玖等，2011）。教育生态水平越好，就越容易获取所需资源、提高整合与利用效率，形成新思想、新技能、新知识，促进创业人才迅速成长。综上，对教育生态环境与人才成长理论梳理可以得出以下假设：

H3：返乡农业创业人才教育生态正向影响返乡农业创业人才成长。

H3a：返乡农业创业人才教育生态环境能够正向影响人才环境感知能力。

H3b：返乡农业创业人才教育生态环境能够正向影响人才资源整合能力。

四、动态能力的中介作用分析

动态能力在初创企业进化为创业生态系统重要领导者的过程中起着关键作用（Feng N. et al.，2019）。资源的积累对创业成功起着至关重要的作用，而在返乡农业创业人才成长过程中仅仅依靠静态的生态环境解释人才成长是有限的。近年来，部分学者开始探索创业领域的动态能力的产生、演化及对创业人才的影响（薛丕声，马晶晶，2008；李京文，袁页，2017）。创业领域的动态能力涉及新创业活动的发展与管理过程，有利于管理者和决策者组织、管理创业经营活动，能确保创业人才适应环境并快速成长。动态能力理论强调资源整合、建立和重新配置内部与外部能力，使创业人才适应环境的快速变化（罗珉，刘永俊，2009）。目前，动态能力并没有一个明确的界定，学者根据已有研究及自身研究内容对动态能力做出阐述。因此，本书创业领域的动态能力是指能应对外部环境的动态变化，整合、配置创业中仅有的资源，有利于创业生存与成长的能力（王瀚轮等，2010）。

动态能力是一个与环境相适应的自组织过程（赵永杰，2011），在测量维度上不同学者存在较大分歧，目前学界尚未形成统一的测量维度。新创业活动能否快速感知外部环境的变化，发现新机遇的能力对创业人及创业人才的成长有着重要作用，对资源的获取困难且依赖性很强（陈寒松，陈金香，2016）。动态能力通过感知机会与资源，为创业人才提供政策依据提高创业中应对生态环境的不确定性，从而促进创业人才成长。因此，本书的动态能力侧重于以下两个能力：环境感知能力与资源整合能力。综上，结合对个体生态、家庭生态、教育生态与人才成长理论关系的梳理，环境感知与资源整合分别有利于各维度生态环境作用于创业人才成长，综合提出以下假设：

H4a：返乡农业创业人才环境感知能力正向影响返乡农业创业人才成长。

H4b：返乡农业创业人才资源整合能力正向影响返乡农业创业人才成长。

H5a：环境感知能力在返乡农业创业人才成长内生态与人才成长有中介作用。

H5b：资源整合能力在返乡农业创业人才成长内生态环境与人才成长有中介作用。

H6a：环境感知能力与资源整合能力在返乡农业创业人才成长个体生态与人才成长有链式中介作用。

H6b：环境感知能力与资源整合能力在返乡农业创业人才成长家庭生态与人才成长有链式中介作用。

H6c：环境感知能力与资源整合能力在返乡农业创业人才成长教育生态与人才成长有链式中介作用。

五、内生态环境—人才可持续成长

根据企业可持续理论可知，可持续成长已成为大部分当代企业所面临的重要课题，影响着经济稳定与持续发展。可持续成长是企业追求的核心目标，是企业获取持久竞争力的源泉，是企业生存能力、竞争能力以及对环境的适应能力的综合体现（陈耀，汤学俊，2006）。返乡农业创业人才成长如同微小企业领导者的成长，个体生态是返乡农业创业人才可持续成长的基础能力，个体生态的水平决定着创业活动的生命周期。家庭生态则是返乡农业创业人才可持续成长中的重要动力，只有考虑到家庭差异才有利于创业实现价值最大化，促进可持续成长（贺小刚等，2010）。而教育生态则是返乡农业创业人才可持续成长的核心要素，教育生态水平高低会直接影响创业人才人力资本，影响其快速学习新技能与获取信息的能力，是能够帮助创业人才实现可持续成长的"工具"（侯俊如，2018）。Teece等（1997）提出的动态能力理论为企业可持续成长提供了动态成长的视角，企业须建立具有动态能力的结构来保证在复杂动态的环境下成长，形成可持续的竞争优势（吴中超，2011）。综上，结合前文内生态环境对人才成长、人才可持续成长的理论分析，提出以下假设：

H7a：返乡农业创业人才个体生态对人才可持续成长有显著正向作用。

H7b：返乡农业创业人才家庭生态对人才可持续成长有显著正向作用。

H7c：返乡农业创业人才教育生态对人才可持续成长有显著正向作用。

H8a：环境感知能力对返乡农业创业人才个体生态与人才可持续成长具有中介作用。

H8b：环境感知能力对返乡农业创业人才家庭生态与人才可持续成长具有中介作用。

H8c：环境感知能力对返乡农业创业人才教育生态与人才可持续成长具有中介作用。

H9a：资源整合能力对返乡农业创业人才个体生态与人才可持续成长有中介作用。

H9b：资源整合能力对返乡农业创业人才家庭生态与人才可持续成长有中介作用。

H9c：资源整合能力对返乡农业创业人才教育生态与人才可持续成长有中介作用。

H10a：环境感知能力与资源整合能力在返乡农业创业人才个体生态与人才可持续成长有链式中介作用。

H10b：环境感知能力与资源整合能力在返乡农业创业人才家庭生态与人才可持续成长有链式中介作用。

H10c：环境感知能力与资源整合能力在返乡农业创业人才教育生态与人才可持续成长有链式中介作用。

六、理论模型构建

根据生态系统理论以及人才生态学理论，返乡农业创业人才成长受到个体生态、家庭生态以及教育生态等内生态环境的直接影响，而动态能力理论强调资源整合、建立和重新配置内部与外部能力，以适应内生态环境的快速变化，也即内生态要素通过动态能力影响返乡农业创业人才成长。结合第二章及本章前文分析，借鉴已有成果，从内生态视角，分别就人才个体生态、家庭生态以及教育生态三个维度分析其对返乡农业创业人才成长的直接或间接作用，深入探讨内生态环境对人才成长作用机理，进一步拓展人才生态系统理论。研究以返乡农业创业人才生态环境为例，本章旨在探讨内生态环境对人才成长的作用机理。基于以上分析，构建本章内生态环境对返乡农业创业人才成长作用机理的理论模型（见图5-1）。

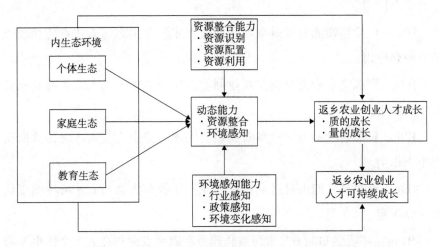

图5-1　内生态环境对返乡农业创业人才成长作用机理的理论模型

第二节　量表设计

一、内生态环境量表设计

本章的量表设计与开发均建立在文献梳理基础上，结合对返乡农业创业人才的深度访谈，进一步对指标适用性与科学性进行检验，分别构建个体生态、家庭生态与教育生态三个维度的内生态环境设计量表。

(一) 个体生态环境

个体生态环境（IE）是人才个体与生态环境之间关系的指标量化。人才个体的成长与演变及所处的环境息息相关，同理，返乡农业创业人才成长也离不开所处的环境。生态环境是相对概念，而个体生态环境则是相对于人才个体自身而言，从出生到创业，人才的个体生态既有早期形成也有在成长过程中通过与外界接触学习获得的。风险承受能力用"我在创业过程中的风险承受能力"反映，市场洞察能力用"我对创业市场洞察能力比较强"表示，管理能力用"我在农业创业中的生产与经营管理能力比较强"表示，交际生态则用"我的社会交际能力比较强"表示，积极乐观则用"我认为自己所创事业未来好发展、能成功"表示。各题项采用常见李克特5分（Likert-5）量表，根据题项从"完全不同意/符合""基本不同意/符合""不确定""基本同意/符合""完全同意/符合"中选择最符合观点的选项，分别用1～5分来表示（后文量表测量方式相同）（见表5-1）。

表 5-1 返乡农业创业人才个体生态环境感知变量设计

	维度	代码	测量题项	参考资料
个体生态	风险承受能力	IE1	我在创业过程中的风险承受能力	王洁琼(2018)
	市场洞察	IE2	我对创业市场洞察能力比较强	
	管理能力	IE3	我在农业创业中的生产与经营管理能力比较强	
	交际生态	IE4	我的社会交际能力比较强	
	积极乐观	IE5	我认为自己所创事业未来好发展、能成功	

(二) 家庭生态环境

家庭生态环境（FE）是人成长过程中最先接触到的首个非自我的内生态环境，对人才的影响从出生开始，对人才成长起着重要的奠基作用。

家庭生态环境在早期对人的塑造与教化至关重要，是人才外出及返乡创业的驱动力。因此，上述因素对返乡农业创业人才成长都可能产生正向影响（杨文兵，2011）。基于已有研究对创业家庭环境测量，本书将返乡农业创业人才成长家庭生态定义为多个测量项，基于各测量项对创业与家庭带来的影响和感知，基于 Chalos（1985）的多重差异理论（Multiple Discrepancies Theory），通过对人才自我家庭情况与他人、与创业前等维度进行对比，受访人才基于李克特 5 分量表分法，对测量项主观感知评价（1 ~ 5：从"完全不认同"到"完全认同"），具体维度及测量题项说明如表 5 – 2 所示。

表 5 – 2　返乡农业创业人才家庭生态环境感知变量设计

	维度	代码	测量题项	参考资料
家庭生态	家庭资金支持	FE1	家庭经济环境对我创业作用较大	杨文兵（2011）
	家庭人力支持	FE2	家人对我很信任，允许并大力支持创业	
	家庭生活质量	FE3	家庭成员之间关系比较融洽，生活幸福	
	家庭赡养负担	FE4	家庭赡养老人与抚养小孩的负担较小	
	家庭居住氛围	FE5	家庭成员之间会相互支持与鼓励，氛围很好	

（三）教育生态环境

教育生态环境（EE）是造成返乡农业创业人才存在中人力资本差异的根源，对人才存在的影响始于启蒙教育，无论是在青少年学习期间还是创业成长阶段，都离不开教育生态环境的作用。而教育生态环境由多种教育要素共同作用构成，包括早期启蒙教育、中期知识积累与创业早期的培训与指导，以及人才自身因成长需要而进行的继续教育。具体如下：参考赵浩兴和张巧文（2013）、胡江霞和文传浩（2016）、王洁琼和孙泽厚（2018）从参加创业培训情况、继续教育情况、农业知识水平以及启蒙教育情况进行测算的返乡农业创业人才教育生态水平。通过对创业人才自我教育生态在创业中的实际水平以及与创业前等比较，基于李克特 5 分量表分法，对测量项主观感知评价（1～5：从"完全不认同"到"完全认同"），具体维度及测量题项说明如表5-3所示。

表5-3 返乡农业创业人才教育生态环境感知变量设计

	维度	代码	测量题项	参考资料
教育生态	创业培训	EE1	政府提供的创业培训与指导对我很有帮助	赵浩兴、张巧文（2013）；胡江霞、文传浩（2016）
	继续教育	EE2	创业中继续教育对我很有帮助	
	农业知识	EE3	我的农业知识与创业知识水平较好	
	启蒙教育	EE4	启蒙教育对返乡农业创业有支持作用	

二、人才成长量表设计

乡村人才成长是内部动因和外部动力多种社会经济因素综合发展变化的结果，是农民自身发展需求与外部环境的推动力来共同作用实现的。专业大户、家庭农场主、农民合作社带头人和为农业产前、产中、产后等环节提供服务的人，逐渐从传统的农业生产中独立出来，成长为职业化农民（石学军，王绍芳，2020）。

返乡农业创业人才成长不同于其他人才，存在很大的不确定性，绝大部分创业人才基于所创事业或某一个创业机会，其成长为成熟、高技能人才需要借助多种条件与环境的孕育。人才的成长不仅仅是生理成长，还有心智、能力、人际关系等方面的成长。一般而言，人才成长有四个维度：自我意识的成长、基本能力的成长、智力的自我成长、思维能力的成长。四个维度同步成长，最终归结为生理成长与心理成长的同步过程。心智能力与认知策略形成了人才成长的核心能力，人才成长的自然属性与社会属性则是成长的副产品。参考既有文献研究，以及第一章根据企业成长理论结合返乡农业创业人才成长的特点，本书将返乡农业创业人才成长从人才成长的"量"与"质"的视角划分为自然性成长、社会性成长，并进一步探讨人才的可持续成长。

(一)"量"的增长：自然性成长

返乡农业创业人才的成长除自身能力的成长，创业成长也是反映人才成长的测量项。"量"的成长主要包括创业规模的成长、创业效应的增长、社会人际关系的拓展以及在身份上的自然性成长与变化。具体而言，创业人才成长规模可以从不同角度进行定义，从而形成一系列测量指标。一般来讲，对于返乡农业创业微小组织，市场份额、资产价值、销售额以及利润这些指标测算较难且不规范（叶顺，2016），且农村地区缺少透明的金融市场与大范围市场调研统计，数据很难获取。基于上述考虑，本书参考莫寰（2013）、朱红根和梁曦（2018）所使用的自我感知测量量表对创业人才"量"的成长（QG）进行测度。测量量表采用李克特5分量表分法，对测量项主观感知评价（1~5：从"完全不认同"到"完全认同"），具体维度及测量题项说明如表5-4所示。

表5-4 返乡农业创业人才"量"的成长感知变量设计

维度		代码	测量题项	参考资料
量的成长	效益增长	QG1	创业期间，我创业销售效益一直增长	莫寰（2013）；朱红根、梁曦（2018）
	身份成长	QG2	与创业初期比，我对自己身份有了新的认知	
	创业规模扩大	QG3	与创业初期比，现在的规模越来越好	
	人脉拓展	QG4	与创业初期比，我积累了很多社会人际关系	

(二)"质"的提升：社会性成长

返乡农业创业大多具有依托家庭创业模式（family mode）的特征（Mason et al.，2011），而"质"的成长（MG）则表现在创业活动与家庭的分离（张环宙，2019）。返乡农业创业人才"质"的成长也即从以家庭经营的模式逐渐分离成长为企业的转变，具体表现在心态的成长、情感的成熟、能力的提高等经历社会历练后的社会性成长。意味着创业人才各方面能力得到较大提升，无论现实中成长的现象如何复杂，对创业人才的成长都是有效的。为此，本书通过调查返乡农业创业人才自身"管理能力提升、企业家思维、决策能力提升、信心变化与提升"几方面自我评价予以综合测量，采用李克特5分量表分法（1~5：从"完全不认同"到"完全认同"）进行对应打分，具体测量题项及说明如表5-5所示。

表5-5 返乡农业创业人才"质"的成长感知变量设计

	维度	代码	测量题项	参考资料
质的成长	管理能力提升	MG1	创业过程中我的各方面管理能力得到提升	张环宙（2018）；Kazanjian R（1988）
	企业家思维	MG2	创业至今，我认为自己具备企业家的思维	
	决策能力提升	MG3	我觉得决策能力有了提升	
	信心提升	MG4	创业中我的自信心得到了提升	

（三）质与量的延续：可持续成长

返乡农业创业人才可持续成长（SG）受到内部生态与外部资源共同作用影响，返乡农业创业具有体量小、成员少等特性，决策与管理等主要在创业人才手中，因此同企业一样，创业人才能力的大小决定着创业活动的可持续进行。归纳以往企业可持续成长影响因素理论得出：企业的竞争优势通常表现在企业家对市场潜能的发现和利用等方面（周勇，2017）。范明和汤学俊（2004）运用自组织理论分析发现可持续成长源于生产能力属性、技术属性、制度能力属性以及市场能力属性四个方面。返乡农业创业人才成长可以大致划分为终止期、初创期、成长期和成熟期（肖为群，樊立宏，2014），而返乡农业创业人才可持续成长则是促进人才向成熟期转化，成熟期人才则与企业家（或组织领导者）概念相同，即更需要返乡农业创业人才具备企业家管理能力和管理经验，满足技术与创新等要求（Kazanjian R.，1988；章卫民等，2008），使人才实现从个人资源、创业能力到企业或组织领导者的转变。因此，综合来看，影响返乡农业创业人才可持续成长的因素众多，部分学者总结了以下几方面来测量与反映可持续成长指标：创新技术应用、人际关系开发、制度完善程度、对创业前景预期以及可持续学习能力，具体测量题项及说明如表 5 - 6 所示。

表 5 - 6   返乡农业创业人才可持续成长感知变量设计

维度		代码	测量题项	参考资料
可持续成长	创新技术应用	SG1	我会根据市场需求采用新技术、新产品	周勇（2017）；章卫民等（2018）
	人际关系开发	SG2	我在今后创业中会持续开发高质量人脉	
	制度完善	SG3	我创业的组织各方面制度越来越完善	
	前景预期	SG4	我的创业未来前景很好，不会遇到生存危机	
	可持续学习能力	SG5	我在创业中，会持续学习管理经营知识	

三、中介变量量表设计

动态能力作为人才成长内生核心，资源利用是人才成长资源整合（RI）的最终目标（许长丰，2017）。由于人才成长生态环境具有很大的不确定性，人才的资源整合能力强弱将直接影响人才对环境的适应能力，人才借助资源整合充分利用创业资源，把握时机为人才的可持续成长与创业可持续发展奠定基础。资源整合包括整合内部资源与外部资源的能力，本书所讲的资源整合主要包括：资源识别能力、资源配置能力、资源利用能力。参考 SIrmon & Hitt（2003）、刘树森（2014）的量表，将资源识别用以下指标表示："我清楚自己拥有的知识与技能""我清楚农业创业中哪些知识与技能是必要的"。参考 Sirmon 等（2007）的量表设计，用以下指标反映资源配置："我会根据创业需要，对拥有的资源及时匹配""我所在的农业创业群体会进行资源共享"。资源利用参考 Kazanjian 的研究，则用"我会利用自己现有资源不断拓展其他资源""我会利用外部资源拓展其他资源"指标测量，如表 5 - 7 所示。

表5-7 返乡农业创业人才资源整合感知变量设计

	维度	代码	测量题项	参考资料
资源整合	资源识别	RI1	我清楚自己拥有的知识与技能	SIrmon & Hitt (2003)；刘树森（2014）；Reynolds & Miler (1992)；Sirmon 等（2007）
		RI2	我清楚农业创业中哪些知识与技能是必要的	
	资源配置	RI3	我会根据创业需要，对拥有的资源及时匹配	
		RI4	我所在的农业创业群体会进行资源共享	
	资源利用	RI5	我会利用自己现有资源不断拓展其他资源	
		RI6	我会利用外部资源拓展其他资源	

返乡农业创业面临的生态环境与市场是不断变化的，迫使创业人才不得不拥有较强的环境感知（EP）能力，通过对行业的快速感知洞察环境变化，掌握创业行业的市场变化与发展方向。环境感知能力能够及时帮助创业人才获取产品与市场信息，有利于分析动态环境变化的趋势，抓住市场发展机会，促进创业人才的迅速成长、创业活动的发展。本书的环境感知能力参考 Teece（2007）、陈勇（2011），拟采用对创业行业感知、政策感知、感知环境变化三个方面形成三个题项，如表5-8所示。

表5-8 返乡农业创业人才环境感知变量设计

	维度	代码	测量题项	参考资料
环境感知	创业行业感知	EP1	农业创业前，我对农业比较熟悉	Teece（2007）；陈勇（2011）
	政策感知	EP2	我能感知返乡农业创业扶持政策的强度	
	感知环境变化	EP3	我能感受到周边人才成长生态在不断变好	

第三节　计量模型构建

一、结构方程模型概述与构建

（一）结构方程模型概述

结构方程模型（Structural Equation Modeling，SEM）是基于变量的协

方差矩阵来分析变量之间关系的一种统计方法，主要用于估计一组观察变量与其代表的潜变量、因子的关系的同时，分析各潜变量的关系（王济川等，2011）。在结构方程模型（SEM）中，将变量分为观察变量（显变量）和潜变量两种。观察变量是可以直接观测到的变量，如身高、性别等，在结构方程模型图中用长方形表示；潜变量与显变量相对应，不可以直接观测，包括比较抽象的概念和由于种种原因不能准确测量的变量，需要借助显变量指标来估计，如返乡农业创业人才的环境、信任、能力等。根据变量间的关系，SEM 将变量分为内生变量和外生变量。内生变量即影响自身的因素在模型之内，是被影响的变量；外生变量即影响自身的因素在模型之外。

此外，一般结构方程模型主要包括两个子模型：测量模型（Measurement Model）与结构模型（Structural Equation）。通过基于因子分析（Factor Analysis）的测量模型与基于路径分析（Path Analysis）的结构模型（邱皓政，2009）。测量模型是结构方程模型的测量部分，是描述观察标识变量是否适合作为潜变量或因子的测量手段，主要由验证性因子分析来完成和评估。结构模型也称结构方程（Structural Equations）或潜变量模型（Latent Variable Model），主要用于评估潜变量之间的关系。结构模型可以表示为如下（Bollen & Kenneth A.，1989，Jöreskog K. G. & Sörbom D.，1993）：

$$\eta = \beta\eta + \Gamma\xi + \zeta \qquad \text{式（5-1）}$$

式中，η 表示内生潜变量，ξ 表示外生潜变量，β 表示内生潜变量之间的关系矩阵，Γ 表示外生潜变量对内生潜变量的影响，ζ 表示模型内未能解释的残差。

测量模型因果关系是从潜变量指向观察变量，反映外生显变量与潜变量之间的关系，分别表示如下：

$$X = \Lambda x\xi + \delta \qquad \text{式（5-2）}$$

$$Y = \Lambda y\eta + \varepsilon \qquad \text{式（5-3）}$$

式（5-2）和式（5-3）中，X、Y 分别表示外生潜变量的观察变量与内生隐变量的观察变量，δ 和 ε 分别表示测量误差，Λx 和 Λy 分别反映了外生观测变量与外生潜变量、内生观测变量与内生潜变量的关系。

（二）结构方程模型构建

依据前文所述，本书选择了返乡农业创业人才成长的个体生态环境（IE）、家庭生态环境（FE）、教育生态环境（EE）、资源整合（RI）、环境感知（EP）等作为潜变量，在理论与文献回归的基础上，本章第一节提出的因果关系假设，形成本章结构方程中变量之间作用路径，以探讨内生态环境中各生态因子对人才成长的作用与影响机理。同时，对每个潜变量的观察变量进行分析，确定潜变量的观察变量并设计测量路径，构建内生态环境对返乡农业创业人才成长作用机理实证模型（见图 5-2）。

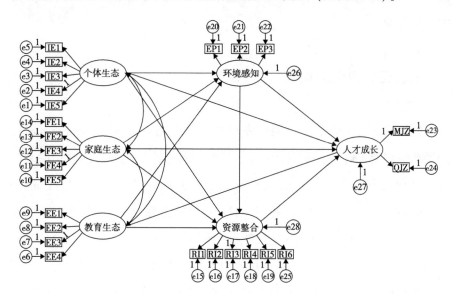

图 5-2　内生态环境对返乡农业创业人才成长作用机理实证模型路径

二、共同方法偏差检验

共同方法偏差（Common Method Biases）是指由于同样的数据来源

或评分者、同样的测量环境、项目语境以及项目本身特征所造成的预测变量与效标变量之间人为的共变。这种人为的共变对研究结果产生严重的混淆并对结论有潜在的误导，是一种系统误差。共同方法偏差很大程度上会影响研究结果（汤丹丹，温忠麟，2020）。本书借鉴（Chin W. W. et al.，2013）使用偏最小二乘法时同时检测和校正共同方法偏差。采用 Harman 单因素检验方法，对问卷中可能存在的共同方法偏差问题进行检验确定，通过对数据进行因子分析，未旋转之前的第一个因子方差低于 50% 则说明共同方差偏差是可以接受的。分析结果显示，未旋转的因子分析第一个因子解释了数据方差的 29.82%，低于 50%。Harman 单因素检验分析的过程没有发现存在一个解释了数据整体方差超过 50% 的因子，因此基本可以确定本书中的共同方法偏差可以忽略。

三、无回应偏差检验

调查问卷未完全收回可能导致存在无回应偏差（Non-response bias），即预期的被调查返乡农业创业人才拒绝参与调查或拒绝回答问卷中的某些问题，导致问卷无回应（Armstrong J. S. & Overton T. S.，1977；Lambert D. & Harrington T.，1990）。本书一对一访问问卷为 550 份，检验有效问卷 518 份，其中存在 32 份无回应问卷。对无回应偏差进行检验，结合问卷编号以时间先后进行排序，将有效样本分为较早调查与较晚调查两类，用有效问卷数据作为无回应问卷数据的替代，进而比较两组数据之间的差异性，进行独立样本 T 检验无回应偏差大小。

具体检验方法是将前两个月回收的有效样本界定为较早调查（280 份），将后两个月回收的有效问卷界定为较晚调查（238 份），对两组问卷的性别、年龄、文化水平以及人才内生态环境各指标进行独立样本 T 检验，检验结果显示本章所涉及变量测量题项检验结果均在 α =

0.05 的显著性水平上不存在显著差异，也即研究的数据不存在无回应偏差问题。

四、测量信度与效度检验

根据结构方程建模要求，首先要运用验证性因子分析（CFA）对假设模型的潜变量进行信度与效度检验。根据第四章对返乡农业创业人才成长生态环境相关指标信效度检验结果可知，人才成长生态环境各测量指标具有可靠性与有效性。本节进一步对人才成长、资源整合与环境感知等24个指标进行信度检验。虽然本书在设计量表与题录时参考并借鉴已有相关研究，具有良好的信度与效度，但本章较第四章提出了新的测量项，基于严谨考虑，对测量项再次进行信度与效度检验。

（一）信度检验

在结构方程模型开始之前，与第四章一致，对测量量表进行信度分析（此处不再重复检验人才成长内部生态测量项信度），运用 SPSS22.0 对各量表进行 Cronbach's α 系数信度检验。由表 5 - 9 可知，返乡农业创业人才样本总体可靠性检验统计 Cronbach's α 系数值为 0.809。人才成长测量量表以及动态能力测量量表的信度 Cronbach's α 系数值均大于 0.7，即说明测量量表具有较高的信度，能够满足本书分析的基本要求。因此，检验结果证明样本数据具有较高信度。

表 5 - 9 返乡农业创业人才成长测量变量信度检验结果

	潜变量	题项编号	均值	KMO 值	Cronbach's α 系数
	环境感知 Env-per	EP1	2.031	0.792	0.817
		EP2	3.245		0.798
		EP3	2.653		0.812

	潜变量	题项编号	均值	KMO 值	Cronbach's α 系数
动态能力	资源整合 Res-int	RI1	3.674	0.894	0.812
		RI2	3.473		0.805
		RI3	3.593		0.798
		RI4	3.249		0.806
		RI5	3.573		0.797
		RI6	4.176		0.808
人才成长	质的成长 Mas-gro	MG1	3.360	0.734	0.801
		MG2	4.210		0.803
		MG3	3.597		0.799
		MG4	3.884		0.815
	量的成长 Qua-gro	QG1	4.191	0.740	0.797
		QG2	4.079		0.798
		QG3	4.062		0.792
		QG4	3.998		0.803
	可持续成长 Sus-gro	SG1	3.506	0.796	0.804
		SG2	3.639		0.795
		SG3	3.461		0.808
		SG4	3.193		0.796
		SG5	3.770		0.798

(二) 效度检验

综合运用 SPSS22.0 与 AMOS26.0 软件，进一步通过探索性因子分析 (Exploratory Factor Analysis, EFA)、验证性因子分析 (Confirmatory Factor Analysis, CFA)、平均方差提取值 (Average Variance Extracted, AVE) 和组合信度 (Composite Reliability, CR) 对测量量表的收敛效度进行分析。首先运用 SPSS 进行探索性因子分析 (EFA)，根据荣泰生 (2012) 提出的 KMO 值越接近 1 则测量变量之间存在较多共同因子，适合因子分析，若小于 0.5 则不适用于因子分析。从表 5 - 10 可知，人才成长与动态能力的 KMO 值均大于 0.5，说明测量项适合做因子分析，建构效度良好。

表5－10 测量变量收敛效度检验

	潜变量	题项编号	因子载荷值	平均方差提取值（AVE）	组合信度（CR）
内生态环境	个体生态环境 Ind-eco-env	IE1	0.637	0.621	0.890
		IE2	0.798		
		IE3	0.788		
		IE4	0.869		
		IE5	0.828		
	家庭生态环境 Fam-eco-env	FE1	0.760	0.578	0.871
		FE2	0.692		
		FE3	0.657		
		FE4	0.748		
		FE5	0.918		
	教育生态环境 Edu-eco-env	EE1	0.844	0.622	0.866
		EE2	0.917		
		EE3	0.607		
		EE4	0.753		
动态能力	环境感知 Env-per	EP1	0.890	0.718	0.884
		EP2	0.881		
		EP3	0.766		
	资源整合 Res-int	RI1	0.640	0.614	0.904
		RI2	0.712		
		RI3	0.818		
		RI4	0.785		
		RI5	0.809		
		RI6	0.911		
人才成长	质的成长 Mas-gro	MG1	0.876	0.758	0.926
		MG2	0.879		
		MG3	0.819		
		MG4	0.907		
	量的成长 Qua-gro	QG1	0.777	0.660	0.906
		QG2	0.778		
		QG3	0.807		
		QG4	0.786		
	可持续成长 Sus-gro	SG1	0.847	0.598	0.880
		SG2	0.645		
		SG3	0.903		
		SG4	0.698		
		SG5	0.743		

其次，运用 AMOS 对潜变量进行验证性因子分析（CFA）进行效度检验。效度检验一般包括内容效度检验、收敛效度以及判别效度检验。本书主要对测量量表进行收敛效度与判别效度检验。通常用平均方差提取值（AVE）进行收敛效度检验，以因子载荷值反映测量项的内容是否有效，以组合信度（CR）来反映测量量表质量。各维度 AVE 越大，则说明越能反映所属维度的潜在特质，收敛度越好（吴明隆，2013）。一般而言，AVE 大于 0.50，因子载荷值大于 0.50，且 CR 值大于 0.70，则意味着测量量表的收敛度较好（Fonseca M.，2013）。

表 5 – 10 呈现了测量变量收敛效度检验结果，研究模型涉及潜变量测量指标的因子载荷值均大于 0.50，表示本书构建的模型具有较好的收敛效度。各潜变量里组合信度 CR 值为 0.866 ~ 0.926，满足基本要求且大于 0.70 的判断标准；各维度平均方差抽取值（AVE）为 0.578 ~ 0.758，均满足大于 0.50 阈值的判定标准。从验证性因子分析结果来看，本书采用的潜变量测定模型总体收敛效度较好（Bagozzi R. P.，2011）。

此外，本书还进行了各维度潜变量的相关性分析，学界将研究各个维度的平均方差抽取值（AVE）的平方根与维度相关系数进行对比，若均小于该值则说明区分效度良好（Ronen J.，1981）。从表 5 – 11 分析数据来看，返乡农业创业人才成长内生态环境、动态能力以及人才成长测量量表各维度的 AVE 平方根均大于其他相关系数，且在 0.01 的水平下大部分显著相关，说明变量之间具有良好的区分效度。

表 5 – 11　测量变量的区分效度检验

潜变量	IE	FE	EE	EP	RI	MG	QG	SG
IE	**0.788**							
FE	0.307	**0.760**						
EE	0.495	0.308	**0.789**					
EP	0.350	0.306	0.445	**0.847**				
RI	0.630	0.303	0.655	0.372	**0.784**			

潜变量	IE	FE	EE	EP	RI	MG	QG	SG
MG	0.298	0.303	0.283	0.221	0.374	**0.871**		
QG	0.378	0.310	0.444	0.338	0.406	—	**0.812**	
SG	0.553	0.321	0.435	0.382	0.438	—	—	**0.773**

注：n = 518，表中对角线加黑数据为各潜变量平均方差提取值（AVE）的平方根，其余数值表示各潜变量之间的相关系数。

第四节　内生态环境对返乡农业创业人才成长作用机理检验

一、模型拟合度检验

一般情况下，要满足结构方程模型分析结果的稳定性与可信度，使用样本量需满足达到测量指标的 10 倍以上（吴明隆，2009，2013）。本书测量项共计 28 项，理想样本需要满足基本要求。根据对信度与效度分析，确认本书收集数据适用于结构方程模型。运用 AMOS26.0 对图 5 - 2 中的模型整体拟合程度进行检验，综合考虑到不同观察变量的分布与属性假设存在差异，拟合的规则与方法也会有所差异。因此，借鉴吴明隆（2009，2013）对模型整体拟合检验指标分类，本书除卡方值以外，参考其他理论模型与数据吻合优劣程度的指标，常用的指标如下：拟合优度指数（Goodness-of-Fit Index，GFI）、校正拟合优度指数（adjusted goodness-of-fit index，AGFI）、比较拟合指数（Comparative Fit Index，CFI）、渐进残差均方方根（Root Mean Square Error of Approximation，RMSEA）以及卡方值与自由度之比（CMIN/DF）。需要注意的是，表 5 - 12 中提供的取值范围仅供参考，不能机械地将其标准化。在 SEM 统计决断中，要综合考虑以下指标，只要绝大多数指标都在参考范围之内，即认为该理论模型可以接受。

但也无法断定某个理论模型是唯一最佳模型。从表中可以看出，初始检验结果 χ^2/df、GFI、RMSEA、NFI、RFI 等均接近但未达到模型拟合标准。模型修正一般主要删除不显著与不合理路径，但本书在结合理论构建的基础上不予修正模型框架，对初始模型按照修正指数 M. I. 对模型进行修正，允许测量变量存在残差共变关系。通过对模型误差项 e11（教育生态—继续教育）与预测残差项 e34（环境感知）的协方差，模型整体拟合度达到拟合标准，说明本书提出的理论模型与收集的样本数据之间存在良性匹配。

表 5 – 12　内生态环境对返乡农业创业人才成长的作用机理模型拟合度检验

具体指标	指标说明	拟合标准	初始检验结果	M. I. 修正检验结果
χ^2/df	卡方/自由度	<3.00	3.648	2.267
GFI	拟合优度指数	>0.90	0.828	0.961
RMSEA	渐进残差均方根	<0.05	0.078	0.046
NFI	规范拟合指数	>0.90	0.809	0.913
RFI	性对拟合指数	>0.90	0.769	0.901
IFI	增值拟合指数	>0.90	0.910	0.948
CFI	比较拟合指数	>0.90	0.909	0.947
PGFI	简约拟合优度指数	>0.50	0.678	0.775

二、结果分析与检验

基于图 5 – 2，在测量模型信度与效度后，本书运用 AMOS26.0 软件构建回归模型的方式进行分析与参数估计，模型参数显著性检验结果如表 5 – 13 所示。表中分别列出了各维度路径的非标准化参数估计值、标准化参数估计值、标准误（S. E.）、临界比值（C. R.）以及显著性 P 值。通过标准误（S. E.）反映抽样误差情况，值越小则说明样本统计总体越具代表性，估计所得参数值可信度越高；临界比值（C. R.）为参数估计值与标准误之比，C. R. （1.96，2.58）时参数估计值在 0.05 水平下显著，C. R. 超过 2.58 时参数估计值在 0.01 水平下显著。从表 5 - 13 中模型参数估计结果可知，各维度参数值标准误差均处于合理水平，大部分参数的 C. R. 与 P 值均通过显著性检验。结合内生态环境对返乡农业创业人才成长影响机理模型路径系数及显著性检验，构建路径系数如图 5 - 3 所示。

表 5 - 13 内生态环境对返乡农业创业人才成长作用机理模型显著性检验

路径			非标准化参数估计值	S. E.	临界比值 C. R.	显著性 P	标准化参数估计值
环境感知	←	个体生态	0.099	0.043	2.307	*	0.142
环境感知	←	教育生态	0.487	0.073	6.707	***	0.354
环境感知	←	家庭生态	0.020	0.023	0.869	0.385	0.031
资源整合	←	环境感知	0.260	0.081	3.218	**	0.376
资源整合	←	教育生态	0.433	0.095	4.562	***	0.397
资源整合	←	家庭生态	0.415	0.065	6.364	***	0.316
资源整合	←	个体生态	0.355	0.057	6.197	***	0.460
人才成长	←	资源整合	0.477	0.071	6.723	***	0.489
人才成长	←	环境感知	0.083	0.056	1.480	0.139	0.074
人才成长	←	个体生态	0.244	0.088	2.781	**	0.308
人才成长	←	家庭生态	0.023	0.034	0.680	0.496	0.020
人才成长	←	教育生态	0.653	0.151	4.313	***	0.498
edu	←	控制变量	0.524	0.077	6.841	***	0.393
labor	←	控制变量	0.366	0.110	3.321	***	0.121
gender	←	控制变量	0.179	0.043	4.121	***	0.147
age	←	控制变量	-32.033	9.711	-3.299	***	-1.257
year	←	控制变量	-0.323	0.109	-2.954	**	-0.102

注：*、**、*** 分别表示 $p < 0.05$、$p < 0.01$、$p < 0.001$，测量方程各测量指标均通过显著性检验，具体见附表 1。

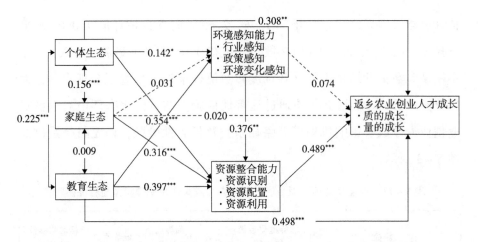

图 5 - 3　内生态环境对返乡农业创业人才成长影响机理模型路径系数

注：* 、** 、*** 分别表示 p 在 0.05、0.01 以及 0.001 水平下显著；实现表示路径通过检验，虚线表示未通过检验。

（一）　内生态环境对动态能力的直接效应检验

从模型运行返乡农业创业人才成长内生态环境对人才成长动态能力的直接效应检验结果来看：返乡农业创业人才成长内生态环境中，个体生态对环境感知、资源整合均有显著影响。其中个体生态与环境感知之间标准化路径系数为 0.142，在 0.05 水平下显著正向影响；个体生态与资源整合能力之间标准化路径系数为 0.460，且在 0.001 水平下通过显著性检验，表明返乡农业创业人才成长个体生态对人才创业动态能力、环境感知以及资源整合能力均有显著正向影响，假设 H1a 和 H1b 得到验证。以上路径相比之下，个体生态对创业资源整合能力正向影响最大，原因可能是，返乡农业创业人才个体生态水平越高，其对资源识别、配置及利用能力越强，相较于环境感知能力影响更加明显。家庭生态与资源整合能力之间标准化路径系数为 0.316，且在 0.001 水平下通过显著性检验，表明返乡农业创业人才成长家庭生态对人才创业资源整合能力有显著正向作用，假设 H2b 得到证实；家庭生态与环境感知能力标准化路径系数为 0.031，未通过显著性检验，假设 H2a 未得到证实。教育生态与环境感知标准化路径系数为

0.354，在 0.001 水平下显著，表明人才成长教育生态对创业环境感知能力有显著正向影响，假设 H3a 得到证实；教育生态与资源整合标准化路径系数为 0.397，在 0.001 水平下显著，表示返乡农业创业人才成长教育生态对人从创业资源整合能力存在显著正向作用机理，由此，假设 H3a 及假设 H3b 均得到了证实。分析可知，人才的教育生态对创业资源整合能力作用更大，表示返乡农业创业人才在教育生态水平较高的情况下，对创业资源整合的能力会随着接受教育的情况提高，相较于环境感知能力影响更加明显。

（二）创业动态能力对人才成长的直接效应检验

从模型运行返乡农业创业人才创业动态能力对人才成长的直接效应检验结果来看：返乡农业创业人才创业动态能力主要从对环境感知与资源整合两个方面分析。人才环境感知能力对人才成长标准化路径系数为 0.074，未通过显著性检验，假设 H4a 未通过检验，但这并不代表返乡农业创业人才环境感知能力、资源整合能力与人才成长之间没有关系。具体来看，返乡农业创业人才对环境的感知增加了对行业、政策的认知，及时对创业情况作出预期。资源整合能力对人才成长标准化路径系数为 0.489，通过 0.001 水平显著性检验，说明返乡农业创业人才资源整合能力对人才成长具有显著正向作用，假设 H4b 得到验证。通过比较人才动态能力中环境感知与资源整合能力对人才成长的标准化路径系数可知，资源整合能力对人才成长作用相对较大。可能的原因是，在返乡农业创业过程中，创业资源整合能力在人才成长中起到重要作用，资源整合过程中自身的管理、企业家思维、决策与信息等"质性"社会能力得到提升，相对于"量性"的自然成长的影响更加直接。

（三）内生态环境对人才成长的直接效应检验

从模型运行返乡农业创业人才成长内生态环境对人才成长的直接效应检验结果来看：返乡农业创业人才成长个体生态对人才成长有显著正向影

响，个体生态与人才成长之间标准化系数为 0.308，在 0.01 水平下显著，说明返乡农业创业人才个体生态水平越好，其"质"的社会性成长越明显，假设 H1 得到验证。究其原因，由于农业创业产业的特殊性，人才投入带来的边际效益较低，返乡农业创业人才个体生态水平对"量"的自然成长作用相对缓慢。家庭生态对人才成长路径系数为 0.020，假设 H2 未得到验证；但不能说明家庭生态对返乡农业创业人才成长没有间接关系。可能的解释是家庭对创业人才的支持力度有限，无论是人力还是资金支持，只能分解返乡农业创业人才创业中部分压力，无法直接促进返乡农业创业人才显性成长。教育生态对人才成长有显著正向作用，标准化路径系数为 0.498，在 0.001 水平线通过显著性检验，表明返乡农业创业人才教育生态水平越高，越能促进人才"质"与"量"的成长，人才成长越明显，假设 H3 得到证实。

（四）控制变量对返乡农业创业人才成长的影响

从模型检验结果来看，返乡农业创业人才成长受教育程度、家庭劳动力人数和性别对人才成长有显著正向影响，教育程度越高、家庭劳动力占比越高，越有利于创业人才成长，这与李安和李朝晖（2014）等学者的研究结论一致。在性别上，相对于男性创业人才，女性创业人才成长较明显。这与已有研究男性成长快于女性结论相反（陈晓暾，葛雅利，2019）。男性和女性创业人才对企业成长所处制度环境的感知不同，女性返乡农业创业相对于男性具有更强的社会交际等能力，且近年来我国不断加大对农村女性创业的支持力度，从而创业成长水平差异显著（乐燕子，2017；王晶，2019）。返乡农业创业人才年龄对人才成长具有显著负向影响，年龄越大的创业人才成长水平相对较弱，年轻以及学历较高的人才成长相对较快（翁清雄，胡蓓，2009）。此外，Van V. 等（2017）的实证研究表明，人才的主动性能够有效正向预测成长，而年龄则对成长起负向作用。最近一次创业年限对人才成长有负向显著影响，即创业年限越久的人才，容易形成创业惯性思维，按照保守的创业经营模式创业，而创业年限较短的农户，由于创业前后知识、技能等对比显著，更有动力快速学习创业相关知识等，提升自我能力促进自我快速成长。

（五）内生态环境潜变量相互关系检验

从返乡农业创业人才内生态环境各要素相互影响程度来看（见表5-14），个体生态、家庭生态与教育生态之间部分路径显著。个体生态与家庭生态、个体生态与教育生态、教育生态与家庭生态的相互影响参数值分别为0.531、0.512、0.018。显然，个体生态同时受家庭生态、教育生态的影响，个体生态反映返乡农业创业人才自身能力、心理等生态因子，这些生态因子是返乡农业创业人才从诞生开始慢慢积累与沉淀共同形成的环境，返乡农业创业人才能够直接感知家庭生态、教育生态对创业的助力。值得注意的是，教育生态与家庭生态之间不存在显著直接关系，但并不代表家庭生态对教育生态不存在影响，从返乡农业创业人才成长生态环境视角来看，家庭生态给予创业人才人力与资金支持，而教育生态则作为人才自身的知识、人力资本。因此，在返乡农业创业人才成长过程中教育生态与家庭生态相互影响作用较弱。

表5-14 内生态环境各潜变量相互关系显著性检验

路径			非标准化参数估计值	S. E.	临界比值 C. R.	显著性 P	标准化参数估计值
个体生态	↔	家庭生态	0.156	0.026	5.916	***	0.531
个体生态	↔	教育生态	0.225	0.032	7.023	***	0.512
教育生态	↔	家庭生态	0.009	0.025	0.371	0.711	0.018

注：*** 表示 p 在 0.001 水平下显著。

三、多重中介效应检验

返乡农业创业人才成长中会受到多方面因素影响，探讨自变量人才内生态对人才成长的影响机理时，可能需要通过一个或多个中间变量（mediator）来传递发挥的是中介效应。为此，本书构建了动态能力中环境感知能力与资源整合能力为中介变量的理论模型。在中介效应的检验方法上，国内外大部分学者主要参考 Baron 等因果逐步回归检验，但学界近年对 B-k 方法检验提出了质疑。Baron 在此基础上推荐直接检验中介效应的 Sobel 检验，但其在实际研究中仍然存在弊病。为此，本书以 Taylor 等提出的 Bootstrap 进行中介效应检验，对环境感知、资源整合在返乡农业创业人才成长内生态环境与人才成长之间的中介效应进行检验。利用偏差校正百分比 Bootstrap（重复取样 2000 次）计算 95% 的置信区间，中介效应检验结果如表 5-15 所示。判断路径中介效应是否显著的标准参考所计算的置信区间值，若置信区间不包括 0，则存在中介效应；置信区间包括 0 则不存在中介效应（温忠麟，叶宝娟，2014）。

表 5-15 环境感知与资源整合的标准化 Bootstrap 中介效应检验

路径	效应值	SE	Z 值	Bias-corrected 95%CI		Percenntile 95%CI	
				上限	下限	上限	下限
A1：IE→EP→TG	0.011	0.011	1.000	-0.006	0.029	-0.007	0.028
A2：IE→EP→RI→TG	**0.026**	0.010	2.600	**0.010**	**0.060**	**0.010**	**0.050**
A3：IE→RI→TG	**0.225**	0.035	6.429	**0.134**	**0.405**	**0.137**	**0.396**
B1：FE→EP→TG	0.002	0.014	0.143	-0.002	0.047	-0.010	0.036
B2：FE→EP→RI→TG	0.006	0.010	0.600	-0.006	0.029	-0.007	0.028
B3：FE→RI→TG	**0.155**	0.040	3.875	**0.040**	**0.180**	**0.040**	**0.180**
C1：EE→EP→TG	0.026	0.019	1.368	0.000	0.061	-0.004	0.058
C2：EE→EP→RI→TG	**0.065**	0.020	3.250	**0.030**	**0.120**	**0.030**	**0.120**
C3：EE→RI→TG	**0.194**	0.054	3.593	**0.108**	**0.354**	**0.091**	**0.328**

注：表中加黑数据为通过中介效应检验。

从检验结果可知，环境感知在返乡农业创业人才个体生态、家庭生态、教育生态对人才成长作用路径的中介效应不显著（路径 A1），各置信区间值均包括 0，假设 H5a 未得到验证，但并不能说明环境感知在人才内生态与成长之间不存在作用。资源整合在返乡农业创业人才个体生态、家庭生态、教育生态对人才成长的中介效应显著（路径 A3、B3 和 C3），中介效应分别为 0.225、0.155 和 0.194，各置信区间值均不含 0，即资源整合对人才个体生态与人才成长之间具有部分中介效应；资源整合对家庭生态与人才的成长具有完全中介效应，资源整合对教育生态与人才成长具有部分中介效应；综合可知资源整合对人才内生态与人才成长之间均有中介效应，验证了假设 H5b。

在多重链式中介效应检验中，环境感知与资源整合在返乡农业创业人才个体生态对人才成长作用路径的链式中介效应显著（路径 A2），链式中介效应值为 0.026，95% 的置信区间不包括 0，故假设 H6a 得到验证。同理，在家庭生态对人才成长作用路径中（路径 B2），环境感知与资源整合的链式中介作用均不显著，假设 H6b 未得到验证。环境感知与资源整合在返乡农业创业人才教育生态对人才成长作用路径中（路径 C2）起到显著的链式中介效应，效应值为 0.065，在 95% 的置信区间中不含 0，由此验证了假设 H6c。

四、多群组结构方程检验

不同群体人才成长的不同阶段，在不同资源要素水平、创新创业能力情境下，人才成长会表现出差异性。多群组结构方程检验通过对不同样本群体间的同时分析，分析该模型是否适用于其他不同样本的群体。也就是说，不同群体变量属性通常是间断的变量，本书的样本分析创业人才来自全国创业典型示范县四川区域的试点区与非试点区，对比试点区与非试点区返乡农业创业人才成长在提出的假设模型中是否具有不变性。根据 AIC、ECVI 等指标值最小原则（见表 5 - 16），通过相关参数预设模型（即未限制模型）、测量加权模型（Measurement Weights）、结构加权模型（Structural Weights）、结构协方差模型（Structural Covariances）、结构残差模型（Structural Residuals）、测量残差模型（Measurement Residuals）与模型不变性 7 个模型输出结果适配度进行比较，最终找出最适配的路径模型。通过对多群组结构方程检验，假设未限制模型正确的前提下，对嵌套模型的拟合值进行不变性检验，结果如表 5 - 17 所示，通过检验结果发现 4 个增值模型适配度指标值差异量绝对值均小于 0.05，表示各增值模型与未限制模型都是正确的，表明表中 5 个限制模型与未限制模型一样具有跨地理位置效度。从简约适配度指标值来看，6 个竞争模型比较 AIC、ECVI 值均以结构残差模型的值最小，ACI 为 341.337，ECVI 值为 0.662，表示结构残差模型最佳，本书采用此模型进行 SEM 多群组分析。

表 5 - 16　多群组结构方程未限制模型与限制模型 AIC 值、ECVI 值统计

模型	未限制模型	测量加权模型	结构加权模型	结构协方差模型	结构残差模型	测量残差模型
ECVI	0.665	0.663	0.663	0.663	0.662	0.666
AIC	343.766	342.473	341.337	341.337	341.337	347.305

表 5 - 17　多群组结构方程不变性检验：假设未限制模型正确

检验模型	delet-CMIN	delet-DF	P	delet-GFI	delet-NFI	delet-RFI	delet-IFI	delet-TLI	delet-CFI
测量加权模型	8.248	11	0.691	-0.002	-0.005	0.004	-0.003	0.005	-0.002
结构加权模型	33.863	18	0.013	-0.006	-0.01	0.006	-0.006	0.008	-0.004
结构协方差模型	33.863	22	0.051	-0.006	-0.01	0.006	-0.006	0.008	-0.004
结构残差模型	38.303	27	0.073	-0.006	-0.01	0.007	-0.006	0.009	-0.004
测量残差模型	40.831	37	0.306	-0.014	-0.021	0.008	-0.015	0.009	-0.002

从模型适配度来看，GFI 为 0.856，略低于 0.9 标准值，但符合分析要求（张董敏，2016），CFI 值为 0.920，符合临界标准，RMSEA 值为 0.049，略小于临界值 0.05。整体看来，模型适配度均达到要求，表明构建的多群组结构方程总体拟合度较好。表 5 - 18 展示了多群组结构方程检验参数估计结果，对比返乡农业创业人才成长 SEM 检验结果（见表 5 - 13）的参数可知，多群组与全样本的路径分析结果大体一致，但也存

在一些差异性。

表 5 – 18　内生态环境对人才成长作用多群组分析估计结果

路径		试点区				非试点区			
		Estimate	S. E.	C. R.	P	Estimate	S. E.	C. R.	P
环境感知	← 个体生态	0.349	0.061	5.681	***	0.318	0.095	3.342	***
环境感知	← 教育生态	0.422	0.108	3.922	***	0.335	0.062	5.428	***
环境感知	← 家庭生态	0.047	0.046	1.015	0.310	0.044	0.107	0.412	0.680
资源整合	← 环境感知	0.283	0.100	2.813	**	0.119	0.040	2.976	**
资源整合	← 教育生态	0.441	0.096	4.606	***	0.349	0.061	5.681	***
资源整合	← 家庭生态	0.374	0.099	3.783	***	0.324	0.110	2.937	**
资源整合	← 个体生态	0.299	0.058	5.113	***	0.290	0.063	4.628	***
人才成长	← 环境感知	0.066	0.041	1.609	0.108	0.057	0.086	0.663	0.507
人才成长	← 资源整合	0.499	0.127	3.921	***	0.352	0.097	3.629	***
人才成长	← 个体生态	0.081	0.041	1.972	*	0.034	0.038	0.892	0.372
人才成长	← 家庭生态	0.042	0.050	0.846	0.397	0.013	0.044	0.297	0.766
人才成长	← 教育生态	0.622	0.153	4.073	***	0.566	0.152	3.730	***

　　注:*、**、***分别表示 $p < 0.05$、$p < 0.01$、$p < 0.001$,由于正文篇幅限制,表中 Estimate 为标准化参数值,仅呈现结构方程部分结果,测量方程及控制变量结果均通过显著性检验,见附表 2。

　　在个体生态方面,试点区个体生态对人才成长在 0.05 的水平下显著,而非试点区无显著影响,即试点区返乡创业人才的个体生态显著影响其对创业环境的感知。一般而言,作为全国返乡农业创业试点区,无论是政策支持还是基础创业园区建设都先于非试点区,使得试点区创业人才个体生态水平越高,对外部环境行业竞争、支持政策等感知越强烈,充分整合外部资源以促进自身成长;而非试点区由于返乡农业创业支持体系不够健全,对创业生态的打造力度相对较小,使得返乡创业人才对环境感知较弱、可利用外部资源优势较差,人才成长的作用不显著。家庭生态对人才成长作用路径系数基本不显著,但通过资源整合显著影响人才成长,总体来看,试点区系数与非试点区基本接近,表明在区域上返乡农业创业人才成长家庭生态差异性较小。家庭生态作为人才成长的微观环境中的人才成长的客观生态要素,对人才成长影响不可忽略,但不能在区域间的横向比较上显著体现。教育生态对人才成长作用路径系数显著为正，且试点区系数均高于非试点区，同时，教育生态通过环境感知、资源整合的中介作用对人才成长产生显著作用。可能的原因是在选择全国分析创业试点区时优先考虑创业优势明显、孵化等指导体系相对健全的区县作为试点，使得试点区具有基础优势，加之政府对试点区域培育创新创业力度的倾斜，使得试点区返乡创业人才在原有优势基础上进一步接受职业技术教育促进自身成长，导致教育生态对人才成长的作用路径系数高于非试点区。综合对多群组 SEM 结果发现，无论是全样本返乡农业创业人才还是分区域，创业人才均通过"生态环境—动态能力—人才成长"的逻辑影响自身成长。

第五节　内生态环境对返乡农业创业人才可持续成长作用机理检验

返乡农业创业人才属于乡村振兴中的"领头羊"，虽然我国近年来大力提倡创新创业、促进返乡创业，但从可持续发展层面来看，返乡农业创业人才的实力与规模相对较弱，而且人员素质、组织管理等水平远不足以与成熟的农业企业相比。在实际调查中发现，大部分返乡农业创业人才发展到一定程度后，后劲不足，且呈现出典型的创业生命周期短的特点。因此，对返乡农业创业人才成长的研究不应止于当前成长情况，还要关注人才可持续成长的情况。返乡农业创业人才成长与乡村微小企业家成长基本一致，只有实现可持续成长，才能增强人才自身的核心实力保障创业的迅速成长。因此，本书进一步探讨人才成长的生态环境如何作用于人才的可持续成长，更好地指导与帮助乡村创业人才的成长。

在理论框架、方法构建上与前文基本一致，分析返乡农业创业人才成长内生态环境如何作用于人才可持续成长，同时引入创业动态能力（环境感知、资源整合）作为中介变量，进一步探讨内生态环境对返乡农业创业人才可持续成长作用机理模型（见图 5 - 4）。前文表 5 - 9 已对样本的信度与效度进行了检验，可知各变量均具有较强的可靠性。

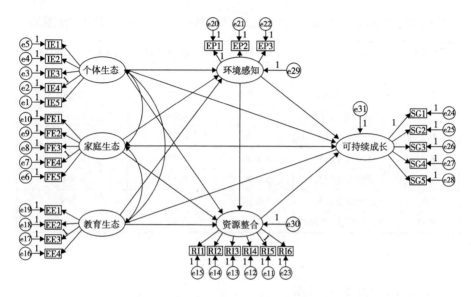

图 5 - 4　返乡农业创业内生态环境对人才可持续成长作用机理模型

一、模型拟合度检验

通过 AMOS26.0 对人才成长可持续模型进行拟合度检验，综合考虑到不同观察变量的分布与属性假设存在差异，借鉴吴明隆（2009，2013）对模型整体拟合检验指标分类，本书从 χ^2/df、GFI、RMSEA、NFI、RFI、IFI、CFI 以及 PGFI 等指标全面考察本书所构建模型的整体拟合情况，结果如表 5 - 19 所示。从表中可以看出，初始检验结果 χ^2/df、GFI、RM-SEA、NFI、RFI 等均接近但未达到模型拟合标准。模型修正一般主要删除不显著与不合理路径，但本书在结合理论构建的基础上不予修正模型框架，对初始模型按照修正指数 M. I. 对模型进行修正，允许测量变量存在残差共变关系。通过对模型误差项 e6（教育生态—继续教育）与预测残差项 e21（环境感知）、误差项 e24（资源整合—资源配置）与预测残差项

e19（可持续成长—持续学习能力）的协方差，模型整体拟合度达到拟合标准，说明本书提出的理论模型与收集的样本数据之间存在良性匹配。

表 5 – 19   内生态环境对返乡农业创业人才可持续成长的作用机理模型拟合度检验

具体指标	指标说明	拟合标准	初始检验结果	M. I. 修正检验结果
χ^2/df	卡方/自由度	<3.00	3.572	2.713
GFI	拟合优度指数	>0.90	0.838	0.940
RMSEA	渐进残差均方根	<0.05	0.067	0.047
NFI	规范拟合指数	>0.90	0.809	0.955
RFI	性对拟合指数	>0.90	0.756	0.927
IFI	增值拟合指数	>0.90	0.845	0.950
CFI	比较拟合指数	>0.90	0.842	0.949
PGFI	简约拟合优度指数	>0.50	0.671	0.724

二、结果分析与检验

基于内生态环境对返乡农业创业人才成长作用机理实证模型（见图 5 – 2），在测量模型信度与效度后，本书运用 AMOS26.0 构建回归模型的方式进行分析与参数估计，模型参数显著性检验结果如表 5 – 20 所示。表中分别列出了各维度路径的非标准化参数估计值、标准化参数估计值、标准误（S. E.）、临界比值（C. R.）以及显著性 P 值。从表中模型参数估计结果可知，各维度参数值标准误差均处于合理水平，大部分参数的 C. R. 与 P 值均通过显著性检验。结合内生态环境对返乡农业创业人才可持续成长影响机理模型路径系数及显著性检验，构建路径系数如图 5 – 5 所示。

表 5 – 20   内生态环境对返乡农业创业人才可持续成长作用机理模型显著性检验

路径			非标准化参数估计值	S. E.	临界比值 C. R.	显著性 P	标准化参数估计值
环境感知	←	个体生态	0.065	0.073	0.894	0.371	0.062
环境感知	←	家庭生态	0.083	0.039	2.150	*	0.089

续 表

路径			非标准化参数估计值	S. E.	临界比值 C. R.	显著性 P	标准化参数估计值
环境感知	←	教育生态	0.418	0.120	3.473	***	0.273
资源整合	←	教育生态	0.409	0.095	4.306	***	0.323
资源整合	←	家庭生态	0.020	0.027	0.738	0.460	0.026
资源整合	←	个体生态	0.396	0.060	6.610	***	0.457
资源整合	←	环境感知	0.161	0.041	3.953	***	0.195
可持续成长	←	环境感知	0.072	0.043	1.673	0.094	0.081
可持续成长	←	资源整合	0.668	0.106	6.277	***	0.624
可持续成长	←	个体生态	0.385	0.071	5.436	***	0.415
可持续成长	←	家庭生态	0.046	0.028	1.616	0.106	0.055
可持续成长	←	教育生态	0.066	0.098	0.674	0.500	0.049
可持续成长	←	控制变量	0.139	0.050	2.780	**	0.090
edu	←	控制变量	0.655	0.066	9.899	***	0.423
year	←	控制变量	− 0.319	0.110	− 2.908	**	− 0.105
labor	←	控制变量	0.372	0.107	3.488	***	0.127
gender	←	控制变量	0.179	0.043	4.129	***	0.153
age	←	控制变量	− 29.832	7.83	− 3.810	***	− 1.213

注:*、**、***分别表示 p < 0.05、p < 0.01、p < 0.001,由于正文篇幅限制,表中仅呈现结构方程部分结果,测量方程及控制变量结果均通过显著性检验,见附表 2。

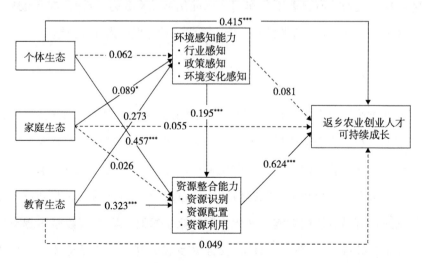

图 5 – 5 内生态环境对返乡农业创业人才可持续成长影响机理模型路径系数

（一） 内生态环境对人才可持续成长的直接效应检验

从检验结果可知，返乡农业创业人才个体生态对人才可持续成长作用显著为正，标准化路径系数为 0.415，在 0.001 水平下通过显著性检验，表明返乡农业创业人才个体生态水平越高，人才可持续成长越好，验证了假设 H7a。家庭生态与教育生态对人才可持续成长的正向影响不显著，标准化路径系数分别为 0.055、0.049，假设 H7b 和假设 H7c 均未通过显著性检验。但不能断定家庭生态、教育生态与人才可持续成长之间没有关系。可能的原因是人才的可持续成长能力来自个体与环境的交互作用，家庭支持更多的作用于创业前期，教育生态对可持续成长的作用时效较长，短期作用较弱，这些都减弱了家庭生态、教育生态对人才可持续成长之间的相关关系。

（二） 创业动态能力对人才可持续成长的直接效应检验

从检验结果可知，环境感知对人才可持续成长作用不显著，标准化路径系数为 0.081，未通过显著性检验，表明返乡农业创业任驰骋的环境感知能力对人才可持续成长的直接作用较小。资源整合能力对返乡农业创业人才可持续成长具有显著正向作用，标准化路径系数为 0.624，在 0.001 水平下显著，表明对创业资源的整合能力越强，越能促进人才可持续成长。

（三） 控制变量对人才可持续成长的直接效应检验

返乡农业创业人才可持续成长同时控制了年龄、性别、家庭劳动力、教育水平以及当前创业项目年限。从实证结果可知，控制变量对人才可持续成长总体有显著正向作用，标准化路径系数为 0.090，在 0.01 水平下显著。具体来看，文化程度、家庭劳动力数量以及性别对返乡农业创业人才可持续成长有显著正向影响，文化程度越高、家庭劳动力人数越多越有助于人才可持续成长。相对于男性，女性返乡农业创业人才可持续成长作用越明显。创业年限、年龄对人才可持续成长具有显著负向作用，即创业年限达到一定程度，人可持续成长能力减弱（周勇，2017），随着年龄增长创业人才经历减退，对创业的热情与激情亦相应减弱，其可持续成长能力相对于年轻群体有所下降。

三、多重中介效应检验

返乡农业创业人才可持续成长的制约生态要素并不单一，即人才可持续成长是由不同生态要素相互联系作用共同产生的，可能需要通过一个或多个中间变量（mediator）来传递发挥的是中介效应，因此需要进一步探究生态要素内在作用机理。本节同前文一致构建了动态能力中环境感知能力与资源整合能力为中介变量的理论模型。以 Taylor 等提出的 Bootstrap 进行中介效应检验，对环境感知、资源整合在返乡农业创业人才成长内生态环境与人才可持续成长之间的中介效应进行检验。利用偏差校正百分比Bootstrap（重复取样2000 次）计算95％的置信区间，中介效应检验结果如表 5 – 21 所示。

表 5 – 21　环境感知与资源整合对人才可持续成长的标准化 Bootstrap 中介效应检验

路径	效应值	Bias-corrected 95％CI			Percenntile 95％CI		
		下限	上限	P	下限	上限	P
D1：IE→EP→SG	0.005	− 0.044	0.002	0.174	− 0.028	0.012	0.649
D2：IE→EP→RI→SG	0.008	− 0.001	0.051	0.105	− 0.011	0.030	0.499
D3：IE→RI→SG	0.285	0.144	0.579	0.000	0.12	0.492	0.001
E1：FE→EP→SG	0.017	0.000	0.069	0.023	− 0.001	0.040	0.262
E2：FE→EP→RI→SG	0.011	0.000	0.060	0.023	− 0.001	0.027	0.263
E3：FE→RI→SG	0.016	− 0.077	0.021	0.305	− 0.062	0.032	0.586
F1：EE→EP→SG	0.022	− 0.121	0.001	0.056	− 0.073	0.021	0.379
F2：EE→EP→RI→SG	0.033	0.007	0.069	0.021	0.031	0.075	0.049
F3：EE→RI→SG	0.202	0.092	0.370	0.002	0.099	0.392	0.001

注：表中加黑数据为通过中介效应检验。

从检验结果可知，环境感知在返乡农业创业人才个体生态、家庭生态、教育生态对人才可持续成长作用路径的中介效应不显著（路径 D1、E1 和 F1），各置信区间值均包括 0。假设 H8a、假设 H8b 与假设 H8c 均未得到验证，但并不能说明环境感知在人才内生态与可持续成长之间不存在作用。资源整合在返乡农业创业人才家庭生态对人才可持续成长的中介效应不显著（路径 E3），假设 H9a 未通过验证；资源整合在返乡农业创业人才个体生态、教育生态对人才可持续成长的中介效应显著（路径 D3 和 F3），中介效应分别为 0.285 和 0.202，置信区间各置信区间值均不含 0。故资源整合对人才个体生态与人才可持续的成长之间具有部分中介效应；资源整合对教育生态与人才可持续成长具有完全中介效应，验证了假设 H9b 和假设 H9c。

在多重链式中介效应检验中，环境感知与资源整合在返乡农业创业人才个体生态、家庭生态对人才可持续成长作用路径的链式中介效应不显著（路径 D2、E2），其置信区间包括 0，故假设 H10a、假设 H10b 未得到验证。在环境感知与资源整合在返乡农业创业人才教育生态对人才可持续成长作用路径中（路径 F2）起到显著的链式中介效应，链式中介效应值为 0.033，分别在 95% 的置信区间中不含 0，由此验证了假设 H10c。

第六节　结果与讨论

本章探讨了内生态环境对返乡农业创业人才成长与可持续成长的作用机理，分别检验了个体生态、家庭生态、教育生态对人才成长与可持续成长的作用机理，并探讨了创业动态能力的中介效应，通过分析内生态环境对返乡农业创业人才成长与可持续成长作用机理实证检验结果（见表 5 - 22）可知：个体生态、家庭生态与教育生态对返乡农业创业人才成长的作用，假设 H1、H3 成立，假设 H2 不成立；个体生态、家庭生态与教育生态对动态能力的作用，假设 H1a、假设 H1b、假设 H2b、假设 H3a、假设

H3b 成立,假设 H2a 不成立;动态能力对人才成长的作用,假设 H4b 成立,而假设 H4a 不成立。在中介检验中,环境感知能力、资源整合在内生态对人才成长的作用,假设 H5b 成立,假设 H5a 不成立。环境感知能力与资源整合能力在返乡农业创业人才成长个体生态、家庭生态、教育生态与人才成长有链式中介作用,假设 H6a、假设 H6c 成立,假设 H6b 不成立。同理,内生态环境与人才可持续成长作用检验结果见 H7a ~ H10c。

表 5 – 22　内生态环境对返乡农业创业人才成长与可持续成长作用机理实证检验结果

编号	假设内容	验证结论
H1	返乡农业创业人才个体生态正向影响返乡农业创业人才成长	成立
H1a	返乡农业创业人才个体生态环境能够正向影响人才环境感知	成立
H1b	返乡农业创业人才个体生态环境能够正向影响人才资源整合	成立
H2	返乡农业创业人才家庭生态正向影响返乡农业创业人才成长	不成立
H2a	返乡农业创业人才家庭生态环境能够正向影响人才环境感知	不成立
H2b	返乡农业创业人才家庭生态环境能够正向影响人才资源整合	成立
H3	返乡农业创业人才教育生态正向影响返乡农业创业人才成长	成立
H3a	返乡农业创业人才教育生态环境能够正向影响人才环境感知	成立
H3b	返乡农业创业人才教育生态环境能够正向影响人才资源整合	成立
H4a	返乡农业创业人才环境感知能力正向影响返乡农业创业人才成长	不成立
H4b	返乡农业创业人才资源整合能力正向影响返乡农业创业人才成长	成立
H5a	环境感知能力在返乡农业创业人才成长内生态与人才成长有中介作用	不成立
H5b	资源整合能力在返乡农业创业人才成长内生态环境与人才成长有中介作用	成立
H6a	环境感知能力与资源整合能力在返乡农业创业人才成长个体生态与人才成长有链式中介作用	成立
H6b	环境感知能力与资源整合能力在返乡农业创业人才成长家庭生态与人才成长有链式中介作用	不成立
H6c	环境感知能力与资源整合能力在返乡农业创业人才成长教育生态与人才成长有链式中介作用	成立
H7a	返乡农业创业人才个体生态对人才可持续成长有显著正向作用	成立
H7b	返乡农业创业人才家庭生态对人才可持续成长有显著正向作用	不成立
H7c	返乡农业创业人才教育生态对人才可持续成长有显著正向作用	不成立
H8a	环境感知能力对返乡农业创业人才个体生态与人才可持续成长具有中介作用	不成立
H8b	环境感知能力对返乡农业创业人才家庭生态与人才可持续成长具有中介作用	不成立

编号	假设内容	验证结论
H8c	环境感知能力对返乡农业创业人才教育生态与人才可持续成长具有中介作用	不成立
H9a	资源整合能力对返乡农业创业人才个体生态与人才可持续成长有中介作用	不成立
H9b	资源整合能力对返乡农业创业人才家庭生态与人才可持续成长有中介作用	成立
H9c	资源整合能力对返乡农业创业人才教育生态与人才可持续成长有中介作用	成立
H10a	环境感知能力与资源整合能力在返乡农业创业人才个体生态与人才可持续成长有链式中介作用	不成立
H10b	环境感知能力与资源整合能力在返乡农业创业人才家庭生态与人才可持续成长有链式中介作用	不成立
H10c	环境感知能力与资源整合能力在返乡农业创业人才教育生态与人才可持续成长有链式中介作用	成立

具体来看，个体生态环境对返乡农业创业人才成长作用机理错综复杂。返乡农业创业人才环境感知与资源整合构成链式中介显著作用于个体生态对返乡农业创业人才成长，个体生态通过资源整合的中介作用影响返乡农业创业人才成长，个体生态则直接作用于返乡农业创业人才成长。家庭生态环境对返乡农业创业人才成长作用机理相对简单，即家庭生态通过资源整合的中介作用于返乡农业创业人才成长，这与第三章第四节第二部分样本统计分析结论"家庭支持后劲有限"导致家庭生态对人才成长作用不显著基本吻合。教育生态对返乡农业创业人才成长的作用机理与个体生态具有一致性，即环境感知、资源整合对教育生态与返乡农业创业人才成长之间构成链式中介作用，且资源整合在教育生态与人才成长之间起到中介作用，教育生态则直接作用于返乡农业创业人才成长。

此外，内生态环境对返乡农业创业人才可持续成长具有不同的作用机理。个体生态环境通过资源整合的中介作用于返乡农业创业人才可持续成长，个体生态则直接作用于返乡农业创业人才可持续成长；家庭生态则对返乡农业创业人才可持续成长作用基本不明显；环境感知能力、资源整合在返乡农业创业人才教育生态对人才可持续成长中构成链式中介作用，且返乡农业创业人才教育生态通过资源整合对人才可持续成长有中介作用。

在模型中，区域与控制变量不受返乡农业创业人才成长过程中的其他生态要素影响，而其他生态要素都直接或间接地受到区域属性的影响。具体而言，外部控制变量文化水平、家庭劳动力以及性别显著作用人才成长与可持续成长，这与李安和李朝晖（2014）等学者研究结论一致，而年龄、创业年限则负向作用于人才成长与可持续成长（翁清雄，胡蓓，2009；Van V. et al.，2017）。与此同时，区域属性显著作用于人才成长，即试点区个体生态、家庭生态、教育生态对返乡农业创业人才成长作用更大。

内生态要素具体作用形式分为直接作用机理与间接作用机理。

第一，在直接作用机理方面。首先，个体生态在返乡农业创业人才家庭生态与教育生态中相互作用，同时直接作用于返乡农业创业人才成长与可持续成长、环境感知与资源整合；其次，家庭生态直接作用于资源整合；再次，教育生态直接作用于返乡农业创业人才成长、环境感知与资源整合能力；最后，资源整合能力强的返乡农业创业人才对其成长与可持续成长有着显著的直接提升效应。

第二，在间接作用机理方面。生态要素间的相互关系主要体现为两类，即直接中介效应与链式中介效应。其中，资源整合在个体生态、教育生态对返乡农业创业人才成长与可持续成长中发挥中介作用，在家庭生态对返乡农业创业人才成长中发挥中介作用；环境感知与资源整合共同形成链式中介作用于个体生态对返乡农业创业人才成长，作用于家庭生态对返乡农业创业人才可持续成长，作用于教育生态对返乡农业创业人才成长与可持续成长。

第七节 小 结

本章聚焦于"内生态环境如何作用于返乡农业创业人才成长与可持续成长"的问题，基于生态系统理论构建"环境—能力—成长"的逻辑框架，利用结构方程模型，系统探讨内生态环境（个体生态、家庭生态、教育生态）、动态能力（环境感知、资源整合）对返乡农业创业人才成长与可持续成长的作用，并构建了这一作用路径的内在机理，比较了试点区与非试点区在内生态环境对人才成长作用的差异性。主要结论如下：

第一，返乡农业创业人才环境感知与资源整合构成链式中介显著作用于个体生态对返乡农业创业人才成长，个体生态通过资源整合的中介作用影响返乡农业创业人才成长与可持续成长，个体生态直接作用于返乡农业创业人才成长与可持续成长。证实了返乡农业创业人才的个体生态水平与返乡农业创业人才成长和可持续成长的直接因果关系。

第二，家庭生态环境对返乡农业创业人才成长作用机理相对简单，即家庭生态通过资源整合的中介作用于返乡农业创业人才成长，且对返乡农业创业人才可持续成长作用基本不明显。因而，要提升家庭生态在返乡农业创业人才成长中的"短板"，以强化家庭生态对返乡农业创业人才成长与可持续成长的直接影响。

第三，教育生态对返乡农业创业人才成长的作用机理与个体生态具有一致性。即环境感知、资源整合对教育生态与返乡农业创业人才成长和可持续成长之间构成链式中介作用，且资源整合在教育生态与人才成长和可持续成长之间起到中介作用，教育生态则直接作用于返乡农业创业人才成长。证实了教育生态对返乡农业创业人才成长的直接因果关系，因而，提升创业人才教育生态水平是促进其将人力资本转化为持续成长的内生动力。

第四，外部控制变量文化水平、家庭劳动力以及性别显著作用于人才成长与可持续成长，而年龄、创业年限则负向作用于人才成长与可持续成长。区域属性显著作用于人才成长，即试点区个体生态、家庭生态、教育生态对返乡农业创业人才成长作用更大。因此，试点区与非试点区返乡农业创业人才成长均需加强引导与规划。

| 第六章 |

外生态环境对返乡农业创业人才
成长作用机理分析

大量创业实践与研究表明，创业人才成长过程中主要受到当地政策、制度以及特定的交易模式约束作用，除创业人才自身因素外，外生态环境也是影响创业活动与人才成长的重要因素，这也是造成国家或地区创业活跃度有差异的重要原因。本章结合前文文献与理论的梳理，立足于人才成长外生态环境视角，围绕返乡农业创业人才成长与可持续成长的主线，系统考察外生态环境对其作用机理。

本章主要回答绪论中第三个问题，即外部生态环境对返乡农业创业人才成长具有什么样的作用，作用的内在机理是什么？外部生态环境对返乡农业创业人才可持续成长具有什么样的作用机理？本章力求厘清这样一个问题：如果外生态环境对返乡农业创业人才前期成长阶段起到了关键作用，那么促进返乡农业创业人才可持续成长与发展中，外生态环境是否发挥着主导型作用？具体而言，本章从商业生态、制度生态、社会生态以及自然生态四个外部维度对返乡农业创业人才成长与可持续成长进行解构，系统分析外生态环境如何作用于返乡农业创业人才成长与可持续成长。利用解构方程模型实证检验上述作用机理，并同第五章一致，引入创业动态能力中环境感知能力、资源整合能力两个认知变量在上述关系的中介作用。

第一节　外生态环境与返乡农业创业人才成长作用机理

生态系统理论中关于人的发展强调人与环境之间的相互关系。外部生态环境是一个相对概念，是相对于返乡农业创业人才成长自身内部及微观环境而言，分析主体不同，生态环境的内涵也不同。传统人力资源理论对创业人才与环境的关系研究不多，但近年来随着环境管理学科的不断丰富，特别是人才生态的兴起，人才成长与环境的研究引起了部分学者的重视。在返乡农业创业人才系统中，对人才个体而言，其成长与发展不同程度受到外部生态环境的影响。一方面，中国传统熟人关系型社会使得创业人才对商业生态给予更高的依赖；另一方面，政府的政策影响着创业主体经济行为，制度环境影响返乡创业成长，而学界对外部生态环境的探讨更倾向于基础设施、经济水平、社会制度、政治制度等（朱红根，2018）。因此，本章以商业生态环境、制度生态环境、社会生态环境与自然生态环境综合检验外部生态对返乡农业创业人才成长的作用机理。

一、商业生态—人才成长

商业生态—人才成长模型（BE‑TG）旨在检验返乡农业创业人才成长中的商业生态关系及环境对人才成长的作用机理。商业生态环境作为非正式制度之外的社会关系，是创业中的必要条件与不可或缺的"氛围"。穆尔提出了商业生态系统，认为商业生态是"相互支持的组织延伸，包括消费者群体、供应商、政府等类似的组织机构"（詹姆斯·弗·穆尔，1999）。商业环境从广义上来说包括对商业运行的过程和结果有影响的一切因素，包括常规的市场供求状态、商业制度、社会文化和市场秩序等常规因素（李衡雨，孙茂硕，2013）。已有研究发现，创业人才成长与所在的政商生态环境高度相关，人才的成长情况会随着时间与环境作用而发生变化（杨东涛等，2014）。商业生态不仅能帮助返乡农业创业人才获取市场信息与资源，还能支持与保障小微农业创业个体的生存，促进返乡农业创业人才种群的成长。换言之，在我国法律法规等制度尚未全面完善的背景下，商业生态作为非正式制度在创业中会起到显著作用。首先，金融生态环境是商业生态中尤为关键的要素，创业人才融资存在成本高、抵押难等瓶颈（王元珑，2005），良好的金融生态环境不仅能提高区域创业活跃度，还能有效解决创业资金困难，促进返乡农业创业人才健康成长。商业环境构建的核心是竞争，行业竞争环境能激发人才成长的动机与期望，从而调动其积极性与能动性（谢定元，2012）。因此，良好而有序的行业竞争环境能够激发人才成长的内在潜能，促进返乡农业创业人才成长。贝恩（Beyene，2016）认为，人力资源竞争是商业生态环境重要的决定因素，有助于提升创新绩效，同理，人力资源作为创业中不可或缺的重要因素，决定着创业活动的开展与规模扩张，良好的人力资源环境能够提供较好的雇工环境从而促进创业企业与创业人才的继续成长。李云和李锡元（2015）认为好的组织氛围能获得更多的资源和机会，在融洽良好的组织氛围中能获得更好的成长。税伟等（2017）认为政商要素在各生态要素中对商业环境影响力占首位，杨东涛等（2014）发现商业关系与创业成长呈正相关，政商关系对商业关系与创业成长之间的关系具有显著的正向调节效应。显然，政商关系越强越能促进返乡农业创业人才的信息获取，从而促进人才健康成长。

良好的商业生态环境不仅能促进区域创业更加活跃，也能促进一、二、三产业的融合。尤其是在我国更加注重"关系"的情境下，无论是人才个体还是企业等经济组织之间，商业关系是返乡农业创业人才成长所需的宝贵资源，是人才获取外部支持、降低外部环境的不确定性影响的重要途径，正因如此，商业生态环境越好，返乡农业创业人才越能感知到外部环境变化。尹苗苗等（2015）发现在动态环境中，商业环境与新企业成长的关系呈 U 形曲线关系，即随着环境动态性的加强，商业关系与成长的关系强度也随之增强。由此，提出以下商业生态、动态能力与人才成长的假设：

H1：返乡农业创业人才商业生态正向作用于返乡农业创业人才成长。

H1a：返乡农业创业人才商业生态环境能够正向作用于人才环境感知能力。

H1b：返乡农业创业人才商业生态环境能够正向作用于人才资源整合能力。

二、制度生态—人才成长

制度生态—人才成长模型（ZE‐TG）旨在检验返乡农业创业人才成长中的制度生态环境对人才成长的作用机理。在创业过程中，制度作为"游戏规则"，规制并影响创业整个过程与资源获取。诺斯（1994）提出制度环境是一系列由国家规定的正式制度与非正式制度共同构成的生产、交换与分配的政治、社会与法律规则。大量创业实践与研究表明，创业人才成长过程中主要受到当地政策、制度以及特定的交易模式约束作用（李新春等，2008），除创业人才自身因素外，创业制度环境也是影响创业活动的重要因素（Beugelsdijk S. & Noorderhaven N.，2004）。中国的制度市场和文化体系与西方发达国家之间都存在较大差异（陈晓红等，2020）。制度理论指出相对脆弱的创业人才更易被环境因素所左右，因此对创业人才成长的研究应当结合市场竞争程度、政府支持程度等外部政治、商业环境因素进行深入探究（杨东涛等，2014）。

制度生态环境主要包括支持与保障返乡农业创业人才在创业过程中成长的政策和体制，包括扶持政策、管理制度等。马红等（2015）研究发现政策补贴对企业成长具有直接和间接积极效应。政府补贴、税收、立法等措施，对创业提供政策引导和政策支持（周琨，2019），创业政策补贴通过扶持创业发展，促进创业人才迅速成长。李欣等（2018）发现人才评价激励机制对人才成长制度环境营造有正向显著影响，评价体系越健全完善，越能保障人才公平公正得到评价，能够促进返乡农业创业人才健康成长。郑雅娟（2019）认为在中小企业可持续成长过程中，国家财政政策支持对推动中小企业健康成长具有重要作用。同时，法律法规制度对创业活动具有激励与保障作用（张秀娥，孟乔，2018），财政支持政策、法律法规制度健全，都能促进创业人才的成长。朱红根和梁曦（2018）、郝臣（2005）和李思（2016）等认为良好的政策环境有利于创业的健康成长，是创业人才健康成长的充分条件，即制度生态环境对返乡农业创业人才成长有正向作用。

此外，制度生态环境对返乡农业创业人才而言，是成长过程中不可缺的主要生态要素与政治基础。只有在制度生态上保障返乡农业创业人才在健全的支持体系下创业，才能激发和培育更多的返乡创业人群，使得区域内形成良好的创业生态，从而有利于提升创业人才对环境感知的能力。此外，良好的制度生态环境会吸引更多的社会资源涌入，从而对返乡农业创业人才资源获取、资源整合与利用发挥正向作用。综上所述，提出以下制度生态、动态能力与人才成长的假设：

H2：返乡农业创业人才制度生态正向作用于返乡农业创业人才成长。

H2a：返乡农业创业人才制度生态环境能够正向作用于人才环境感知能力。

H2b：返乡农业创业人才制度生态环境能够正向作用于人才资源整合能力。

三、社会生态—人才成长

社会生态—人才成长模型（SE‑TG）旨在检验返乡农业创业人才成长中的社会生态及环境对其成长的作用机理。创业的社会与经济生态环境是返乡农业创业人才成长中的养分补给，是创业的基础保障。人才的社会生态环境既与自然生态环境相对应又独立于自然生态环境的与人才社会活动有关的社会因素，涵盖经济、公共服务和社会保障等（黄梅，2014）。张奇（2003）认为与创业密切相关的社会环境包括经济环境、文化环境等，如当地经济发展水平（人均 GDP）、经济基础设施、经济发展速度等。王晓丹和沈约（2017）发现完备的基础设施会提高农户的创业意愿；良好的交通条件与基础设施提高了家庭创业的倾向，提升了农业生产效率，帮助农村释放出更多的劳动力（陈习定等，2018）。同样，良好的交通条件能促进返乡农业创业人才接受外界信息，缩短与市场的距离，有利于创业人才成长。朱华晟和孔一粟（2018）认为我国整体处于创业水平与经济发展水平并行增长的阶段，创业水平与经济发展水平之间存在显著的 U 形关系；茅旭栋（2017）研究发现经济水平能正向影响创业企业成长。显然，经济水平条件越好，返乡农业创业获得的机会越多，越有利于创业人才的成长。

此外，创业文化为创新创业人才的成长提供了良好的氛围和潜在支持，有助于创业人才能力的提升并激发创业热情（张金山，徐广平，2019），如"大众创业，万众创新"的文化氛围不仅能带动返乡创业，还能促进创业人才成长。值得注意的是，通过对已有文献的梳理，有学者将医疗卫生条件纳入对返乡农业创业人才成长的外部影响因素，发现从理论上区域医疗水平越好越有利于吸引返乡创业；而对于已经创业的人才，医疗条件越好，越能促进其在社会公共服务保障的同时放心创业，进而有利于其健康成长。

社会环境中的生态要素存在不稳定与变化的特性，生态环境的动态性为创业带来了发展机会与威胁，但环境感知和资源整合所构成的动态能力，有利于识别和满足不断变化的社会生态环境。相比成熟企业，返乡农业创业对新资源和能力的需求更大，通过对社会生态环境的感知和资源进行适当整合，就能满足创业人才成长的需要。基于此，提出以下社会生态、动态能力与人才成长的假设：

H3：返乡农业创业人才社会生态正向作用于返乡农业创业人才成长。

H3a：返乡农业创业人才社会生态环境能够正向作用于人才环境感知能力。

H3b：返乡农业创业人才社会生态环境能够正向作用于人才资源整合能力。

四、自然生态—人才成长

自然生态—人才成长模型（NE–TG）旨在检验返乡农业创业人才成长中的自然生态环境对其成长的作用机理。自然生态环境为人才的生长提供充足而优质的阳光、空气和水，提供充足的生态空间，让人才可以根据自己的本性和时代的需求自然成长。一个充满活力、张力、竞争力的可持续人才成长生态，无法脱离所处的自然土地、气候、水与空气的影响。区域自然生态环境宜居宜业，就能够吸引人才、留住人才。资源依赖理论（Resource Dependence Theory）认为组织需要通过获取环境中的资源来维持生存，自然生态对返乡农业创业人才成长的制约作用明显，农业创业的特点决定了其对自然生态的强依赖性。自然条件约束创业选择（罗明忠，邹佳瑜，2011），土地资源、自然灾害、气候、用水用电等差异导致不同自然生态水平下返乡农业创业人才成长差异明显。首先，土地资源是绝大部分农业创业的基本要素，毛文峰和陆军（2020）认为土地要素配置对于创业的影响已成为面向高质量发展新时期的重要议题，显然，土地资源可利用度越高，越能促进农业创业成长。其次，自然灾害冲击对农民创业行为的积极影响会逐渐强化（李后建，2016）。即自然灾害越频发，会促进农户家庭成员增加非农就业的选择（陈哲等，2020），提高创业的可能性，自然灾害发生频率越低，返乡农业创业越稳定，越有利于创业人才成长。再次，自然地理环境中气候温和、水文条件好有利于人才的成长（蔡晓梅，黄莉葱，2012）。良好的气候条件不仅有利于创业人才生理性成长，也有利于返乡农业创业人才社会性成长。最后，张晓芸等（2014）发现在农村创业环境中，农民对通信设施、水电设施与土地资源的满意度位列前三，即生产用水用电在农村创业中尤为重要，用水用电可能对创业人才成长产生正向作用。

返乡农业创业人才成长离不开科技的"土壤"、众创的"气候"、市场的"活水"、自由的"空气"和政策的"阳光"。自然生态环境限制了返乡农业创业的形态与创业选择，但人才通过不断积累资源获取能力实现自然生态中优胜劣汰的选择，充分利用动态能力，自然生态环境越好，越有利于外界资源的输入，从而促进创业人才对外界环境的感知与资源的利用。由此，我们尝试提出自然生态环境、动态能力与人才成长的以下假设：

H4：返乡农业创业人才自然生态正向作用于返乡农业创业人才成长。

H4a：返乡农业创业人才自然生态环境能够正向作用于人才环境感知能力。

H4b：返乡农业创业人才自然生态环境能够正向作用于人才资源整合能力。

五、动态能力的中介作用分析

动态能力理论是在传统资源观理论基础上提出的。Teece（2007）认为动态能力是企业对内外部竞争力的整合、构建或重置以快速适应外部环境的能力。Han 等（2015）将动态能力定义为通过动态应用与资源整合并系统解决问题的潜力。周键和王庆金（2017）发现创业动态能力对创业成长均具有显著的促进作用。动态能力理论从促进企业成长的内、外部两方面因素相结合的视角出发，简兆权和刘念（2019）发现完全自发式的环境感知是动态能力构建的逻辑起点，在动态变化的环境中，企业通过整合、构建和重构内、外部资源与能力来适应快速变化的外部环境，进而获得持续竞争优势、实现企业成长（Teece D. J. et al.，2009）。动态能力是内生的、环境依赖的能力（刘井建，2011），外部生态环境影响动态能力的形成，动态能力进一步作用于人才成长。同第五章一致，基于 Han（2015）的界定从环境感知、资源整合两个维度对动态能力进行解构。综合第五章第一节与本章前文分析内容，结合商业生态、制度生态、社会生态、自然生态与人才成长理论梳理，认为环境感知与资源整合分别在外生态环境各维度对人才成长的路径中起一定中介作用，基于此，提出动态能力中介作用理论预期如下：

H5a：环境感知能力在返乡农业创业人才外生态环境与人才成长有中介作用。

H5b：资源整合能力在返乡农业创业人才外生态环境与人才成长有中介作用。

H6a：环境感知能力与资源整合能力在返乡农业创业人才成长商业生态与人才成长有链式中介作用。

H6b：环境感知能力与资源整合能力在返乡农业创业人才成长制度生态与人才成长有链式中介作用。

H6c：环境感知能力与资源整合能力在返乡农业创业人才成长社会生态与人才成长有链式中介作用。

H6d：环境感知能力与资源整合能力在返乡农业创业人才成长自然生态与人才成长有链式中介作用。

六、外生态环境—人才可持续成长

返乡农业创业人才可持续成长包括两个层面：一是人才自身的可持续发展，即如何在竞争与变化的市场环境中，通过科学管理保证人才自身持续健康成长；二是人才对社会、环境等可持续发展的作用，作为微观经济主体，其创业与活动的生态可持续是对社会负责。中小企业可持续成长问题涉及企业内生因素和外生环境因素的共同影响，因素之间的关系复杂（董晓龙，2015），第五章探讨了内生态环境对返乡农业创业人才可持续成长作用机理，预期外部生态环境对返乡农业创业人才可持续成长也具有影响。可持续成长是企业内、外要素交互耦合的结果：商业生态环境为可持续成长提供外部资金、关系等保障，制度生态环境通过财政支持等发挥自身作用，引导发展环境改善促进中小企业可持续成长（郑雅娟，2019），是创业活动可持续成长与创业人才持续稳定成长的重要保证；社会生态环境是返乡农业创业人才可持续成长的大前提，也是社会可持续发展的终极目标；从生态学的价值取向出发，自然生态环境是人才成长最基本的外部环境（王爱文，2014）。

此外，蔡树堂（2011，2012）提出在动态变化的市场环境中，动态能力被认为是企业可持续成长的能力基础，快速变化的外部环境使企业可持续成长问题成为管理学界研究的热点和难点。同理，返乡农业创业人才可持续成长是人才在创业期间，基于自身能力不断适应外部生态环境变化一直处于成长的状态，这与 Teece 等（2007）的思想基本一致。蔡树堂（2012）认为动态能力通过促进企业能力、产品市场动态演进而正向作用于可持续成长，且通过动态环境适应性在其中起到中介作用。基于上述分析，结合外生态环境对人才成长与人才可持续成长的理论分析，提出外生态环境与人才可持续成长的理论预期：

H7a：返乡农业创业人才商业生态对人才可持续成长有显著正向作用。

H7b：返乡农业创业人才制度生态对人才可持续成长有显著正向作用。

H7c：返乡农业创业人才社会生态对人才可持续成长有显著正向作用。

H7d：返乡农业创业人才自然生态对人才可持续成长有显著正向作用。

H8a：环境感知能力对返乡农业创业人才外生态环境与人才可持续成长有中介作用。

H8b：资源整合能力对返乡农业创业人才外生态环境与人才可持续成长有中介作用。

H9a：环境感知能力与资源整合能力在返乡农业创业人才商业生态与人才可持续成长有链式中介作用。

H9b：环境感知能力与资源整合能力在返乡农业创业人才制度生态与人才可持续成长有链式中介作用。

H9c：环境感知能力与资源整合能力在返乡农业创业人才社会生态与人才可持续成长有链式中介作用。

H9d：环境感知能力与资源整合能力在返乡农业创业人才自然生态与人才可持续成长有链式中介作用。

七、理论模型构建

外生态环境对返乡农业创业人才成长具有重要的作用。返乡农业创业人才成长的外部生态环境可以看作存在于创业人才之外，影响返乡农业创业人才形成与发展的所有外部环境因素。返乡农业创业人才成长不仅与内生态环境有关，外生态环境也产生重要影响。德裔美国社会心理学家库尔特·勒温（Kurt Lewin）的"场论"强调了个人与所在环境相互作用形成个体的行为。作为返乡农业创业人才自身成长的外部生态环境，是除了人才成长微生态的所有外部生态要素的总和，包括制度、经济、社会等，且各生态要素与创业人才成长之间有着不可分割的密切联系。不同人才所处的生态环境异质性会形成不同成长的路径，而在实际中有的返乡农业创业人才成长较好、可持续性强，而有的返乡农业创业人才成长却存在后劲不足，不同的成长生态环境对创业人才影响机理存在差异。鉴于此，探究外部生态对返乡农业创业人才成长的影响机理主要从以下两方面着手：一方面，从生态系统理论与生态管理理论出发构建并分析返乡农业创业人才成长的外生态环境框架，分析外生态环境如何作用并影响人才成长；另一方面，通过对返乡农业创业人才成长外生态环境的分析，深入了解与把握乡村振兴背景下如何构建与优化创业外生态环境，为社会与企业培育创业人才提供借鉴，促使农业创业人才在成长同时得到微观与宏观层面的有利条件。鉴于此，本章从商业生态、制度生态、社会生态以及自然生态四个维度进行探讨。基于以上分析，构建本章外生态环境对返乡农业创业人才成长作用机理的理论模型（见图6-1）。

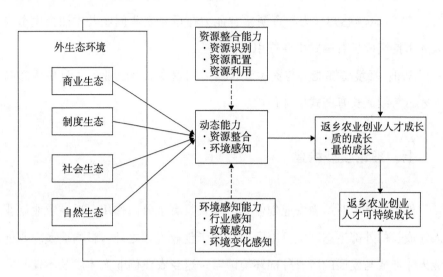

图6-1 外生态环境对返乡农业创业人才成长作用机理的理论模型

第二节 量表设计

本章的量表设计与开发均建立在文献梳理的基础上，结合对返乡农业创业人才的深度访谈，对指标适用性与科学性进一步检验，分别构建商业生态、制度生态、社会生态与自然生态四个维度的人才外生态环境设计量表。

一、商业生态环境

商业生态环境（BE）作为创业组织培育的沃土，对返乡农业创业人才生成与成长起到了至关重要的作用。商业生态环境影响着外商直接投资的溢出效应,进而影响到企业绩效,而税收负担和融资约束是影响商业环境的最主要的两个因素(杨忠波,2019)。覃巍(2013)基于商业生态系统理论,认为比照中国农村小微企业成长的实际情况,可以选取政府、人力资源、金融资源等作为农村小微企业成长的关键要素。由此,本书将金融可得性、行业竞争环境、人力资源环境、组织氛围以及政商关系作为测量商业生态环境的测量题项。各测量题项均用李克特5分量表分法,对测量项主观感知评价(1~5:从"完全不认同"到"完全认同"),具体题项及说明如表6-1所示。

表6-1　返乡农业创业人才商业生态环境感知变量设计

	维度	代码	测量题项	参考资料
商业生态	金融可得性	BE1	我在返乡创业过程中,金融信贷获取比较容易	李衡雨、孙茂硕(2013);覃巍(2013)
	行业竞争环境	BE2	我所在农业创业市场竞争环境良好	
	人力资源环境	BE3	我在创业过程中比较容易雇用到劳动力	
	组织氛围	BE4	我所在地组织(协会/社区等)创业氛围比较好	
	政商关系	BE5	我与政府部门往来密切,建立了良好关系	

二、制度生态环境

制度生态环境(ZE)对于有政治身份、社会声誉较好的创业组织,从金融机构等获得融资的机会更大(孙楚仁等,2014)。Soctt(1995)认为制度生态环境由法律法规、政府政策等制度构成,制度生态环境越好,政府的扶植力度越大,越有利于提升区域创业氛围。制度生态环境有助于创业组织改善资源使用效率、获取后续资源,进而强化成长路径(李贲,2019)。因此,主要从创业补贴、人才激励、财政支持、法律法规以及政策环境几个维度作为测量项反映返乡农业创业人才制度生态环境水平。各测量题项均用李克特5分量表分法,对测量项主观感知评价(1~5:从"完全不认同"到"完全认同"),具体题项及说明如表6-2所示。

表6-2 返乡农业创业人才制度生态环境感知变量设计

	维度	代码	测量题项	参考资料
制度生态	创业补贴	ZE1	我对创业过程中政府的补贴力度满意	周琨（2019）；郑雅娟（2019）
	人才激励	ZE2	我对政府提供农业创业人才评价和激励措施满意	
	财政支持	ZE3	在返乡创业中，政府对我创业财政支持力度很大	
	法律法规	ZE4	政府对返乡农业创业人才的法律法规保障比较健全	
	政策环境	ZE5	我对所在地返乡创业政策环境比较满意	

三、社会生态环境

社会生态环境（SE）是返乡农业创业人才成长中最基本的生态维度，社会生态环境不仅能影响返乡人员产生创业动机（赵红燕，李剑富，2018），也正向作用于返乡农业创业意愿（王雅萍，2019）。为此，通过本章第一节的理论分析，构建了交通条件、经济水平、文化氛围以及卫生医疗作为社会生态环境测量项。各题项采用李克特5分量表分法根据题项从"完全不同意/符合""基本不同意/符合""不确定""基本同意/符合""完全同意/符合"中选择最符合观点的选项，分别用1~5分来表示，具体题项及说明如表6-3所示。

表6-3 返乡农业创业人才社会生态环境感知变量设计

	维度	代码	测量题项	参考资料
社会生态	交通条件	SE1	创业所在地交通条件比较好	黄梅（2014）；王晓丹等（2017）
	经济水平	SE2	创业所在地经济发展水平较高	
	文化氛围	SE3	创业所在地具有较强的文化氛围	
	卫生医疗	SE4	创业所在地可用的卫生医疗条件较好	

四、自然生态环境

自然生态环境（NE）存在于人才成长周围，且对其生存和发展产生直接或间接影响。农民创业具有不同于其他群体创业的特征，外在的自然环境对农民创业具有重要影响（罗明忠，邹佳瑜，2011）。本章基于土地资源、自然灾害、气候条件、用水用电等测量题项反映返乡农业创业人才成长自然生态环境。采用李克特 5 分量表分法，对测量项主观感知评价（1~5："完全不认同"到"完全认同"），具体维度及测量题项说明如表 6-4 所示。

表 6-4　返乡农业创业人才自然生态环境感知变量设计

维度		代码	测量题项	参考资料
自然生态	土地资源	NE1	创业所在地土地资源利用度高、撂荒少	罗明忠、邹佳瑜（2011）；张晓芸等（2014）
	自然灾害	NE2	创业所在地近年自然灾害发生频率较低	
	气候条件	NE3	创业所在地气候条件适合我的创业项目	
	用水用电	NE4	创业所在地用水和用电条件比较方便	

第三节　模型设定

社会科学研究通常会使用一些测量题目反映研究构面，SEM 可以了解构面的测量题目是否具代表性（Confirmatory Factor Analysis，CFA），可以处理复杂的路径模型，同时可以处理测量模型（构面代表性）与结构模型（潜变量之间的关系）。SEM 统计分析技术比传统统计技术（SPSS、SAS）更严谨，研究者可以同时分析观察变量（年龄、性别）及潜变量（忠诚度等）。

依据第五章第三节第一部分所述，本书选择了返乡农业创业人才成长的商业生态环境（BE）、制度生态环境（ZE）、社会生态环境（SE）、社会生态环境（SE）、资源整合（RI）、环境感知（EP）与人才成长（MG、QG）、人才可持续成长（SG）为潜变量，在理论与文献回归的基础上，提出各潜变量之间的因果关系假设，形成结构方程中各变量之间的作用路径，以探讨人才外生态环境中各生态因子对人才成长的作用与影响机理。

同时，对每个潜变量的观察变量进行分析，确定潜变量的观察变量并设计测量路径，构建外生态环境对返乡农业创业人才成长作用机理实证模型（见图6-2）。

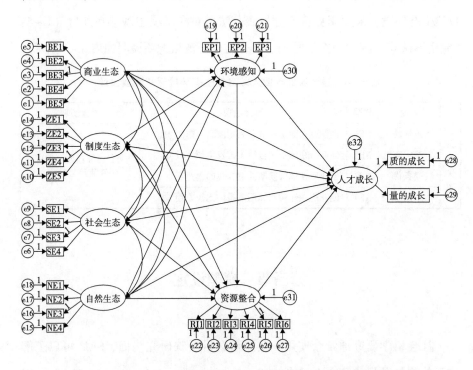

图6-2　外生态环境对返乡农业创业人才成长作用机理实证模型路径

一、共同方法偏差与无回应偏差检验

同第五章一致，本节对各潜变量因子进行共同方法偏差检定。借鉴（Chin W. W. et al.，2013）使用偏最小二乘法时同时检测和校正共同方法偏差。采用Harman单因素检验方法，对问卷中可能存在的共同方法偏差问题进行检验确定，分析结果显示，特征值大于1的有8个因子，符合单因素检验标准，第一个因子解释了数据方差的25.51%，低于50%。Harman单因素检验分析的过程没有发现存在一个解释了数据整体方差超过

50%的因子，因此基本可以确定本书中的共同方法偏差可以忽略。

参考第五章检验，对无回应偏差进行检验，结合问卷编号以时间先后进行排序，将有效样本分为较早调查与较晚调查两类，用有效问卷数据作为无回应问卷数据的替代，进而比较两组数据之间的差异性，进行独立样本 T 检验无回应偏差大小。较早调查（280 份）和较晚调查（238 份）问卷的性别、年龄、文化水平以及人才外生态环境各指标进行独立样本 T 检验，检验结果显示本章所涉及变量测量题项检验结果均在 α = 0.05 的显著性水平上，不存在显著差异，即本章研究的数据不存在无回应偏差问题。

二、测量信度与效度检验

综合运用 SPSS22.0 与 AMOS25.0 软件，进一步通过探索性因子分析（Exploratory Factor Analysis，EFA）、验证性因子分析（Confirmatory Factor Analysis，CFA）、平均方差提取值（Average Variance Extracted，AVE）和组合信度（Composite Reliability，CR）对测量量表的收敛效度进行分析。首先运用 SPSS 进行探索性因子分析（EFA），从前文表 4 - 5 与表 5 - 9 可知，返乡农业创业人才样本总体可靠性检验统计 Cronbach's α 系数值为 0.809。测量量表以及动态能力测量量表的信度 Cronbach's α 系数值均大于 0.70，即说明测量量表具有较高的信度；外生态环境、人才成长与动态能力的 KMO 值均大于 0.50，说明测量项适合做因子分析，建构效度良好。

第五章对动态能力、人才成长相关测量量表效度进行了检验，此处运用 AMOS 对潜变量外生态环境通过验证性因子分析（CFA）进行效度检验（收敛效度与判别效度检验）。通常用平均方差提取值（AVE）进行收敛效度检验，以因子载荷值反映测量项的内容是否有效，以组合信度（CR）来反映测量量表质量。各维度 AVE 越大，则说明越能反映所属维度的潜在特质，收敛度越好（吴明隆，2013）。一般而言，AVE 大于 0.50，因子载荷值大于 0.50，且 CR 值大于 0.70，则意味着测量量表的收敛度较好

（Kline，2005；Bagozzi & Richard，2011）。

表6-5呈现了测量变量效度检验结果，研究模型涉及潜变量测量指标的因子载荷值均大于0.50，表示本书构建的模型具有较好的收敛效度。各潜变量里组合信度CR值为0.866~0.926，满足基本要求且大于0.70的判断标准；各维度平均方差提取值（AVE）为0.598~0.758，均满足大于0.50阈值的判定标准。从验证性因子分析结果来看，本书采用的潜变量测定模型总体收敛效度较好（Bagozzi & Richard，2011）。

表6-5 测量变量收敛效度检验

	潜变量	题项编号	因子载荷值	AVE	组合信度 CR
外生态环境	商业生态环境 Bus-eco-env	BE1	0.666	0.567	0.867
		BE2	0.726		
		BE3	0.809		
		BE4	0.809		
		BE5	0.745		
	制度生态环境 Ins-eco-env	ZE1	0.528	0.536	0.850
		ZE2	0.779		
		ZE3	0.707		
		ZE4	0.779		
		ZE5	0.829		
	社会生态环境 Soc-eco-env	SE1	0.574	0.546	0.825
		SE2	0.837		
		SE3	0.797		
		SE4	0.72		
	自然生态环境 Nat-eco-env	NE1	0.909	0.527	0.813
		NE2	0.675		
		NE3	0.664		
		NE4	0.622		

进一步对各维度潜变量的相关性分析，学界将研究各个维度的平均方差提取值（AVE）的平方根与维度相关系数进行对比，若均小于该值则说明区分效度良好（Larcker，1981）。从表6-6分析数据来看，返乡农业创

业人才成长外生态环境、动态能力以及人才成长测量量表各维度的 AVE 平方根均大于其他相关系数，且在 0.01 的水平下大部分显著相关，说明变量之间具有良好的区分效度。

表 6 - 6 测量变量的区分效度检验

潜变量	BE	ZE	SE	NE	EP	RI	MG	QG	SG
BE	**0.753**								
ZE	0.571	**0.732**							
SE	0.511	0.685	**0.739**						
NE	0.406	0.470	0.424	**0.726**					
EP	0.374	0.641	0.458	0.344	**0.847**				
RI	0.653	0.369	0.581	0.495	0.405	**0.784**			
MG	0.392	0.413	0.386	0.365	0.312	0.407	**0.871**		
QG	0.377	0.445	0.412	0.399	0.316	0.417	—	**0.812**	
SG	0.371	0.448	0.408	0.447	0.338	0.469	—	—	**0.773**

注：n = 518，表中对角线加黑数据为各潜变量平均方差提取值（AVE）的平方根，其余数值表示各潜变量之间的相关系数。

第四节 外生态环境对返乡农业创业人才成长作用机理检验

一、模型拟合度检验

一般情况下，要满足结构方程模型分析结果的稳定性与可信度，使用样本量需满足达到测量指标的 10 倍以上（吴明隆，2009）。本章测量项共计 41 项（含控制变量 5 个），理想样本需要满足基本要求。根据对信度与效度分析，确认本书收集数据适用于结构方程模型，考虑到本书资源整合潜变量测量题目数量为 6 项，变量与测量题项数目较多，故采用"打包法"减少建模产生的估计偏差（吴艳，温忠麟，2011）。本书在满足单维、同质的基本条件下，对人才成长中"质的成长" 4 个测量项打包为（MJZ）、"量的成长"5个测量项打包（QJZ），最终形成2个测量人才成长的指标。

运用AMOS26.0对图6-2中的模型整体拟合程度进行检验，借鉴吴明隆（2009，2013）对模型整体拟合检验指标分类，本书从 χ^2/df、GFI、RMSEA、NFI、RFI、IFI、CFI以及PGFI等指标全面考察本书所构建模型的整体拟合情况（见表6-7）。从表中可以看出，初始检验结果 χ^2/df、GFI、RMSEA、NFI、RFI等均接近但未达到模型拟合标准。模型修正一般主要删除不显著与不合理路径，但本书在不影响理论框架的基础上删除BE1，对初始模型按照修正指数M.I.对模型进行修正，允许测量变量存在残差共变关系。修正后模型整体拟合度达到拟合标准，其中RMSEA修正后为0.055，符合Browne和Cudeck（1992）所提出的判定标准，即在其他拟合指标符合标准情况下，RMSEA小于0.08可认定模型拟合合理，其他修正结果均在判定标准范围内。因此，本书提出的理论模型与收集的样本数据之间存在良性匹配。

表6-7　外生态环境对返乡农业创业人才成长的作用机理模型拟合度检验

具体指标	指标说明	拟合标准	初始检验结果	M.I.修正检验结果
χ^2/df	卡方/自由度	<3.00	3.800	2.624
GFI	拟合优度指数	>0.90	0.813	0.908
RMSEA	渐进残差均方根	<0.05	0.071	0.055
NFI	规范拟合指数	>0.90	0.801	0.915
RFI	性对拟合指数	>0.90	0.841	0.908
IFI	增值拟合指数	>0.90	0.846	0.928
CFI	比较拟合指数	>0.90	0.841	0.926
PGFI	简约拟合优度指数	>0.50	0.603	0.625

二、结果分析与检验

本书结构方程模型以极大似然估计为基础，对返乡农业创业人才成长外生态环境（商业生态、制度生态、社会生态以及自然生态）和人才成长的相互关系进行检验并探讨各生态要素对人才成长作用机理，计量结果如表6-8所示。从表中模型参数估计结果可知，各维度参数值标准误差均处于合理水平，大部分参数的 C. R. 与 P 值均通过显著性检验。结合外生态环境对返乡农业创业人才成长影响机理模型路径系数及显著性检验构建路径系数图如图6-3所示。

表6-8　外生态环境对返乡农业创业人才成长作用机理模型显著性检验

路径			非标准化参数估计值	S. E.	临界比值 C. R.	显著性 P	标准化参数估计值
环境感知	←	商业生态	0.009	0.022	0.410	0.682	0.012
环境感知	←	制度生态	0.723	0.121	5.975	***	0.484
环境感知	←	社会生态	0.198	0.083	2.375	*	0.131
环境感知	←	自然生态	0.026	0.098	0.265	0.791	0.019
资源整合	←	自然生态	0.363	0.202	1.798	*	0.390
资源整合	←	社会生态	0.535	0.211	2.542	*	0.175
资源整合	←	制度生态	0.164	0.193	0.847	0.397	0.214
资源整合	←	商业生态	0.391	0.116	3.365	***	0.199
资源整合	←	环境感知	0.297	0.097	3.071	**	0.158
人才成长	←	环境感知	0.046	0.087	0.527	0.598	0.069
人才成长	←	资源整合	0.200	0.084	2.391	*	0.132
人才成长	←	商业生态	0.198	0.124	1.600	0.110	0.078
人才成长	←	制度生态	0.243	0.068	3.578	***	0.241
人才成长	←	社会生态	0.175	0.062	2.802	**	0.195
人才成长	←	自然生态	0.084	0.142	0.591	0.555	0.173
人才成长	←	控制变量	0.168	0.073	2.318	**	0.099
labor	←	控制变量	-0.021	0.006	-3.354	***	-0.172
year	←	控制变量	0.017	0.006	2.777	**	0.133
edu	←	控制变量	-0.052	0.009	-6.080	***	-0.527
gender	←	控制变量	-0.009	0.002	-3.699	***	-0.189
age	←	控制变量	-20.725	3.793	-5.464	***	0.183

注：*、**、*** 分别表示 $p < 0.05$、$p < 0.01$、$p < 0.001$，测量方程各测量指标均通过显著性检验，见附录3。

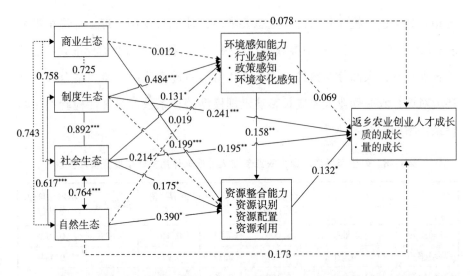

图 6 – 3　外生态环境对返乡农业创业人才成长影响机理模型路径系数

注：* 、** 、*** 分别表示 p 在 0.05、0.01 以及 0.001 水平下显著；实现表示路径通过检验，虚线表示未通过检验。

（一）外生态环境→动态能力直接效应检验

从模型运行返乡农业创业人才成长外生态环境对人才动态能力直接效应检验结果来看：商业生态对环境感知作用路径系数为 0.012，未通过显著性检验，表明返乡农业创业人才商业生态与人才环境感知能力不存在显著的相关关系。假设 H1a 未得到证实。制度生态对环境感知作用路径系数为 0.484，在 0.001 的水平下通过显著性检验，意味着返乡农业创业人才制度生态越好，越利于人才对环境的感知，假设 H2a 得到检验。社会生态对环境感知作用路径系数为 0.131，在 0.05 的水平上通过显著性检验，假设 H3a 得到验证。表示返乡农业创业人才所处社会生态水平越好，越能促进人才对周边环境的感知能力。自然生态对环境感知作用标准化路径系数为 0.019，未通过显著性检验，表明自然生态与返乡农业创业人才环境感知能力没有直接关系，假设 H4a 未得到验证。

商业生态对资源整合作用路径系数为 0.199 且在 0.001 水平下通过显著检验，表明返乡农业创业人才商业生态水平越好，越利于人才对创业资源的整合，验证了假设 H1b。制度生态对资源整合作用路径系数为 0.214，未通过显著性检验，说明制度生态水平对如下农业创业人才资源整合能力的作用不显著，假设 H2b 未得到验证。社会生态对资源整合标准化作用路径系数为 0.175，在 0.05 水平下显著，即分析农业创业人才所在社会生态水平越好，越有利于人才对资源整合，验证了假设 H3b。农业创业自然生态对资源整合有正向显著影响，标准化路径系数为 0.390，在 0.05 的水平下显著，也即自然生态水平越好，越有利于农业创业人才的资源整合，验证了假设 H4b。

（二）动态能力—人才成长直接效应检验

从返乡农业创业人才动态能力对人才成长的直接效应检验来看：环境感知对返乡农业创业人才成长作用不显著，标准化路径系数为 0.069，未通过显著性检验，表明人才对环境感知的能力对人才成长没有直接显著作用，但不表示两者之间不存在关系，可能的解释是返乡农业创业人才在成长过程中对环境相对敏感。环境感知能力越强越可以判定市场风险，及时进入或退出创业，从而减弱了环境感知对人才成长的作用，这与第五章第四节环境感知对人才成长作用结果基本一致。资源整合能力对人才成长标准化路径系数为 0.132，在 0.05 的水平下显著，即返乡农业创业人才资源整合能力对人才成长有显著作用，表明人才资源整合能力越强，人才成长越能促人才成长，验证了第五章第四节资源整合对人才成长作用结果。值得注意的是，返乡农业创业人才的环境感知对资源整合有显著正向影响，标准化路径数为 0.158，在 0.01 的水平下通过显著检验，表明返乡农业创业人才对环境的感知能够影响其对资源整合的能力。

（三）外生态环境—人才成长直接效应检验

从返乡农业创业人才外生态环境对人才成长的作用路径来看：商业生态对人才成长作用路径系数为 0.078，未通过显著性检验，假设 H1 未得到验证。表明商业生态与返乡农业创业人才成长不存在显著直接关系，一方面商业生态是返乡农业创业人才自身与市场、政府以及金融机构所构建的生态环境，对人才成长的作用具有一定时间效应；另一方面乡村振兴战略的实施增强了人才成长的外部资源，使得创业人才不必完全依靠商业生态得以成长与发展，从而减弱了返乡农业创业人才商业生态与人才成长的相关关系。制度生态对人才成长作用标准化路径系数为 0.241，在 0.001 水平下通过显著性检验，即返乡农业创业人才所在制度生态水平高，越有利于促进人才成长，假设 H2 得到验证。社会生态对返乡农业创业人才成长作用标准化路径系为 0.195，在 0.01 水平下通过显著性检验，表明社会生态水平越好，越有利于人才成长，验证了假说 H3。自然生态与人才成长之间标准化路径系数未通过显著性检验，假设 H4 未得到验证，表明自然生态对返乡农业创业人才成长的直接效应不显著，但不代表自然生态与人才成长没有关系。人才成长具有特殊性，而自然生态是既定的外部条件，对人才成长的影响衍生较早，导致短期作用不显著。

（四）外生态环境潜变量相互关系检验

从外生态环境各要素相互影响程度来看（见表 6 - 9），商业生态、制度生态、社会生态与自然生态之间部分路径显著。制度生态与社会生态、社会生态与自然生态、制度生态与自然生态的相互影响参数值分别为 0.892、0.764、0.617。显然，制度生态不仅受社会生态影响还受自然生态影响，社会生态不仅反映返乡农业创业人才成长外生态环境的经济水平，同时反映区域科技、教育、医疗等公共基础服务，自然生态则反映了区域的创业的产业优势、交通情况以及气候的特殊自然环境，返乡农业创业人才能够直接或间接体会到社会生态与自然生态在"环境"上的变动。同理，当地政府则会结合社会生态与自然生态情况及时调整制度政策，构建良好的政商生态以促进人才成长，即制度生态与社会生态、自然生态之间相互影响。商业生态与上述三种生态环境要素之间关系不显著，但不代表不存在相互影响关系。商业生态反映返乡农业创业人才成长过程中的与市场竞争、金融机构、消费者、供应商关系紧密程度，倾向于人才个体与创业人才成长生态系统中其他生态主体构建的生态环境，与制度生态、社会生态与自然生态的相互影响相对较弱。

表6–9　外生态环境各生态要素相互关系显著性检验

路径			非标准化参数估计值	S. E.	临界比值 C. R.	显著性 P	标准化参数估计值
商业生态	↔	制度生态	0.053	0.032	1.661	0.097	0.725
制度生态	↔	社会生态	0.577	0.048	12.146	***	0.892
社会生态	↔	自然生态	0.400	0.042	9.487	***	0.764
商业生态	↔	社会生态	0.043	0.026	1.657	0.098	0.758
制度生态	↔	自然生态	0.415	0.045	9.207	***	0.617
商业生态	↔	自然生态	0.044	0.027	1.650	0.099	0.743

三、动态能力中介效应检验

在理论模型基础上进一步验证返乡农业创业人才动态能力的中介作用，参考 Taylor 等提出的 Bootstrap 进行中介效应检验，对环境感知、资源整合在返乡农业创业人才成长外生态环境与人才成长之间的中介效应进行检验。利用偏差校正百分比重负取样 2000 次，计算 95% 的置信区间对中介效应进行检验，结果如表 6 – 10 所示。判断中介效应路径是否显著的标准参考置信区间，若置信区间不包括 0，则存在中介效应；若置信区间包括 0，则不存在中介效应（温忠麟、叶宝娟，2014）。对模型进行中介检验发现，环境感知在返乡农业创业商业生态、制度生态、社会生态、自然生态对人才成长作用路径的中介效应不显著（路径 A1、B1、C1 和 D1），从表中置信区间可知，各区间均包括 0，假设 H5a 未得到验证。资源整合在返乡农业创业商业生态、社会生态、自然生态对人才成长作用路径中介效应显著（路径 A3、C3 和 D3），中介效应分别为 0.026、0.023、0.051，置信区间均不含 0，但资源整合在制度生态对返乡农业创业人才成长的中介作用不显著（路径 B3）。从路径分析来看，资源整合在商业生态、自然生态对人才成长的路径中起完全中介作用，在社会生态对人才成长的路径中起部分中介作用（Teece D. J. et al.，2009），在制度生态与人才成长作用在不存在中介效应，假设 H5b 得到部分验证。

表6-10　环境感知与资源整合对人才可持续成长的标准化 Bootstrap 中介效应检验

路径	SE	效应值	Bias-corrected 95% CI			Percenntile 95% CI		
			下限	上限	P	下限	上限	P
A1: BE→EP→TG	0.003	0.001	-0.005	0.002	0.964	-0.009	0.001	0.586
A2: BE→EP→RI→TG	0.002	0.000	-0.001	0.005	0.745	-0.001	0.003	0.909
A3: BE→RI→TG	0.030	0.026	0.010	0.060	0.000	0.010	0.050	0.000
B1: ZE→EP→TG	0.021	0.033	-0.010	0.080	0.090	-0.010	0.070	0.130
B2: ZE→EP→RI→TG	0.012	0.010	0.040	0.180	0.000	0.040	0.180	0.000
B3: ZE→RI→TG	0.040	0.028	-0.010	0.110	0.090	-0.010	0.100	0.130
C1: SE→EP→TG	0.014	0.003	-0.007	0.026	0.588	-0.011	0.020	0.793
C2: SE→EP→RI→TG	0.007	0.003	-0.045	0.001	0.450	-0.009	0.005	0.993
C3: SE→RI→TG	0.081	0.023	0.030	0.120	0.000	0.030	0.120	0.000
D1: NE→EP→TG	0.004	0.001	-0.008	0.002	0.718	-0.003	0.006	0.847
D2: NE→EP→RI→TG	0.002	0.000	-0.001	0.004	0.768	-0.002	0.001	0.927
D3: NE→RI→TG	0.456	0.051	0.110	0.280	0.000	0.110	0.280	0.000

从多重链式中介效应检验来看，环境感知与资源整合在商业生态、社会生态、自然生态对人才成长路径的链式中介效应不显著（路径 A2、C2和 D2），其置信区间均包括0，假设 H6a、假设 H6c、假设 H6d 均未得到验证。同理，环境感知与资源整合在制度生态与人才成长路径的链式中介效应显著（路径 B2），链式中介效应值为 0.010，其置信区间均不包括0；假设 H6b 得到验证。综合分析来看，环境感知在返乡农业创业人才外生态环境对人才成长作用路径中不存在中介效应；资源整合在返乡农业创业人才商业生态、自然生态对人才成长的作用路径中存在完全中介作用，在社会生态对人才成长作用中起部分中介作用；环境感知与资源整合在制度生态对人才成长中存在链式中介作用。

四、多群组结构方程检验

多群组结构方程的分析主要是评估某一样本群的模型是否能培育其他样本群体,即评估假设模型在不同样本具有不变性(张连刚,2010)。从不变性表中检验结果来看(见表6－11),各拟合指标值均在标准范围内,适配度良好,从不变性检验来看,p值均大于0.05,说明通过模型检验说明模型具有稳定性,从其余各拟合指标改变量均小于0.05,表示各增值模型与未限制模型都是正确的,表明表中5个限制模型与未限制模型一样具有跨地理位置效度,说明区域模型试点区与非试点区对应的样本是有差异且差异很明显。从简约适配度指标值来看(见表6－12),6个竞争模型比较AIC、ECVI值均以测量加权模型的值最小,ACI为382.707、ECVI值为0.742,表示测量加权模型最佳,本书采用此模型进行外生态环境对人才成长作用的SEM多群组分析。

表6－11 多群组结构方程不变性检验:假设未限制模型正确

检验模型	delet-CMIN	delet-DF	P	delet-GFI	delet-NFI	delet-RFI	delet-IFI	delet-TLI	delet-CFI
测量加权模型	7.658	6	0.264	−0.003	0.012	0.025	−0.003	0.025	0.022
结构加权模型	17.309	11	0.099	0.038	−0.020	−0.003	0.000	−0.003	−0.002
结构协方差模型	36.160	26	0.089	0.066	−0.044	−0.021	0.002	−0.021	−0.019
结构残差模型	36.374	39	0.590	0.067	−0.044	−0.020	0.001	−0.020	−0.017
测量残差模型	49.118	51	0.549	0.068	−0.058	−0.020	0.001	−0.020	−0.018

表6－12 多群组结构方程未限制模型与限制模型AIC值、ECVI值统计

模型	未限制模型	测量加权模型	结构加权模型	结构协方差模型	结构残差模型	测量残差模型
ECVI	0.766	0.742	0.784	0.815	0.814	0.826
AIC	395.365	382.707	404.474	420.326	419.939	426.283

从多群组结构方程模型适配度来看：$\chi^2/df = 3.800$，表示模型良好，GFI 为 0.813，略低于 0.9 标准值，但模型符合合理标准，CFI 值为 0.841，符合临界标准，RMSEA 值为 0.055，小于临界值 0.08（合理）（曹慧，2019）。整体来看，模型适配度均达到要求，表明构建的外生态环境对人才成长多群组结构方程总体拟合度良好。表 6 - 13 展示了多群组结构方程检验参数估计结果，对比返乡农业创业人才成长 SEM 检验结果（见表 6 - 8）的参数可知，多群组与全样本的路径分析结果大体一致，但仍存在一些差异性。从多群组检验结果来看，试点区整体检验结果与非试点区检验结果标准化系数略微有一些变化，系数的方向与显著性均无明显差异，表明参数估计较为稳定。商业生态对环境感知、人才成长的作用来看，试点区与非试点区均不显著，在商业生态对资源整合、资源整合对人才成长的作用路径中，试点区（0.478、0.371）比非试点区（0.356、0.277）作用更为明显。可能的原因是，试点区返乡农业创业人才受政策倾斜吸引规模更大，内部自然而然形成良好的商业生态，在市场竞争、金融服务以及与政府的关系等方面都相对较好。制度生态对环境感知、人才成长均存在显著作用，试点区（0.316、0.286）相对非试点区（0.218、0.167）作用更加明显，但制度生态对人才资源整合能力的作用不显著。即随着全国返乡农业创业试点区的开展，作为先行示范区制度生态由对返乡劳动力普适性转向更有针对性扶持，从制度上为返乡农业创业人才提供良好的生态，而非试点区无论是制度上支持力度还是对返乡创业的关注度都有限，其返乡农业创业人才的成长受制度生态的作用相对更弱。

表 6 - 13 外生态环境对人才成长作用多群组检验结果

路径			试点区				非试点区			
			标准化参数	S. E.	C. R.	P	标准化参数	S. E.	C. R.	P
环境感知	←	商业生态	0.239	0.257	1.626	0.104	0.019	0.058	1.345	0.181
环境感知	←	制度生态	0.316	0.059	5.348	***	0.218	0.063	7.635	***

续　表

路径			试点区				非试点区			
			标准化参数	S. E.	C. R.	P	标准化参数	S. E.	C. R.	P
环境感知	←	社会生态	0.448	0.106	4.549	***	0.339	0.078	2.308	*
环境感知	←	自然生态	0.011	0.015	0.342	0.732	0.002	0.028	0.179	0.862
资源整合	←	自然生态	0.196	0.062	3.432	***	0.110	0.035	2.174	*
资源整合	←	社会生态	0.146	0.019	9.371	***	0.090	0.040	2.092	*
资源整合	←	制度生态	0.170	0.306	0.557	0.578	0.068	0.062	1.094	0.274
资源整合	←	商业生态	0.478	0.113	3.580	***	0.356	0.074	7.728	***
资源整合	←	环境感知	0.216	0.044	2.793	***	0.152	0.030	2.276	*
人才成长	←	环境感知	0.009	0.006	1.500	0.134	0.012	0.007	0.429	0.615
人才成长	←	资源整合	0.371	0.072	5.153	***	0.277	0.041	3.096	**
人才成长	←	商业生态	0.062	0.278	0.271	0.223	0.419	0.993	0.008	0.422
人才成长	←	制度生态	0.286	0.060	4.804	***	0.167	0.019	2.579	*
人才成长	←	社会生态	0.247	0.043	5.745	***	0.133	0.179	1.207	0.228
人才成长	←	自然生态	0.391	0.406	0.964	0.335	0.080	0.133	0.602	0.549
人才成长	←	控制变量	-0.252	0.069	-3.646	***	-0.306	0.100	-3.060	***

从社会生态对人才成长作用路径多群组检验来看，试点区（0.247）与非试点区（0.133）在直接效应上差异明显，非试点区返乡农业创业社会生态对人才成长直接作用不显著。本书的社会生态观测变量主要从区域经济水平、教育、医疗卫生等方面反映，通过对全国返乡农业创业试点区分析发现，试点区农业产业、创业环境、经济水平均在一定程度上具有代表性，相对非试点区农业产业环境更完善、经济水平相对发达，这可能是导致非试点区社会生态对人才成长作用不显著的原因之一。从自然生态对人才成长作用路径多群组分析来看，试点区与非试点区差异主要表现在自然生态对人才资源整合能力的作用不同，试点区自然生态对人才资源整合作用更大（0.196），非试点区自然生态中交通水平等相对试点区更弱，人才对资源的获取利用度更大，即自然生态对人才资源整合的作用更弱。综合上述研究结果来看，无论是全样本还是分试点区域非试点区返乡农业创

业人才外生态环境要素均通过"生态环境—动态能力—人才成长"的逻辑作用于人才的成长。

第五节 进一步探讨：外生态环境对人才可持续成长作用

通过前文的理论探讨与实证检验，发现外部生态环境对返乡农业创业人才成长有至关重要的作用，然而从可持续发展视角来看，返乡农业创业人才可持续成长不仅仅是从生计层面考虑，而是要从制度生态等外部生态要素构建良好的可持续发展人才战略，促进乡村人才振兴以保障农业可持续发展。从宏观视角来看，人才可持续发展受人才培养顶层设计、人才制度与社会环境等要素制约，返乡农业创业人才创业初期受政府支持与扶持，发展势头良好，当人才到平稳期则可能出现发展后劲不足甚至终止创业。因此本节旨在探讨返乡农业创业人才"接续"成长的制约因素与作用机理，仔细辨别各外生态环境要素对返乡农业创业人才可持续成长的影响性质与程度。在理论上，结合库尔特·卢因的"场论"，以返乡农业创业人才外生态环境的商业生态、制度生态、社会生态以及自然生态要素为自变量，以人才动态能力中环境感知、资源整合为中介变量，构建结构方程模型如图 6-4 所示。本节各潜变量信度与效度检验均在前文章节已做检验，检验结果表示各变量具有较强的可靠性符合模型分析要求。

一、模型拟合度检验

本节对外生态环境与返乡农业创业人才可持续成长作用机理进一步检验，分别就绝对适配度指数、相对适配度指数以及简约适配度指数等 8 项指标进行模型拟合度检验，初始检验结果基本符合合理标准。为了进一

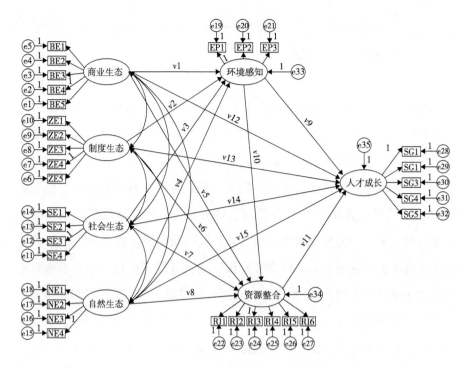

图 6 - 4 返乡农业创业外生态环境对人才可持续成长作用机理模型

提高模型拟合度，对模型进行 M. I. 修正，得到最终拟合度检验结果显示 χ^2/df、GFI、RMSEA、NFI、RFI、IFI、CFI、PGFI 均符合理想标准，说明模型整体拟合度较好，理论模型与实际调查数据基本契合（见表 6 - 14）。

表 6 - 14 外生态环境对返乡农业创业人才成长的作用机理模型拟合度检验

具体指标	指标说明	拟合标准	初始检验结果	M. I. 修正检验结果
χ^2/df	卡方/自由度	<3.00	3.950	2.872
GFI	拟合优度指数	>0.90	0.885	0.924
RMSEA	渐进残差均方根	<0.05	0.068	0.052
NFI	规范拟合指数	>0.90	0.864	0.908
RFI	性对拟合指数	>0.90	0.832	0.904
IFI	增值拟合指数	>0.90	0.902	0.939
CFI	比较拟合指数	>0.90	0.903	0.938
PGFI	简约拟合优度指数	>0.50	0.694	0.725

二、结果分析与检验

基于外生态环境对返乡农业创业人才成长影响机理模型（见图6-4），在测量模型信度与效度后，本书运用 AMOS26.0 软件构建回归模型的方式进行分析与参数估计，模型参数显著性检验结果如表6-15所示。表中分别列出了各维度路径的非标准化参数估计值、标准化参数估计值、标准误（S. E.）、临界比值（C. R.）以及显著性 P 值。各维度参数值标准误差均处于合理水平，大部分参数的 C. R. 与 P 值均通过显著性检验。结合外生态环境对返乡农业创业人才可持续成长影响机理模型路径系数及显著性检验，构建路径系数如图6-5所示。通过检验发现，外生态环境对动态能力作用路径显著性与本章第四节中检验结果基本不存在差异，控制变量对返乡农业创业人才可持续成长的作用路径检验与第五章第五节中除参数估计值外，显著性基本一致，表明本书在模型与数据上具有一定的稳健性，故本节不再对外生态环境对动态能力作用路径、控制变量对返乡农业创业人才可持续成长的作用路径检验结果重复分析。

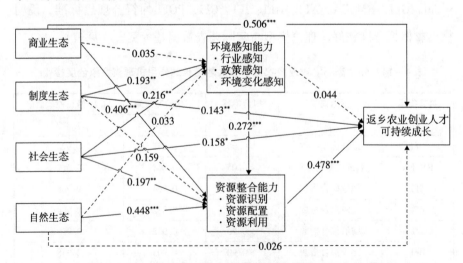

图6-5　外生态环境对返乡农业创业人才可持续成长影响机理模型路径系数

表6-15 外生态环境对返乡农业创业人才可持续成长作用机理结构方程检验

路径			非标准化参数估计值	S. E.	临界比值 C. R.	显著性 P	标准化参数估计值
环境感知	←	商业生态	0.037	0.040	0.937	0.349	0.035
环境感知	←	制度生态	0.190	0.072	2.656	**	0.193
环境感知	←	社会生态	0.124	0.044	2.793	**	0.216
环境感知	←	自然生态	0.027	0.015	1.765	0.078	0.033
资源整合	←	自然生态	0.484	0.106	4.549	***	0.448
资源整合	←	社会生态	0.165	0.062	2.653	**	0.197
资源整合	←	制度生态	0.091	0.127	0.718	0.473	0.159
资源整合	←	商业生态	0.343	0.058	5.886	***	0.406
资源整合	←	环境感知	0.193	0.036	5.412	***	0.272
可持续成长	←	环境感知	0.057	0.052	1.094	0.274	0.044
可持续成长	←	资源整合	0.406	0.113	3.580	***	0.478
可持续成长	←	制度生态	0.175	0.066	2.628	**	0.143
可持续成长	←	商业生态	0.389	0.063	6.159	***	0.506
可持续成长	←	社会生态	0.158	0.062	2.554	*	0.158
可持续成长	←	自然生态	0.026	0.020	1.345	0.179	0.026
可持续成长	←	控制变量	0.175	0.066	2.628	**	0.143
labor	←	控制变量	0.619	0.092	6.754	***	0.349
year	←	控制变量	-0.379	0.153	-2.482	*	-0.134
edu	←	控制变量	1.231	0.198	6.234	***	0.561
gender	←	控制变量	0.214	0.062	3.432	***	0.196
age	←	控制变量	-18.413	2.899	-6.353	***	-0.801

注：*、**、***分别表示 $p < 0.05$、$p < 0.01$、$p < 0.001$，由于正文篇幅限制，表中仅呈现结构方程部分结果，测量方程及控制变量结果均通过显著性检验，见附表4。

（一）外生态环境—人才可持续成长直接效应检验

从返乡农业创业人才外生态环境对可持续成长作用机理分析来看：商业生态对人才可持续成长的作用路径标准化系数为 0.506，在 0.001 水平下显著为正，即商业生态水平越好，越有利于返乡农业创业人才可持续成长，假设 H7a 得到验证。制度生态与人才可持续成长作用标准化系数为 0.143，在 0.01 水平下显著为正，表明制度生态水平越高，返乡农业创业人才越能可持续成长，假设 H7b 得到验证。社会生态对人才可持续成长的路径系数为 0.158，在 0.05 水平下显著为正，说明社会生态有利于人才可持续成长，假设 H7c 得到验证。值得注意的是，自然生态对人才可持续成长的作用不显著，说明返乡农业创业人才可持续成长并没有因为自然生态的不同而产生显著差异，故假设 H7d 未得到证实。

(二) 动态能力—人才可持续成长直接效应检验

返乡农业创业人才的动态能力在一定程度上制约并影响人才可持续成长，环境感知能力对人才可持续成长作用路径不显著，可能的解释是环境感知是人才对创业与成长过程中外部环境的主观感受，对环境好坏的感知能力可能影响人才可持续成长但不是制约人才成长的重要因素，因此返乡农业创业人才可持续成长受环境感知能力的作用不显著。资源整合能力对人才可持续成长作用路径系数为 0.478，在 0.001 水平上显著为正，即返乡农业创业人才资源整合能力越强，通过对资源的获取、资源配置以及资源的充分利用促进创业的持续发展，越能保障返乡农业创业人才的可持续成长。

(三) 中介效应检验

本节进一步探讨动态能力在返乡农业创业人才外部生态环境对人才可持续成长中的中介作用，采用 Taylor 等提出的 Bootstrap 进行中介效应检验，对环境感知、资源整合在返乡农业创业人才成长外生态环境与人才可持续成长之间的中介效应进行检验。利用偏差校正百分比 Bootstrap（重复取样 2000 次）计算 95% 的置信区间，中介效应检验结果如表 6 - 16 所示。

表 6 - 16　环境感知与资源整合的标准化 Bootstrap 中介效应检验

路径	SE	效应值	Bias-corrected 95% CI			Percentile 95% CI		
			下限	上限	P	下限	上限	P
E1：BE→EP→SG	0.015	0.002	- 0.035	0.013	0.709	- 0.032	0.015	0.800
E2：BE→EP→RI→SG	0.053	0.005	- 0.029	0.064	0.677	- 0.034	0.057	0.748
E3：BE→RI→SG	0.020	0.194	0.071	0.426	*	0.069	0.420	*

续 表

路径	SE	效应值	Bias-corrected 95%CI			Percentile 95%CI		
			下限	上限	P	下限	上限	P
F1：ZE→EP→SG	0.038	0.008	-0.081	0.044	0.771	-0.079	0.045	0.800
F2：ZE→EP→RI→SG	0.101	0.025	0.006	0.077	**	0.005	0.070	*
F3：ZE→RI→SG	0.101	0.076	-0.259	0.023	0.108	-0.251	0.021	0.201
G1：SE→EP→SG	0.010	0.010	0.000	0.040	0.070	0.000	0.030	0.130
G2：SE→EP→RI→SG	0.010	0.028	0.010	0.050	***	0.010	0.050	***
G3：SE→RI→SG	0.055	0.094	0.023	0.206	***	0.021	0.202	*
H1：NE→EP→SG	0.009	0.001	-0.017	0.005	0.628	-0.013	0.006	0.767
H2：NE→EP→RI→SG	0.020	0.004	-0.047	0.020	0.712	-0.044	0.022	0.800
H3：NE→RI→SG	0.053	0.214	0.193	0.374	***	0.174	0.350	***

从检验结果可知，环境感知在返乡农业创业人才商业生态、制度生态、社会生态以及自然生态对人才可持续成长作用路径的中介效应不显著（路径 E1、F1、G1、H1），各置信区间值均包括 0。假设 H8a 未得到验证，并不能说明环境感知在返乡农业创业外生态与可持续成长之间不存在作用。资源整合在返乡农业创业人才制度生态对人才可持续的成长的中介效应不显著（路径 F3）；资源整合在返乡农业创业商业生态、社会生态和自然生态对人才可持续的成长的中介效应显著（路径 E3、G3 和 H3），中介效应分别为 0.194、0.094 和 0.214，置信区间各置信区间值均不含 0；从影响路径来看，资源整合对返乡农业创业商业生态、社会生态与人才可持续的成长之间具有部分中介效应；资源整合对自然生态与人才可持续的成长具有完全中介效应，验证了假设 H8b。

在多重链式中介效应检验中，环境感知与资源整合在返乡农业创业人才商业生态、自然生态对人才可持续成长作用路径的链式中介效应不显著（路径 E2、H2），其置信区间包括 0，故假设 H9a、假设 H9d 均未得到验证。在环境感知与资源整合在返乡农业创业制度生态、社会生态对人才可持续成长作用路径中（路径 F2、G2）起到显著的链式中介效应，链式中介效应值分别为 0.025、0.028，分别在 95% 的置信区间中不含 0，由此验证了假设 H9b 和假设 H9c。

第六节　结果与讨论

本章进一步探讨了外生态环境对返乡农业创业人才成长与可持续成长的作用机理，分别检验了商业生态、制度生态、社会生态与自然生态对人才成长与可持续成长的作用机理，并探讨了动态能力的中介效应，通过分析外生态环境对返乡农业创业人才成长与可持续成长作用机理实证检验结果可知：商业生态、制度生态、社会生态与自然生态对返乡农业创业人才成长的作用，假设 H2、假设 H3 被证实，假设 H1、假设 H4 不成立；商业生态、制度生态、社会生态与自然生态对动态能力的作用，假设 H1b、假设 H2a、假设 H3a、假设 H3b、假设 H4b 成立，假设 H1a、假设 H2b、假设 H4a 不成立；动态能力对人才成长的作用同第五章检验结果一致。在中介检验中，环境感知能力、资源整合在外生态对人才成长的作用，假设 H5b 成立，假设 H5a 不成立；环境感知能力与资源整合能力在返乡农业创业人才成长商业生态、制度生态、社会生态与自然生态与人才成长有链式中介作用，假设 H6b 成立，假设 H6a、假设 H6c、假设 H6d 不成立。同理，外生态环境与人才可持续成长作用检验结果见 H7a ~ H9d（见表 6 – 17）。

表 6 – 17　外生态环境对返乡农业创业人才成长与可持续成长作用机理实证检验结果

编号	假设内容	验证结论
H1	返乡农业创业人才商业生态正向作用于返乡农业创业人才成长	不成立
H1a	返乡农业创业人才商业生态环境能够正向作用于人才环境感知能力	不成立
H1b	返乡农业创业人才商业生态环境能够正向作用于人才资源整合能力	成立
H2	返乡农业创业人才制度生态正向作用于返乡农业创业人才成长	成立
H2a	返乡农业创业人才制度生态环境能够正向作用于人才环境感知能力	成立
H2b	返乡农业创业人才制度生态环境能够正向作用于人才资源整合能力	不成立
H3	返乡农业创业人才社会生态正向作用于返乡农业创业人才成长	成立

续　表

编号	假设内容	验证结论
H3a	返乡农业创业人才社会生态环境能够正向作用于人才环境感知能力	成立
H3b	返乡农业创业人才社会生态环境能够正向作用于人才资源整合能力	成立
H4	返乡农业创业人才自然生态正向作用于返乡农业创业人才成长	不成立
H4a	返乡农业创业人才自然生态环境能够正向作用于人才环境感知能力	不成立
H4b	返乡农业创业人才自然生态环境能够正向作用于人才资源整合能力	成立
H5a	环境感知能力在返乡农业创业人才外生态环境与人才成长有中介作用	不成立
H5b	资源整合能力在返乡农业创业人才外生态环境与人才成长有中介作用	成立
H6a	环境感知能力与资源整合能力在返乡农业创业人才成长商业生态与人才成长有链式中介作用	不成立
H6b	环境感知能力与资源整合能力在返乡农业创业人才成长制度生态与人才成长有链式中介作用	成立
H6c	环境感知能力与资源整合能力在返乡农业创业人才成长社会生态与人才成长有链式中介作用	不成立
H6d	环境感知能力与资源整合能力在返乡农业创业人才成长自然生态与人才成长有链式中介作用	不成立
H7a	返乡农业创业人才商业生态对人才可持续成长有显著正向作用	成立
H7b	返乡农业创业人才制度生态对人才可持续成长有显著正向作用	成立
H7c	返乡农业创业人才社会生态对人才可持续成长有显著正向作用	成立
H7d	返乡农业创业人才自然生态对人才可持续成长有显著正向作用	不成立
H8a	环境感知能力对返乡农业创业人才外生态环境与人才可持续成长有中介作用	不成立
H8b	资源整合能力对返乡农业创业人才外生态环境与人才可持续成长有中介作用	成立
H9a	环境感知能力与资源整合能力在返乡农业创业人才商业生态与人才可持续成长有链式中介作用	不成立
H9b	环境感知能力与资源整合能力在返乡农业创业人才制度生态与人才可持续成长有链式中介作用	成立
H9c	环境感知能力与资源整合能力在返乡农业创业人才社会生态与人才可持续成长有链式中介作用	成立
H9d	环境感知能力与资源整合能力在返乡农业创业人才自然生态与人才可持续成长有链式中介作用	不成立

具体来看，外生态环境对返乡农业创业人才成长作用机理相对于内生态环境作用机理更简单。其中，商业生态通过资源整合的中介作用于返乡

农业创业人才成长（周键，王庆金，2017）。返乡农业创业人才的环境感知与资源整合构成了链式中介，且在制度生态对返乡农业创业人才成长中产生显著中介作用，制度生态则直接作用于返乡农业创业人才成长；社会生态通过资源整合的中介作用影响返乡农业创业人才成长，社会生态则直接作用于返乡农业创业人才成长；资源整合在自然生态与人才成长之间起到中介作用。

此外，外生态环境对返乡农业创业人才可持续成长相对复杂。商业生态通过资源整合的中介作用于返乡农业创业人才可持续成长，商业生态环境则直接作用于返乡农业创业人才可持续成长；环境感知能力、资源整合能力在返乡农业创业人才生态对人才可持续成长中构成链式中介作用，制度生态则直接作用于返乡农业创业人才可持续成长；环境感知能力、资源整合能力在返乡农业创业人才社会生态对人才可持续成长中构成链式中介作用，且返乡农业创业人才社会生态通过资源整合对人才可持续成长有中介作用，社会生态则直接作用于返乡农业创业人才可持续成长；返乡农业创业人才自然生态通过资源整合对人才可持续成长有中介作用。在模型中，区域与控制变量是不受返乡农业创业人才成长过程中的其他生态要素影响，而其他生态要素都直接或间接地受到区域属性的影响。与内生态环境作用不同的是，外部控制变量文化水平、年龄、家庭劳动力以及性别显著负向作用人才成长，而创业年限则正向作用于人才成长（可持续成长）；文化水平、家庭劳动力以及性别负向显著作用于人才可持续成长。与此同时，区域属性显著作用于人才成长，即试点区商业生态、制度生态、社会生态与自然生态对返乡农业创业人才成长作用更大。

总结外生态要素具体作用形式分为直接作用机理与间接作用机理。

（1）直接作用机理方向：首先，社会生态在返乡农业创业人才制度生态与自然生态中相互作用，社会生态与制度生态同时直接作用于返乡农业创业人才成长（可持续成长），商业生态直接作用于返乡农业创业人才可持续成长；其次，制度生态、社会生态直接作用于环境感知，商业生态、社会生态、自然生态直接作用于资源整合；最后，资源整合能力强的返乡农业创业人才对其成长（可持续成长）有着显著的直接提升效应。

（2）在间接作用机理方面，生态要素间的相互关系主要体现为两类：直接中介效应与链式中介效应。其中，资源整合在商业生态、社会生态、自然生态对返乡农业创业人才成长（可持续成长）中发挥中介作用；环境感知与资源整合共同形成链式中介作用于制度生态对返乡农业创业人才成长（可持续成长），作用于社会生态对返乡农业创业人才可持续成长。

第七节 小 结

本章聚焦于"外生态环境如何作用于返乡农业创业人才成长（可持续成长）"的问题，基于生态系统理论构建"环境—能力—成长"的逻辑框架，利用结构方程模型，系统探讨外生态环境（商业生态、制度生态、社会生态与自然生态）、动态能力（环境感知、资源整合）对返乡农业创业人才成长（可持续成长）的作用，并构建了这一作用路径的内在机理，比较了试点区与非试点区在内生态环境对人才成长作用的差异性。主要结论如下：

（1）商业生态环境对返乡农业创业人才成长作用机理相对简单，即商业生态通过资源整合的中介作用于返乡农业创业人才成长（可持续成长）；且商业生态则直接作用于返乡农业创业人才可持续成长。因而，要提升商业生态在返乡农业创业人才成长中的"短板"，以强化商业生态对返乡农业创业人才成长的直接影响。

（2）返乡农业创业人才环境感知与资源整合构成链式中介显著作用制度生态对返乡农业创业人才成长，且制度生态则直接作用于返乡农业创业人才成长（可持续成长），证实了返乡农业创业人才的制度生态水平与返乡农业创业人才成长（可持续成长）的直接因果关系，因此，要持续完善制度生态以促进返乡农业创业人才成长。

（3）社会生态对返乡农业创业人才成长作用机理错综复杂。返乡农业创业人才环境感知与资源整合构成链式中介显著作用社会生态对返乡农业创业人才成长（可持续成长），且社会生态通过资源整合的中介作用于返乡农业创业人才成长（可持续成长）；社会生态同时直接作用于返乡农业创业人才成长（可持续成长）。说明返乡农业创业人才生态环境极为重要，其在返乡农业创业人才成长过程中起着不可或缺的作用，因此，促进返乡农业创业，要加大对社会生态的建设，比如完善交通、基础设施等，持续促进城乡公共服务均等化。

（4）自然生态对返乡农业创业人才成长作用机理相对简单。自然生态通过资源整合的中介作用影响返乡农业创业人才成长（可持续成长），且对返乡农业创业人才成长（可持续成长）作用基本不明显。但并不能否定自然生态对返乡农业创业人才成长的作用，自然生态是返乡农业资源禀赋的启动因子。

（5）外部控制变量文化水平、年龄、家庭劳动力、性别显著负向作用人才成长，创业年限则正向作用于人才成长（可持续成长）；文化水平、家庭劳动力以及性别负向显著作用于人才可持续成长。区域属性是返乡农业创业人才成长的催化剂，试点区制度生态、社会生态与自然生态对返乡农业创业人才成长作用更大。先行试点区要充分利用区位与创业生态的优势，总结经验推广到非试点区。

| 第七章 |

研究结论与政策启示

前文通过对返乡农业创业人才生态环境测度，得出四川省返乡农业创业人才成长生态环境总体处于中等水平，返乡创业试点区创业人才成长生态环境高于非试点区，且存在明显差异。第五章、第六章分别分析了内生态环境、外生态环境对返乡农业创业人才成长的作用机理，得到了符合理论预期的结果。本章将综合分析验证后的生态环境对返乡农业创业人才成长作用机理，并提出相应的针对性优化路径。

第一节　研究结论

本书基本证实了第二章、第三章的理论分析，验证了第五章、第六章的基本假设（见表 5 - 22、表 6 - 17），回答了本书提出的三个问题：如何科学评价返乡农业创业人才成长生态环境？返乡农业创业人才生态环境如何作用于人才的成长？如何优化提升返乡农业创业人才成长生态环境？

一、区域属性显著作用返乡农业创业生态环境

区域属性主要体现在试点区与非试点区生态环境水平差异以及对人才成长的显著影响差异。一方面证实了本书建立的基于分析农业创业人才视

角的生态环境评价体系科学性；另一方面证实了不同区域属性显著调节生态环境对人才成长的作用。区域属性的具体调节路径主要从各评价层与实证检验分析得来。从目标层来看，试点区（3.3819）返乡农业创业人才成长生态环境水平高于非试点区（3.2951）；从系统层来看，试点区内生态环境差异较小，外生态环境显著高于非试点区4.59%。这一结论说明试点区返乡农业创业人才由于存在创业试点的政策倾斜与产业等优势，其返乡农业创业人才生态环境平均高于非试点区。

从区位差异结果来看，五大经济区内生态环境差异较小，在外生态环境上差异显著，其中，成都平原经济区试点区与非试点区外生态环境均处于中上水平，存在明显的区位差异；而攀西/川西北生态经济区外生态环境相对最弱，同川南经济区、川东北经济区一致处于中等水平。从准则层来看，区域属性调节的是个体生态、教育生态、商业生态、制度生态、社会生态环境水平。试点区的上述返乡农业创业人才成长生态环境好于非试点区。也就是说，区域属性实际调节了上述人才成长生态水平在试点区与非试点区的差异，从而导致子系统层的差异，最终形成返乡农业创业人才成长生态环境水平的差异。

从返乡农业创业人才生态环境对人才成长作用机理来看，内生态环境方面，试点区虽然与非试点区产业基础与文化教育水平存在差异，即试点区返乡农业创业人才内生态环境可能优于非试点区，但返乡农业创业人才个体生态与家庭生态也对人才成长作用也是极为关键的干扰生态要素，是返乡农业创业人才个体与家庭生态水平高低造成了不同区域的内生态环境差异。从第五章第四节多群组检验可知，试点区个体生态、教育生态对人才成长作用更显著。从外生态环境方面来看，试点区与非试点区创业支持政策、创业基础存在差异，从第六章第四节多群组检验结果来看，试点区返乡农业创业人才制度生态、社会生态显著优于非试点区。因此，区域属性具体的调节是返乡农业创业人才成长与可持续成长在试点区与非试点区的差异。试点区制度生态、社会生态水平得到重视，政府对试点区的返乡农业创业项目给予更多的政策与资金等支持，促使试点区返乡农业创业带动非试点区，总结成功经验，由点到面逐步推广到全国农村地区。因此，形成了试点区与非试点区返乡农业创业人才成长生态环境之间的差异。

二、个体生态与教育生态是人才成长生态环境的核心

从前文分析可知，个体生态与教育生态对返乡农业创业人才成长的作用显著且较大，也即个体生态、教育生态是返乡农业创业人才成长的重要内生要素，作为返乡农业创业人才成长生态环境中起到核心作用的内生态，是知识生态因子、智慧生态因子、能力生态因子、心理生态因子等人才内生态系统形成的关键内生态环境。

从第四章结论来看，个体生态水平测度结果为3.7277，处于中等偏上水平，综合来看，返乡农业创业人才个体生态水平普遍较高，也正因如此才产生创业行为。在第五章第四节、第五节的实证检验中，个体生态环境对返乡农业创业人才成长作用机理错综复杂。返乡农业创业人才环境感知与资源整合构成链式中介显著作用于个体生态对返乡农业创业人才成长，个体生态通过资源整合的中介作用影响返乡农业创业人才成长（可持续成长），个体生态则直接作用于返乡农业创业人才成长（可持续成长）。因此，个体生态环境是返乡农业创业人才成长与可持续成长的核心生态因子。

同理，教育生态对返乡农业创业人才成长的作用机理与个体生态具有一致性。教育生态测度结果为3.6045，这也是返乡农业创业人才区别于一般农户的原因，其总体教育生态水平处于中上水平。实证检验环境感知、资源整合对教育生态与返乡农业创业人才成长（可持续成长）之间构成链式中介作用，且资源整合在教育生态与人才成长（可持续成长）之间起到中介作用，教育生态则直接作用于返乡农业创业人才成长。所以，教育生态水平越高，返乡农业创业人才人力资本及能力等优于一般农户，是促进返乡农业创业人才成长与可持续成长的核心生态因子。

三、家庭生态与自然生态是返乡农业创业启动的关键

返乡农业创业以家庭模式创业模式居多，无论是在资金投入上还是在劳动力等人力资本获取上，都离不开家庭早期启蒙教育与当期物质、人力支持及精神的支持。家庭生态为返乡农业创业提供机会，在自然生态即资源禀赋的催化下，加上制度生态、社会生态辅助，促使早期启动返乡创业的意识并最终产生作用。

从实证检验来看，家庭劳动力显著作用于人才成长（可持续成长），这意味着家庭劳动力占比越大，越能促进返乡农业创业人才成长，对家庭生态环境测度处于中等水平（3.4933），相对于其他生态处于较低水平。检验结果也发现，家庭生态环境对返乡农业创业人才成长作用机理相对简单，即家庭生态通过资源整合的中介作用于返乡农业创业人才成长，家庭生态则对返乡农业创业人才成长与可持续成长作用基本不显著，这与第三章第四节的样本统计分析结论"家庭支持后劲有限"导致家庭生态对人才成长作用不显著基本吻合。但不难理解，家庭生态是返乡农业创业的诱发因子。

此外，对自然生态环境作用机理检验结果来看，70.05%的返乡农业创业人才认为农业创业自然条件较好，前文对自然生态环境水平测度处于中上水平（3.7741），但实证检验自然生态水平对返乡农业创业人才成长与可持续成长均不产生直接作用，通过资源整合在自然生态与人才成长、人才可持续成长之间起到中介作用，但在实际情况中，返乡农业创业所需自然资源、土地资源以及气候等与自然生态存在相关关系，在创业机会与资源识别中对返乡人员产生农业创业的启动作用。

四、商业生态催化返乡农业创业人才可持续成长

商业生态环境是创业人才与市场、合租伙伴、竞争者等建立的互动且

非正式的社会关系。显然，区域内良好的商业生态环境有利于减少信息不对称、降低交易成本与交易风险，不仅有利于个体成长，更有利于整个创业种群的迅速发展，从而催化返乡农业创业人才的可持续成长。

具体来看，对调研区域内返乡农业创业人才商业生态环境测度结果为3.2026，处于所有生态水平中最低值，这意味着调研的试点区与非试点区均未构建良好的商业生态环境。从商业生态对返乡农业创业人才成长与可持续成长作用机理检验结果来看，商业生态环境对返乡农业创业人才成长作用机理相对简单，即商业生态通过资源整合的中介作用于返乡农业创业人才成长（可持续成长），商业生态环境同时直接作用于返乡农业创业人才可持续成长，且作用大于其他生态因子。因此，商业生态在促进返乡农业创业人才可持续成长中通过搭建交易市场、降低市场风险、交易成本等起到重要的催化作用。

五、制度生态与社会生态是人才可持续成长的保障

制度理论强调，正式制度与非正式制度同时对创业活动产生影响。制度生态通过正式制度约束并激励返乡农业创业人才，社会生态通过提供均等化的公共服务增加正式制度以外的文化、医疗、卫生以及交通等外在条件，保障返乡农业创业人才成长，也通过构建良好的制度生态与社会生态环境促进返乡农业创业人才持久健康的发展。

具体来看，50.24%的返乡农业创业人才认为四川总体制度生态较好，约一半受访人才表示目前制度生态一般，通过对制度生态的测度，发现其处于中等水平（3.3678），这与第三章第三节的结论一致。实证检验中，返乡农业创业人才环境感知与资源整合构成链式中介显著作用制度生态对返乡农业创业人才成长（可持续成长），制度生态则直接作用于返乡农业创业人才成长（可持续成长），意味着制度生态对返乡农业创业人才成长作用至关重要，是保障返乡农业创业人才成长的重要生态要素。

类似地，社会生态水平测度结果为 3.3465，总体处于一般水平，与第三章第三节的统计结果高度吻合，表明社会生态对返乡农业创业人才资源且亟待优化。实证检验可知，环境感知能力、资源整合在返乡农业创业人才社会生态对人才可持续成长中构成链式中介作用，社会生态通过资源整合的中介作用影响返乡农业创业人才成长（可持续成长），社会生态则直接作用于返乡农业创业人才成长（可持续成长），即社会生态对返乡农业创业人才成长（可持续成长）作用机理错综复杂且极为重要，也是保障人才成长与可持续成长的重要生态要素。

主要结论总结如下：

（1）返乡农业创业人才男性占主体，但女性的比例也在提升；返乡农业创业人才年轻化，25～45 岁中青年劳动力是创业主力军，高中/中专学历人才是返乡农业创业最活跃的群体。返乡农业创业人才以"农民工"为主，农业创业以"种植业"为主，以家庭式"单打独斗""机会型"创业为主，投入保守且回报率较低。从样本成长的生态环境统计分析看，返乡农业创业人才家庭资金支持力度较大，生态环境总体较好，但商业生态中信贷可得性较差，且带动周边的能力相对较弱；社会生态中地区文化教育与卫生医疗条件相对较弱。

（2）从整体评价结果来看，返乡农业创业人才成长生态环境处于中等水平，返乡创业试点区创业人才成长生态环境高于非试点区，且存在明显差异。试点区与非试点区内生态环境、外生态环境存在显著差异，成都平原经济区与其他区位存在显著差异。从准则层评价与检验结果来看，个体生态、教育生态与自然生态处于中上水平，其他处于中等水平；教育生态、商业生态、制度生态、自然生态在试点区与非试点区返乡农业创业人才成长生态环境存在显著差异。从指标体系构建与检验来看，本章建立的以返乡农业创业人才为评价主体的创业人才成长生态环境评价指标体系合理有效。以群组 G1 - 熵权组合赋权与综合指标评价，通过了信度与效度检验，具有一定的可操作性。

（3）返乡农业创业人才成长内生态环境对人才成长作用表现为：教育生态＞个体生态＞家庭生态；对人才可持续成长作用表现为：个体生态＞家庭生态＞教育生态。具体而言，返乡农业创业人才环境感知与资源整合构成链式中介显著作用于个体生态对返乡农业创业人才成长，个体生态通过资源整合的中介作用影响返乡农业创业人才成长（可持续成长），个体生态则直接作用于返乡农业创业人才成长（可持续成长）；家庭生态通过资源整合的中介作用于返乡农业创业人才成长，且对返乡农业创业人才可持续成长作用基本不明显；环境感知、资源整合对教育生态与返乡农业创业人才成长（可持续成长）之间构成链式中介作用，且资源整合在教育生态与人才成长（可持续成长）之间起到中介作用，教育生态则直接作用于返乡农业创业人才成长。

（4）返乡农业创业人才成长外生态环境对人才成长作用表现为：制度生态＞社会生态＞自然生态＞商业生态；对人才可持续成长作用表现为：商业生态＞社会生态＞制度生态＞自然生态。商业生态通过资源整合的中介作用于返乡农业创业人才成长（可持续成长）；商业生态则直接作用于返乡农业创业人才可持续成长；返乡农业创业人才环境感知与资源整合构成链式中介显著作用于制度生态对返乡农业创业人才成长，且制度生态直接作用于返乡农业创业人才成长（可持续成长）；返乡农业创业人才环境感知与资源整合构成链式中介显著作用于社会生态对返乡农业创业人才成长（可持续成长），且社会生态通过资源整合的中介作用于返乡农业创业人才成长（可持续成长）；社会生态同时直接作用于返乡农业创业人才成长（可持续成长）；自然生态通过资源整合的中介作用影响返乡农业创业人才成长（可持续成长）。

（5）区域属性是返乡农业创业人才成长的催化剂，试点区个体生态、家庭生态、教育生态、制度生态、社会生态与自然生态对返乡农业创业人才成长作用更大。外部控制变量文化水平、家庭劳动力占比以及性别显著作用于人才成长（可持续成长），而年龄、创业年限则负向作用于人才成长（可持续成长）。因此，先行试点区要充分利用区位与创业生态的优势，总结可转换经验，推广到非试点区。

（6）改善人才内部与外部生态环境，以提升并优化区域返乡农业创业生态环境，提高创业活跃度。通过前文统计分析与实证检验，得到返乡农业创业人才生态环境的优化路径。具体来说，强化创业人才培育管理，完善农业创业人才培育内容体系，注重返乡农业创业人才培训的效果评估，培养与开发返乡农业创业人才自身意识，以优化返乡创业人才个体生态。重视农村家庭环境作用，构建和谐家庭生态环境是关键，正确认识家庭生态环境，鼓励家庭积极参与农业创业，实现农业规模化经营，以优化返乡创业人才家庭生态。依托社会共建教育机制，强化返乡创业人才教育生态平台构建，加强返乡农业创业跨区跨省学习与合作，营造返乡农业创业教育环境氛围，优化返乡创业人才教育生态。发挥政府宏观调控职能，强化返乡人员创业支持政策，加大创业保障力度，营造返乡人员创业良好环境，加深创业社会氛围，加强创业政策宣传与解读，强化检查督促，切实落实政策衔接配套，优化农业创业制度生态环境。健全金融服务与社会平台，探索针对返乡创业需求的金融服务与产品。鼓励政府为企业搭建合作平台，保障创业区域要素均衡流动，弥合城乡保障差距，优化创业商业与社会生态。最终，促进返乡农业创业人才成长生态环境水平的整体提高，实现乡村振兴的目的。

第二节　优化返乡农业创业人才成长生态环境的对策

人才生态学中也存在"木桶原理"，即最小量的生态环境因素决定着人才的成长。人才成长需要适合的环境，各人才个体的成长都要在可承受的生态环境范围内，低于或高于下限或上限都会抑制其成长，甚至导致创业个体终止创业与成长。根据生态管理理论的限制因子思想，返乡农业创业人才在成长过程中存在众多制约要素，在成长的同时也服从最小因子、耐受性与限制因子定律，在实际中，可能部分生态要素并不是致使人才成长与演化的主要生态要素，但这些生态要素的水平严重影响着人才成长的环境，从而决定了人才的数量与质量。因此，要优化返乡农业创业人才成长生态环境，关键是要找到限制因子这个"短板"，然后想方设法消除其限制作用，从多视角、多主体、多维度考虑，结合生态管理理论选择返乡农业创业人才成长生态环境优化路径，结合本章第一节梳理可知，应优化个体生态、家庭生态、教育生态、商业生态与社会生态，重点提升制度生态。

从返乡农业创业人才成长生态环境优化实施主体来看，宏观层面能促进我国乡村振兴，解决农业"后继缺人"的困境；微观层面来看促使返乡农民以创业带就业；从根本来看是提高农民的收入水平与可持续增收能力。因此，在构建返乡农业创业人才成长生态环境优化路径时，要从返乡农业创业人才成长生态系统出发，需要政府机构、成熟农业企业、金融机构、科研机构、创业人才等多主体共同协作（见图7-1），综合多方面考虑，遵循以政府主导、市场等金融机构参与、创业人才为主体的基本原则，协力构建返乡农业创业人才生态环境优化路径，促进返乡农业创业可持续发展。

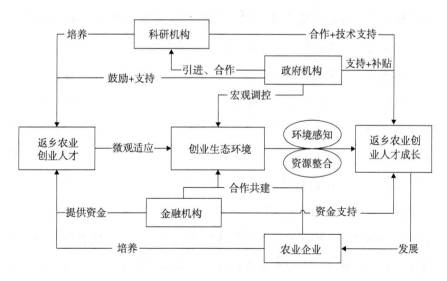

图7-1 返乡农业创业人才生态系统主体构成及关系

一、强化创业人才培育管理，优化返乡创业人才个体生态

根据返乡农业创业内生态环境对人才成长作用机理可知，良好的个体生态水平能够显著促进返乡农业创业人才成长。尽管理论实证与现实环境存在不完全契合，但通过对返乡农业创业人才成长生态环境评价与实证能给我们一些启示：优化返乡农业创业人才生态环境对人才成长的作用路径，要从优化人才个体生态（第三章第四节个体自身能力偏低）、促进培育与管理农业创业人才着手。因此，从图7-1返乡农业创业人才生态系统可知，除人才个体提升能力外，还需要通过政府宏观调控、社会机构支持培养。

第一，完善农业创业人才培育内容体系。结合区域资源情况、教育师资等，构建理论与实践教学、朋辈熟人教育、专家指导帮扶等培育体系，促使农业创业继续取得实效。从调研实际情况来看，返乡农业创业人才接受培训主要是来自各高等院校与职业院校等单位，创业培训的内容与实践结合不够紧密。因此，要完善培训机构创业教育课程体系，对不同产业、不同地理条件返乡农业创业人才进行区分创业培训内容。按照培训目标的差异性来选择有针对性的培训内容，提高创业培训内容的针对性和有效性，根据返乡农业创业生态系统主体、产业等，给不同培训对象提供有区别的培训内容。组织相关专家、学者进行技术指导，帮助解决创业过程中面临的实际困难和技术问题。对于返乡农业创业人才来说，农业生产管理培训是关键，但如何建立和维护与客户的关系，如何提高企业核心竞争力，如何处理与竞争对手的关系，如何与政府部门打交道等也是创业过程中必不可少的学习内容。因此，在具体培训内容上，尽可能在传授农业生产技术与知识的同时，对返乡农业创业人才管理、决策等方面进行培训与提升。

第二，注重返乡农业创业人才培训效果的评估。由于各种要素制约，目前农业培训认识以提高生产技能、农业生产知识为主。而创业培训具有外部性，作为农村公共服务，不仅要落实培训，更要注重培训效果评估。返乡农业创业培训涉及四个方面的人与组织，分别是：政府、高校（创业培训机构）、培训导师和创业人才，培训效果评估有利于及时发现并解决问题。如评估政府所投资金是否发挥了应有的社会效益，评估高校（创业培训机构）提供的服务与管理是否到位；评估培训内容、培训方式是否科学合理；评估返乡农业创业人才自身及项目的优势与劣势等。通过建立与运用创业培训评估，促使创业培训更具有针对性、实用性，保障创业培训取得预期实效。

第三，培养与开发返乡农业创业人才自身意识，提升个体能力。在实际调研中发现，大多数返乡创业人才属于后进群体，所掌握的知识不足以支撑其形成较好的自我成长的能力，因此需要通过提升返乡农业创业人才自我学习、自我成长的意识，不断提高创业的能力与素质。此外，创业是十分漫长而复杂的过程，并非一蹴而就的事情，返乡创业人才会面临很多意想不到的困难，良好的心理素质是返乡人员进行创业的必要条件。心理素质好、抗压能力强的人，其情绪稳定、性格开朗、人际关系和谐，无论面临怎样的困难和挑战，都能以积极向上的心态投入创业事业当中，也更能激发工作的热情和主观能动性，使个人潜能得到最大化的发挥。因此，要从外部给予关注，帮助返乡创业人才做好心理建设，帮助其树立乐观向上的心态，提升应对创业失败等事件的心理韧性。

二、重视农村家庭环境作用，优化返乡创业人才家庭生态

家庭是返乡农业创业人才成长的重要生态环境，也是启蒙教育生态赖以依存的场所。在前文分析结果中发现，家庭支持后劲有限，无论试点区还是非试点区，家庭生态在所有生态维度中都处于"短板"（最低水平），

返乡农业创业人才家庭生态水平测度结果均处于中等水平。从第五章内生态环境对人才成长作用机理分析结果可知,家庭生态在促进人才成长作用中不显著,但通过对资源整合的中介作用与人才成长,表明家庭生态环境不仅是有利于分析农业创业人才的"催化剂",还有助于人才青少年时期养成良好习惯,更是人才创业过程中心理上的"防火墙"。有了良好的家庭环境才能保障人才在自由、和谐与稳定的家庭关系中培养创业意识与创新思维。因此,家庭作为人才成长生态系统中的微观组织,其生态环境的营造要进行优化。

第一,构建和谐家庭生态环境。人才在返乡农业创业过程中受到各种社会因素的影响,但良好、和谐的家庭氛围对创业人才的成长起着重要作用,人才最容易直接受到家庭氛围的影响。一方面,返乡农业创业人才应与家庭成员保持感情和睦,尤其是要用沟通方式解决问题,促进人才与家庭成员的双向成长。另一方面,家庭成员之间建立良好的智力与文化氛围,关注国家、省市出台的创新创业政策,帮助创业人才建立良好的家庭亲缘网络环境与信息传递。返乡创业人才应当时常告知家庭成员关于国家鼓励返乡创业政策的出台和落实,缓解家庭对返乡创业的误解和排斥,以获得家庭在精神与物质上的支持和帮助,发挥家庭的社会资本优势。

第二,正确认识家庭生态环境的阶段性。一般而言,返乡农业创业人才成长不同阶段,家庭扮演着不同的角色,而家庭生态环境对于创业人才成长的各个阶段有着不同的影响。只有正确理解与认识家庭生态环境对创业的影响与作用,结合第二章第一节对人才成长不同阶段的划分与成长的规律,使得家庭生态环境对人才成长不同阶段更有针对性帮助作用。在人才成长起步阶段及在人才启蒙阶段,家庭生态环境作为人才成长起步阶段奠基石,对人才内在能力的形成与发展具有直接作用,要将家庭启蒙教育与学校、社会教育等微观生态要素有机结合,重视家庭示范教育作用。在人才摸索成长阶段,即在人才步入社会阶段家庭应给予充分鼓励和支持,促进人才发散性思考。在人才规范成长阶段,个体各方面社会性、实践性逐渐完善，人才成长逐渐稳定，对家庭生态环境有理性判定，家庭应保证物质基础供给。在人才可持续成长阶段，家庭与社会、文化、时代等宏观环境充分融合，家庭在精神状态上应给予人才支持，家庭内部精神环境的质量会影响返乡农业创业人才全面成长。

第三，鼓励家庭积极参与农业创业，实现农业规模化经营。积极转变家庭对返乡创业的消极态度，以充分发挥家庭的社会资本优势。创业生态优化仅靠政府、社会层面是不够的，还要充分发挥家庭的功能，营造良好的家庭生态环境，促进家庭生态化发展。鼓励返乡创业人才依托家庭组织及当地的社会化组织，创新利益联结机制，以降低创业风险。研究发现，以家庭团队形式进行创业活动比个体单独创业更具有凝聚力，更利于创业活动开展（陶雅，李燕萍，2018）。因此，要鼓励返乡创业人才通过租赁、转包、入股、托管、转让等方式，以家庭组织形式探索生产经营新方式，以推动家庭农场、专业大户、农民合作社等新型农业经营主体逐步取代传统主体，鼓励返乡农业创业人才以家庭形式积极发展多种形式的农业规模经营和社会化服务，成为促进乡村振兴的"中坚力量"。

三、依托社会共建教育环境，优化返乡创业人才教育生态

在"大众创业，万众创新"的新形势下，返乡农业创业的成功率始终难以提高，而农业创业人才的成长除了受外部生态环境的制约，还与自身教育生态密切相关。从前文研究结果来看，返乡农业创业人才的教育生态水平总体试点区高于非试点区，而教育生态对返乡农业创业人才成长有直接显著作用。除了启蒙教育生态，返乡农业创业人才成长的教育生态还包括继续教育、高等教育等，因此，返乡农业创业人才教育生态特征主要依赖于各教育机构、培训机构以及科研机构等，返乡农业创业人才教育生态的构成包括两部分：一是接受早期的教育，二是返乡创业期间当地相关部门组织的继续教育与培训。探讨优化返乡农业创业人才教育生态的路径主

要有以下几方面：

第一，强化返乡创业人才教育生态平台构建。从全球范围来看，美国首先兴起创业教育，健全了高等教育体系的保护制度。不同于学校的教育，返乡农业创业的平台更多依赖政府与第三方平台，结合当地资源禀赋与产业发展要求，由组织进行更有针对性的培训教育。近年来，国家针对创业出台了一系列培训项目，而返乡农业创业人才则应根据自身需求有针对性地提出培训申请，保障政府与人才之间信息的对称。政府可以通过建立各种农业创业实训基地、孵化基地、众创空间等为创业人才提供实践，还要鼓励并组织建立成熟企业家、科技干部、成功创业人才等形成农业创业导师队伍，为返乡农业创业人才提供创业指导与技术支持。通过构建多主体合作共建的教育生态平台，能在很大程度上提高返乡农业创业成功率，促进创业人才可持续成长。

第二，加强返乡农业创业跨区跨省学习与合作。实证结果分析可知试点区与非试点区返乡农业创业教育生态存在显著差异，因此，要缩小区域间教育水平差距，向沿海农业创业发展领先的区域与省市学习借鉴，以逐渐消除区域教育生态水平差异，形成返乡农业创业人才生态环境在空间上的融合关系。返乡农业创业先行试点区与非试点区应加强培训与学习联动，以经验分享、共建共享的形式相互借鉴。通过对其他区域创业人才教育与培训机制的学习，引导本地返乡农业创业人才更良好的发展。

第三，营造返乡农业创业教育环境氛围。在帮助返乡农业创业人才成长过程中，当地政府应当帮助人才自身以及当地农民转变观念，通过邀请典型创业人才进行故事分享，评选区域先进创业典型等方式，大力宣传返乡创业的成功案例与经验。帮助返乡农业创业人才认清形势，同时引导农民转变传统就业观念，培养与增强创业意识。此外，政府相关部门应通过多种方法与途径，营造弘扬、尊重与重视返乡农业创业精神的文化氛围，合理引导返乡人员以追求创业为价值取向，激发并带动当地农民以创业促就业，实现农业规模化经营，促进乡村振兴战略的实施。

四、健全社会平台与金融服务，优化商业生态与社会生态

在返乡农业创业人才成长生态系统中，统计分析发现商业生态与社会生态配套较弱，对商业生态与社会生态实证分析后发现均处于中等生态水平，从外生态环境对返乡农业创业人才成长作用机理实证分析结果来看，商业生态对返乡农业创业人才成长不存在直接作用，但通过资源整合对返乡农业创业人才成长有显著影响。社会生态对返乡农业创业人才成长有直接显著作用。通过实证理论发现，行业生态环境与社会生态的优化需优先重视资金、平台与公共基础服务建设，为返乡农业创业人才成长提供良好的外部生态。

第一，探索针对返乡创业需求的金融服务与产品。金融在我国村镇区域相对薄弱，而返乡人员大部分创业选择归乡创业，政府应鼓励金融机构放宽金融借贷门槛与条件，从返乡人员的百度开发或推出金融信贷产品，有条件可实行量身定制金融服务，缓解返乡人员创业中金融难题。金融机构应该在风险可控的条件下，根据不同返乡农业创业人才的融资需求，为其提供更具针对性的金融产品。对于创业更具潜力人才，适当降低融资与贷款条件、增加贷款额度、降低贷款利率、延长贷款期限、简化融资申请与审批程序。

第二，鼓励政府和企业搭建合作平台。在创业实践培养中，鼓励返乡人员以项目为载体，开展创新创业训练，针对不同层次、不同类型返乡人员的创业意愿和创业潜质，以强化创业意识、丰富创业知识、塑造创业精神、培养创业技能为目标，强化实践能力和创业能力的培养。结合科研机构的技术服务与指导，构建返乡农业创业人才与科研机构合作平台，将技术的需求与供给有效对接，通过政策引导、参观创业孵化基地、组织创新创业活动、开展创业项目孵化等方式，给返乡人员创业提供实践机会，帮助返乡人员在实战过程中提升创新创业能力，更好地解决实际问题。

第三，保障创业区域要素均衡流动，弥合城乡保障差距。建立健全城乡融合发展体制机制和政策体系，推进新型城镇化建设和乡村振兴战略实施，引导城乡各类要素双向流动、平等交换、合理配置。支持培育优势特色农业产业，促进区域间流动机会均衡。此外，深化社会保障制度改革，提升农村社保专项财政支出比例，逐步补齐与返乡人员相关的乡村医疗、养老等保障项目与城市的短板。加快构建城乡社会保障有机衔接的转换机制，统筹规划城乡一体的交通、网络、物流等基础设施网络，促进区域间经济要素和社会要素的流通共享，为返乡农业创业人才提供优良的营商创业环境和便捷的人居生活条件，得到返乡创业人才的认可和接纳。

五、发挥政府宏观调控职能，优化创业制度生态与自然生态

通过对返乡农业创业制度生态统计分析，发现创业制度政策亟待优化，实证发现制度生态水平处于相对一般的水平，而制度生态对返乡农业创业人才成长、可持续成长具有显著正向作用。从实证对自然生态环境作用机理检验结果来看，返乡农业创业人才认为农业创业自然条件较好，且自然生态环境水平测度处于中上水平，自然生态环境通过资源整合对人才成长、人才可持续成长之间起到间接作用。在实际中，返乡农业创业所需自然资源、土地资源以及气候等与自然生态存在相关关系，在创业机会识别与资源识别中对返乡人员产生农业创业的启动作用。因此，要发挥政府宏观调控职能，全面完善返乡农业创业人才成长所需的制度生态，加大农村生态文明建设力度，保障返乡农业创业人才成长所需的自然生态。政府作为返乡农业创业人才成长外部生态环境构建的主体，要在制度、文化、经济、科技、自然生态等方面以引导和稳定为主。政府宏观调控职能主要体现在乡村振兴背景下统筹返乡农业创业生态系统的各种外部生态要素，构建政策落实、经费扶持、平台构建的返乡农业创业人才成长制度生态环境，抓自然生态意识文明建设与生态制度文明建设。具体包括以下几

方面：

第一，强化返乡人员创业支持政策，加大创业保障力度。制度体系建设是支撑与保障，政府部门应该尊重创新创业基本规律，对返乡农业创业人才给予高度重视与指导。一方面，建议各级各地政府结合区域经济发展情况来进一步完善返乡人员创业扶持政策，给予返乡人员创业以更加广泛的政策激励和支持，强化地方政府在工商管理、法律服务、资金筹措等方面对于返乡人员创业的支持力度。政府给予商业保险机构保费补贴，鼓励保险机构开发保险品种，发展有地方特色的农业保险，降低返乡农民工创业所承担的风险。另一方面，创新维权工作机制以维护返乡创业农民工合法权益，对返乡农民工群体开通消费者投诉"绿色通道"，帮助返乡群体解决劳资用工、医疗健康等方面的权益问题。

第二，营造返乡人员创业良好环境，加深创业社会氛围。提升返乡人员创业政策知晓率与执行率，以完善的政策组合为创业"提速"。在社会领域营造鼓励创业、勇于尝试、包容失败的观念与氛围，形成返乡人员想创业、敢创业的"软环境"，为返乡人员创业塑造良好的观念基础。同时鼓励社会企业予以包容与支持，为返乡人员创业活动提供更加宽松和良好的氛围。此外，针对返乡人员创业面临的实际困难，政府既要积极帮助返乡人员争取创业政策，又要对现有政策的不完善之处开展实地调查与研究以完善相关政策。

第三，加强创业政策宣传与解读，强化检查督促，切实落实政策衔接配套。调研发现，返乡人员对创业政策的缺乏关注和了解，相关部门缺乏专业统领与落实，造成返乡人员创业与政府政策扶持之间缺乏良好衔接。可通过传统媒体、新媒介等平台、窗口等主动公开各项政策，并委托媒体和专业人士对政策进行分析与解读；将已经出台的各项优惠条例与扶持政策汇编成册，免费发放给返乡人员群体，提高返乡人员创业支持政策的知晓率。此外，政府在制定政策的过程中，可通过公开征求意见等方式积极引导返乡农民工参与，既能吸纳创业人才好的建议，又能在事前扩大政策的知晓度。

第四，加大自然生态环境与系统的保护力度，将生态文明建设与地方农业、经济、社会的建设等融合发展。一方面，政府相关职能部门主导下开展生态环境整治优化自然条件，加强对工业、畜牧养殖业等点源、面源污染的治理，推进农业绿色发展和循环发展，降低农业污染力度，提高土地资源利用率。另一方面，强化自然生态保护的主体定位，加大国土、绿色水源、电力的开发，保障返乡农业创业的基本生产需要。遵从尊重自然、顺应自然和保护自然的理念，实现自然能源、水资源等按质分级利用，严控能源消耗上限、环境质量底线与生态保护红线，将大气、土地等纳入地方部门环保与考核任务。

第三节　小　结

本章基于前文理论分析与实证检验，总结并梳理生态环境对返乡农业创业人才作用机理，并由此提出了优化返乡农业创业人才成长生态环境路径的对策。

（1）强化创业人才培育管理，完善农业创业人才培育内容体系，注重返乡农业创业人才培训的效果评估，培养与开发返乡农业创业人才自身意识，以优化返乡创业人才个体生态。（2）重视农村家庭环境作用，构建和谐家庭生态环境关键是正确认识家庭生态环境的阶段性，鼓励家庭积极参与农业创业，实现农业规模化经营，以优化返乡创业人才家庭生态。（3）依托社会共建教育机制，强化返乡创业人才教育生态平台构建，加强返乡农业创业跨区跨省学习与合作，营造返乡农业创业教育环境氛围，优化返乡创业人才教育生态。（4）健全金融服务与社会平台，探索针对返乡创业需求的金融服务与产品。鼓励政府企业搭建合作平台，保障创业区域要素均衡流动，弥合城乡保障差距，优化创业商业与社会生态。（5）发挥政府宏观调控职能，强化返乡人员创业支持政策，加大创业保障力度，营造返乡人员创业良好环境，加深创业社会氛围，加强创业政策宣传与解读，强化检查督促，切实落实政策衔接配套，优化农业创业制度生态环境。同时加大对自然生态环境与系统的保护力度，将生态文明建设与地方农业、经济、社会等建设融合发展。

参考文献

1. 专著类

[1] 顾明远. 教育大辞典（第三卷）[M]. 上海：上海教育出版社，1991.

[2] 马克思恩格斯全集（第三卷）[M]. 北京：人民出版社，1960.

[3] 彭艳玲，孔荣. 我国农户创业选择研究——基于收入质量与信贷约束作用视角 [M]. 北京：社会科学文献出版社，2017.

[4] 邱皓政，林碧芳. 结构方程模型的原理与应用 [M]. 北京：中国轻工业出版社，2009.

[5] 荣泰生. SPSS 与研究方法 [M]. 大连：东北财经大学出版社，2012.

[6] 沈邦仪. 人才生态论 [M]. 北京：蓝天出版社，2005.

[7] 王济川，王小倩，姜宝法. 结构方程模型：方法与应用 [M]. 北京：高等教育出版社，2011.

[8] 王通讯. 人才学新论 [M]. 北京：蓝天出版社，2005.

[9] 吴明隆. 结构方程模型：Amos 实务进阶 [M]. 重庆：重庆大学出版社，2013.

[10] 吴明隆. 结构方程模型：AMOS 的操作与应用 [M]. 重庆：重庆大学出版社，2009.

[11] 叶峻. 社会生态学与生态文明论 [M]. 上海：上海三联书店，2016.

[12] 叶忠海. 普通人才学 [M]. 上海：复旦大学出版社，1990.

[13] 叶忠海，袭克人. 中国人才学研究新进展（中册）[M]. 青岛：中国海洋大学出版社，2006.

[14] 叶忠海编. 人才学概论 [M]. 长沙：湖南人民出版社，1983.

2. 期刊类

[1] 蔡建峰，刘成梅 . 孵化资源影响高层次人才创业绩效机理研究：来自江苏省苏南地区的实证 [J]. 科技进步与对策，2016（24）.

[2] 蔡莉，彭秀青，Nambisan Satish，等 . 创业生态系统研究回顾与展望 [J]. 吉林大学社会科学学报，2016（1）.

[3] 蔡树堂 . 动态能力与企业可持续成长的关系研究 [J]. 云南财经大学学报，2011（4）.

[4] 蔡树堂 . 动态能力对企业可持续成长作用机理的实证研究 [J]. 经济管理，2012（8）.

[5] 蔡晓梅，黄莉葱 . 中国女性竞技体育人才的时空分布特征及其形成原因：以历届亚运会女性冠军为例 [J]. 热带地理，2012（1）.

[6] 曹之然 . 创业理论研究：共识、冲突、重构与观察 [J]. 现代经济探讨 . 2008（9）.

[7] 曾祥跃 . 网络远程教育的个体生态学研究 [J]. 现代远距离教育，2011（6）.

[8] 陈寒松，陈金香 . 创业网络与新企业成长的关系研究：以动态能力为中介变量 [J]. 经济与管理评论，2016（2）.

[9] 陈建俞，沈慧青 . 中国人才生态学研究现状及发展趋势 [J]. 科技导报，2019（10）.

[10] 陈鹏，张吉军 . 创新人才成长环境影响因子排序分析 [J]. 统计与决策，2017（11）.

[11] 陈伟忠，张博 . 以"创业学院"为载体的高校创新创业人才培养工作的模式、困境与改进 [J]. 高教探索，2017（1）.

[12] 陈卫平，许悦，王笑丛，等 . 如何让微信帖子更受欢迎?：新农人微信公众号帖子信息特征对在线参与度的影响 [J]. 中国农村经济，2018（6）.

[13] 陈习定，张芳芳，黄庆华，等 . 基础设施对农户创业的影响研

究［J］.农业技术经济，2018（4）.

　　［14］陈先忠，曾永忠.基于社会生态学理论模型的大学生参与身体活动干预策略研究［J］.高教探索，2018（4）.

　　［15］陈向军，莫莉.基于三维资本结构的人才成长评价模型［J］.工业工程与管理，2008（6）.

　　［16］陈晓暾，葛雅利.职业成长研究述评与展望［J］.领导科学，2019（22）.

　　［17］陈耀，汤学俊.企业可持续成长能力及其生成机理［J］.管理世界，2006（12）.

　　［18］陈瑜，陈俊梁.城乡一体化进程中的农村创业人才培养策略研究［J］.经济研究导刊，2013（32）.

　　［19］陈哲，李晓静，刘斐，等.自然灾害冲击对农村家庭非农就业选择的影响［J］.西北农林科技大学学报（社会科学版），2020（2）.

　　［20］崔杰.创新人才成长环境完善度测评体系与数学方法［J］.统计与决策，2008（1）.

　　［21］崔颖.基于模糊综合评价的科技创新人才政策环境评价研究：来自河南省的数据［J］.科技管理研究，2013（11）.

　　［22］董静，赵策.家庭支持对农民创业动机的影响研究：兼论人缘关系的替代作用［J］.中国人口科学，2019（1）.

　　［23］董原.基于人才生态学理论的创新创业人才队伍建设：研究综述［J］.兰州学刊，2016（4）.

　　［24］董原.基于人才生态学理论的创新创业人才队伍建设：研究综述［J］.兰州学刊，2016（4）.

　　［25］杜辉.基于生态学视角的科技创新型人才生态系统构建研究［J］.人力资源管理，2016（12）.

　　［26］段利民，王林雪.企业生命周期视角下的企业家社会资本书［J］.经济研究导刊，2010（9）.

[27] 范明，汤学俊. 企业可持续成长的自组织研究：一个一般框架及其对中国企业可持续成长的应用分析 [J]. 管理世界，2004（10）.

[28] 范晓光，郑峰. 大学生创业胜任力的特征模型构建及培养途径 [J]. 教育与职业，2012（23）.

[29] 冯红霞."双创"视域下农村创业人才培育策略研究 [J]. 河北大学成人教育学院学报，2016（2）.

[30] 淦未宇，徐细雄. 组织支持、社会资本与新生代农民工离职意愿 [J]. 管理科学，2018（1）.

[31] 顾桥，喻良涛，梁东. 论创业人才能力与企业成长的关系 [J]. 科技进步与对策，2004（12）.

[32] 顾然，商华. 基于生态系统理论的人才生态环境评价指标体系构建 [J]. 中国人口·资源与环境，2017（S1）.

[33] 桂昭明. 中国人才理论创新的发展趋势 [J]. 第一资源，2011（4）.

[34] 郭曼，郭雷风. 我国大众创业生态体系建设的思考：基于我国"千人计划"创业人才入选情况分析 [J]. 科技管理研究，2016（5）.

[35] 郭时印，朱育峰，夏石头，等. 构建"多维协同"模式 培养涉农生物学创新创业人才：以湖南农业大学为例 [J]. 中国农业教育，2018（2）.

[36] 郭新宝. 创业人才的三维创业资本书 [J]. 西北农林科技大学学报（社会科学版），2014（1）.

[37] 郭艳平，谭莹. 新农人成长的影响因素及政策路径 [J]. 农业经济，2016（4）.

[38] 郭宇静. 科技型中小企业成长的环境影响因素研究 [J]. 消费导刊，2009（19）.

[39] 韩文玲，陈卓，韩洁. 科技人才培养计划下的科技人才成长路径研究 [J]. 科技进步与对策，2012（10）.

[40] 郝臣. 中小企业成长制度环境评价研究 [J]. 现代管理科学, 2005 (10).

[41] 郝金磊, 韩静. 西部地区科技创新人才生态环境评价研究 [J]. 西安电子科技大学学报 (社会科学版), 2015 (2).

[42] 贺小刚, 连燕玲, 余冬兰. 家族和谐与企业可持续成长: 基于家族权力配置的视角 [J]. 经济管理, 2010 (1).

[43] 胡春蕾. 基于生态学视角的创新创业人才集聚研究 [J]. 中外企业家, 2014 (33).

[44] 胡江霞, 文传浩. 人力资本、社会网络与移民创业绩效: 基于三峡库区的调研数据 [J]. 软科学, 2016 (3).

[45] 胡雪梅. 科学人才观与马克思主义人才理论中国化 [J]. 马克思主义与现实, 2012 (1).

[46] 华才. 人才概念与人才标准 [J]. 中国人才, 2004 (2).

[47] 黄兢. 优化地方大学"双一流"建设的生态环境 [J]. 中国高等教育, 2017 (12).

[48] 黄敬宝. 中关村青年创业人才的成长机制 [J]. 中国青年社会科学, 2019 (4).

[49] 黄梅, 吴国蔚. 人才生态环境综合评价体系研究 [J]. 科技管理研究, 2009 (1).

[50] 贾尧天. 马克思主义人学理论基础与人的全面发展 [J]. 汉字文化, 2019 (14).

[51] 贾尧天. 新时代背景下马克思人才思想的创新与实践 [J]. 汉字文化, 2019 (15).

[52] 简兆权, 刘念. 动态能力构建机理与服务创新绩效: 基于佛朗斯的服务平台转型研究 [J]. 科学学与科学技术管理, 2019 (12).

[53] 柯丽娜, 王权明, 李永化, 等. 基于可变模糊集理论的海岛可持续发展评价模型: 以辽宁省长海县为例 [J]. 自然资源学报, 2013 (5).

[54] 孔德议, 张向前. 基于生态管理理论的创新型人才成长环境研究 [J]. 生态经济, 2012 (11).

[55] 兰玉杰, 陈晓剑. 人力资本的概念界定及其性质研究 [J]. 科学学与科学技术管理, 2003 (4).

[56] 雷娜, 赵晓明, 赵娟. 高职农村籍学生返乡创业意愿及影响因素研究: 以河北交通职业技术学院为例 [J]. 北京农业职业学院学报, 2017 (3).

[57] 雷祯孝, 蒲克. 应当建立一门 "人才学" [J]. 人民教育, 1979 (7).

[58] 李安, 李朝晖. 返乡农民工创办的微型企业成长性影响因素分析: 基于湖南 269 份问卷调查数据的实证研究 [J]. 湖南农业大学学报 (社会科学版), 2014 (1).

[59] 李冰, 高雨薇. 创业型人才培养模式研究 [J]. 中国集体经济, 2014 (5).

[60] 李刚, 李建平, 孙晓蕾, 等. 主客观权重的组合方式及其合理性研究 [J]. 管理评论, 2017 (12).

[61] 李衡雨, 孙茂硕. 商业环境的分析框架及应用 [J]. 商, 2013 (17).

[62] 李后建. 自然灾害冲击对农民创业行为的影响 [J]. 中国人口科学, 2016 (2).

[63] 李加鹏, 吴蕊, 杨德林. 制度与创业研究的融合: 历史回顾及未来方向探讨 [J]. 管理世界, 2020 (5).

[64] 李京文, 袁页. 企业家动态能力起源及影响因素研究 [J]. 科技进步与对策, 2017 (7).

[65] 李仁苏, 蔡根女. 基于生态学视角的创业研究: 回顾与展望 [J]. 生态经济 (中文版), 2008 (6).

[66] 李仁苏. 农村微型企业生态位及其创业策略选择研究 [J]. 南方

农村, 2013 (3).

　　[67] 李韬, 文晓红. 可持续发展人才的基本内涵 [J]. 高教探索, 2000 (1).

　　[68] 李威龙. 家庭环境对创业意向与创业行为之影响: 以两岸创业家为例 [J]. 多国籍企业管理评论, 2013 (1).

　　[69] 李锡元, 查盈盈. 人才生态环境评价体系及其优化 [J]. 科技进步与对策, 2006 (3).

　　[70] 李欣, 范明姐, 杨早立, 等. 基于结构方程模型的科技人才发展环境影响因素 [J]. 中国科技论坛, 2018 (8).

　　[71] 李新春, 杨学儒, 姜岳新, 等. 内部人所有权与企业价值: 对中国民营上市公司的研究 [J]. 经济研究, 2008 (11).

　　[72] 李旭辉, 张培钰. 重点开发主体功能区经济社会发展绩效评价体系构建 [J]. 统计与决策, 2019 (22).

　　[73] 李艳华. 质疑的反质疑: "马克思人才思想" 命题的论证 [J]. 观察与思考, 2016 (1).

　　[74] 李云, 李锡元. 上下级 "关系" 影响中层管理者职业成长的作用机理: 组织结构与组织人际氛围的调节作用 [J]. 管理评论, 2015 (6).

　　[75] 李占祥. 为企业可持续成长 (长寿) 而管理 [J]. 经济理论与经济管理, 2002 (8).

　　[76] 梁强, 邹立凯, 宋丽红, 等. 组织印记、生态位与新创企业成长: 基于组织生态学视角的质性研究 [J]. 管理世界, 2017 (6).

　　[77] 梁文群, 郝时尧, 牛冲槐. 我国区域高层次科技人才发展环境评价与比较 [J]. 科技进步与对策, 2014 (9).

　　[78] 林洁梅. 谈一点科技人才成长的 "生态环境" 建设问题 [J]. 科技管理研究, 2006 (3).

　　[79] 林琳. 民族地区高校教师人才生态环境评价指标体系的构建研究 [J]. 西南民族大学学报 (人文社科版), 2019 (1).

[80] 林强，姜彦福，张健. 创业理论及其架构分析 [J]. 经济研究，2001（9）.

[81] 林嵩. 创业生态系统：概念发展与运行机制 [J]. 中央财经大学学报，2011（4）.

[82] 刘井建. 创业学习、动态能力与新创企业绩效的关系研究：环境动态性的调节 [J]. 科学学研究，2011（5）.

[83] 刘瑞波，边志强. 科技人才社会生态环境评价体系研究 [J]. 中国人口资源与环境，2014（7）.

[84] 刘新民，钱洁莹，范柳. 基于文本分析的我国创业政策结构与特征研究 [J]. 山东科技大学学报（社会科学版），2018（3）.

[85] 刘义臣，史冉，孙文博. 供给侧改革背景下农村人才的管理创新研究 [J]. 经济问题，2016（8）.

[86] 刘有升，陈笃彬. 政产学三螺旋对创业型人才培养绩效的影响 [J]. 科学学研究，2017（8）.

[87] 刘智勇，姜彦福. 新创企业动态能力：微观基础、能力演进及研究框架 [J]. 科学学研究，2009（7）.

[88] 龙梦晴，张楚廷. 我国大学人才成长的生态学研究：基于大学人才管理的视角 [J]. 高等教育研究，2017（5）.

[89] 罗洪铁，周琪. 人才宏观环境的功能初探 [J]. 中国人才，2003（4）.

[90] 罗良针，刘越，陈新利. 家庭对初中生学业压力影响的实证研究：基于家庭生态系统理论 [J]. 南昌教育学院学报，2019（3）.

[91] 罗珉，刘永俊. 企业动态能力的理论架构与构成要素 [J]. 中国工业经济，2009（1）.

[92] 罗明忠，邹佳瑜. 影响农民创业因素的研究述评 [J]. 经济学动态，2011（8）.

[93] 吕诚伦. 农民工返乡创业意愿的影响因素分析：基于湖南省482

位返乡农民工调查数据 [J]. 求索. 2016 (9).

[94] 马矗，张帆，司琦. 影响青少年参与身体活动的个体因素综述：基于社会生态模型的个体生态子系统 [J]. 浙江体育科学, 2016 (3).

[95] 马道明，杜璐. 城市化背景下农村家庭生态的嬗变：以安徽南屏村为例 [J]. 学海, 2016 (5).

[96] 马红，王元月. 融资约束、政府补贴和公司成长性：基于我国战略性新兴产业的实证研究 [J]. 中国管理科学, 2015 (S1).

[97] 马连湘. 基于政产学研融合的高校创业生态体系构建及思考 [J]. 国家教育行政学院学报, 2018 (1).

[98] 马振华. 高技能人才成长规律探寻 [J]. 人才资源开发, 2010 (8).

[99] 迈克尔·希特. 徐凯，钟莹等译. 制度与创业战略 [J]. 管理学季刊, 2019 (2).

[100] 毛文峰，陆军. 土地要素错配如何影响中国的城市创新创业质量：来自地级市城市层面的经验证据 [J]. 产业经济研究, 2020 (3).

[101] 梅介人. 人才管理立法与人才概念 [J]. 科技进步与对策, 1985 (S1).

[102] 梅伟. 构建良好的人才生态环境 [J]. 企业科技与发展, 2012 (16).

[103] 穆胜. 企业如何打造"人才生态" [J]. 中国眼镜科技杂志, 2018 (1).

[104] 庞静静. 创业生态系统研究进展与展望 [J]. 四川理工学院学报（社会科学版), 2016 (2).

[105] 彭瑞华. 人才成长与生态环境 [J]. 行政人事管理, 1994 (4).

[106] 彭伟，符正平. 基于内容分析法的海归创业政策研究：以长三角地区为例 [J]. 科技进步与对策, 2015 (15).

[107] 齐书宇，方瑶瑶. 工科大学生创新创业能力评价指标体系构建

与设计 [J]. 科技管理研究, 2017 (24).

[108] 乔俊飞. 打造高端人才云集的生态环境 [J]. 中国高等教育, 2016 (3).

[109] 邱永明. 人才问题的历史学思考: 人才概念及标准历史演变的考察 [J]. 中国人才, 2004 (4).

[110] 邱赵东, 商华, 刘禹岑. 微观人才生态环境评分方法研究 [J]. 中国人口·资源与环境, 2017 (S1).

[111] 任胜钢, 贾倩, 董保宝. 大众创业: 创业教育能够促进大学生创业吗? [J]. 科学学研究, 2017 (7).

[112] 任晓蕾. 创新创业人才评价体系和分类评价指标体系构建研究 [J]. 江苏科技信息, 2020 (7).

[113] 芮正云, 史清华. 中国农民工创业绩效提升机制: 理论模型与实证检验: 基于"能力—资源—认知"综合范式观 [J]. 农业经济问题, 2018 (4).

[114] 商晨阳. 企业成长理论研究综述 [J]. 经济论坛, 2012 (2).

[115] 商华, 王苏懿. 价值链视角下企业人才生态系统评价研究 [J]. 科研管理, 2017 (1).

[116] 申宝国. 优化人才成长软环境的策略研究 [J]. 湖南社会科学, 2013 (z1).

[117] 沈国琪, 陈万明. 基于教育因子的区域人才资源流动分析 [J]. 科技进步与对策, 2009 (17).

[118] 石学军, 王绍芳. 新时代视阈下乡村人才成长机理与振兴路径选择 [J]. 辽宁工业大学学报 (社会科学版), 2020 (1).

[119] 石智雷, 谭宇, 吴海涛. 返乡农民工创业行为与创业意愿分析 [J]. 中国农村观察, 2010 (5).

[120] 税伟, 陈毅萍, 吴聘奇, 等. 专业化农区商业环境的"粮仓模型"构建: 以福建省安溪县为例 [J]. 经济问题探索, 2017 (3).

[121] 苏培安. 培养农村创业人才的探索与实践 [J]. 农业教育研究, 2001 (4).

[122] 孙楚仁, 赵瑞丽, 陈瑾, 等. 政治关系、融资约束与企业出口行为: 基于 2004 年世界银行"商业环境和企业绩效调查"中国企业数据的实证分析 [J]. 中南财经政法大学学报, 2014 (3).

[123] 孙运宏, 宋林飞. 新型农业经营主体发展与乡村治理创新 [J]. 南京社会科学, 2016 (12).

[124] 孙泽厚, 王洁琼. 青年拔尖科技人才成长环境与三维资本关系研究 [J]. 教育研究, 2017 (5).

[125] 覃巍. 农村中小企业成长环境研究: 基于商业生态系统的视角 [J]. 学术论坛, 2013 (2).

[126] 汤丹丹, 温忠麟. 共同方法偏差检验: 问题与建议 [J]. 心理科学, 2020 (1).

[127] 唐琳, 张引琼. 基于 1 + N 分布式创客空间的高校创新创业人才培养模式研究 [J]. 中国高等教育, 2018 (10).

[128] 陶雅, 李燕萍. 家庭嵌入视角下创业激情形成机理的跨域研究 [J]. 管理学报, 2018 (12).

[129] 田华, 刘俊国. 双创型人才的基本特征和角色定位探究 [J]. 汉字文化, 2018 (6).

[130] 万华. 新知识生产理论框架下高校创新创业人才培养机制变革探析 [J]. 贵州社会科学, 2018 (4).

[131] 汪发元. 中外新型农业经营主体发展现状比较及政策建议 [J]. 农业经济问题, 2014 (10).

[132] 汪向东. "新农人"与新农人现象 [J]. 新农业, 2014 (2).

[133] 汪怿. 如何提升人才环境三大"指数" [J]. 决策, 2018 (9).

[134] 王瀚轮, 蔡莉, 尹苗苗. 创业领域动态能力研究述评 [J]. 经济纵横, 2010 (7).

[135] 王剑程，朱永跃．创新驱动背景下企业科技人才成长环境评价研究 [J]．科技进步与对策，2015 (24)．

[136] 王洁琼，孙泽厚．新型农业创业人才三维资本、创业环境与创业企业绩效 [J]．中国农村经济，2018 (2)．

[137] 王通讯，叶忠海，于文远．人才学基本名词注释（第二部分）[J]．中国人才，1990 (7)．

[138] 王晓丹，沈约．农民创业意愿及其影响因素：基于不同地区的比较研究 [J]．东北师大学报（哲学社会科学版），2017 (6)．

[139] 王学军，郭亚军，兰天．构造一致性判断矩阵的序关系分析法 [J]．东北大学学报（自然科学版），2006 (1)．

[140] 王仰东，张敏，张劲菊．"千人计划"创业人才研究 [J]．科技进步与对策，2014 (23)．

[141] 王轶，李仁康，骆干，等．新冠疫情下我国西部地区返乡创业企业发展质量研究 [J]．科技智囊，2020 (7)．

[142] 王颖，王奕苹．创新驱动背景下科技人才生态环境优化对策研究：以湖北省十堰国家商用车零部件高新技术产业化基地为例 [J]．生产力研究，2016 (10)．

[143] 王元珑．我国中小民营企业外部商业环境分析 [J]．统计与决策，2005 (1)．

[144] 王转弟，马红玉．创业环境、创业精神与农村女性创业绩效 [J]．科学学研究，2020 (5)．

[145] 韦雪艳．中国背景下农民工创业成长的过程机制 [J]．心理科学进展．2012 (2)．

[146] 温忠麟，叶宝娟．中介效应分析：方法和模型发展 [J]．心理科学进展，2014 (5)．

[147] 文革，郑贤贵，李贵卿．高端创新创业人才开发效益的系统动力学分析 [J]．软科学，2016 (7)．

[148] 翁清雄，胡蓓. 员工职业成长的结构及其对离职倾向的影响 [J]. 工业工程与管理，2009（1）.

[149] 吴金玉. 关于创新农业农村人才评价机制的思考 [J]. 种子科技，2016（34）.

[150] 吴艳，温忠麟. 结构方程建模中的题目打包策略 [J]. 心理科学进展，2011（12）.

[151] 吴长征. 创业者受教育水平影响新创企业成长吗?：地区市场化水平的调节效应 [J]. 中山大学学报（社会科学版），2019（1）.

[152] 吴中超. 解读"企业可持续成长"的内涵、外延与本质特征：一个整合的多维概念框架 [J]. 当代经济管理，2011（8）.

[153] 肖恒. 论自然环境与人才成长的辩证关系 [J]. 沈阳大学学报（自然科学版），2008（5）.

[154] 肖克奇，易本谊. 新时期人才生态环境建设 [J]. 人才开发，2003（11）.

[155] 肖为群，樊立宏. 创新创业人才成长：一个整合框架分析 [J]. 科技管理研究，2014（10）.

[156] 肖勇军，董学良. 科技园区创业生态环境模型构建及应用研究 [J]. 财务与金融，2012（1）.

[157] 谢定元. 论竞争环境对人才成长的影响 [J]. 学理论，2012（13）.

[158] 熊凡. 试论人才与生态环境 [J]. 科学学与科学技术管理，1986（6）.

[159] 徐锡广. 基于资本禀赋的贵州民族地区返乡农民工创业研究 [J]. 贵州民族研究，2017（2）.

[160] 宣裕方. 农林高校新农村建设创业人才培养的实践探索 [J]. 中国高等教育，2012（2）.

[161] 薛红焰. 马克思主义人才理论研究中的几个要点 [J]. 攀登

（哲学社会科学版），2018（4）.

[162] 薛丕声，马晶晶. 困境协调—创业者的动态能力—基于对新加坡知识型创业者的研究 [J]. 研究与发展管理，2008（1）.

[163] 薛昱，张文宇，申丹丹，等. 基于层次聚类的科技创新人才成长模式研究 [J]. 计算机仿真，2017（8）.

[164] 杨春华. "无形文化资本"与农村家庭社会地位的获得：基于对农村调查的思考 [J]. 山东社会科学，2014（8）.

[165] 杨道建，刘素霞，李洪波，等. 创业知识视角下创业学习对大学生创业成长的影响研究 [J]. 科技管理研究，2018（1）.

[166] 杨东涛，苏中锋，褚庆鑫. 创业企业创新成长的政商环境影响机理研究 [J]. 科技进步与对策，2014（15）.

[167] 杨东涛，苏中锋，褚庆鑫. 创业企业创新成长的政商环境影响机理研究 [J]. 科技进步与对策，2014（15）.

[168] 杨欢耸. "互联网＋"环境下信息类应用型创新创业人才培养模式新探索 [J]. 教育发展研究，2017（S1）.

[169] 杨敬东. 马克思主义人才思想史的拓荒之作：评《马克思主义人才思想史》[J]. 中国人才. 2008（7）.

[170] 杨文兵. 农民家庭创业环境、创业活动与创业绩效关系研究 [J]. 绍兴文理学院学报，2011（8）.

[171] 杨文飞. 农民工家庭生态系统研究：农民工问题研究的新视角 [J]. 东南学术，2007（4）.

[172] 杨秀丽. 乡村振兴战略下返乡农民工创新创业生态系统构建 [J]. 经济体制改革，2019（4）.

[173] 杨忠波. 商业环境、外商直接投资与企业绩效关系的检验 [J]. 统计与决策，2019（9）.

[174] 姚凯，于晓爽. 层级式创业人才培养模式研究 [J]. 复旦教育论坛，2016（1）.

[175] 叶忠海. 人才成长规律和科学用人方略 [J]. 中国人才，2007 (5).

[176] 易朝辉，罗志辉，兰勇. 创业拼凑、创业能力与家庭农场创业绩效关系研究 [J]. 农业技术经济，2018 (10).

[177] 易自力，刘强，卢向阳，等. 高等农业院校创业型人才培养初探：以湖南农业大学为例 [J]. 高等农业教育，2007 (12).

[178] 尹苗苗，李秉泽，杨隽萍. 中国创业网络关系对新企业成长的影响研究 [J]. 管理科学，2015 (6).

[179] 印伟. 创新创业人才培养与教育技术的应用 [J]. 中国高校科技，2018 (5).

[180] 余浩，叶伟巍. "互联网 +"创业创新人才培养思考 [J]. 高等工程教育研究，2016 (3).

[181] 余练，陈跃. 返乡创业型土地精英的兴起与基层治理互动 [J]. 中国青年研究，2018 (9).

[182] 袁明达. 特困地区制度环境、创业动机与农民工新创企业成长：基于武陵山和罗霄山片区的调查分析 [J]. 湖北民族学院学报（哲学社会科学版），2019 (4).

[183] 岳立，高新才，张钦智. 基于熵值法的区域循环经济发展评价：以甘肃省为例 [J]. 软科学，2011 (10).

[184] 张海燕. 创新人才成长环境评价指标体系实证研究：以江苏省徐州市为例 [J]. 科技管理研究，2012 (20).

[185] 张继延，周屹峰. 高校创新创业人才的协同培养研究 [J]. 国家教育行政学院学报，2016 (7).

[186] 张家建. 人才定义理论的历史发展与现代思考 [J]. 人才开发，2008 (2).

[187] 张金山，徐广平. 创业文化视阈下高校创新创业人才成长因素研究 [J]. 中国高等教育，2019 (5).

[188] 张静，于艳丽，郭洪水. 乡村振兴视角下新型农业创业人才培养路径探析 [J]. 西北农林科技大学学报（社会科学版），2020 (1).

[189] 张连刚. 基于多群组结构方程模型视角的绿色购买行为影响因素分析：来自东部、中部、西部的数据 [J]. 中国农村经济，2010 (2).

[190] 张奇. 改善女性创业的社会环境 [J]. 特区理论与实践，2003 (4).

[191] 张伟珊，李卓运，郭锡泉. 高职院校"互联网+"创新创业人才培养的实证研究：基于粤北山区 4 所大学的抽样分析 [J]. 科技管理研究，2019 (9).

[192] 张晓芸，朱红根，解春艳. 基于农民视角的农村创业环境满意度评价 [J]. 农村经济，2014 (9).

[193] 张兄武. 高校创新创业人才多元协同培养机制的构建 [J]. 国家教育行政学院学报，2016 (4).

[194] 张秀娥，孟乔. 中国创业制度环境分析：基于与创新驱动经济体的比较 [J]. 华东经济管理，2018 (6).

[195] 张秀娥，王超. 创新驱动下我国创业生态环境优化研究：基于 GEM 数据分析 [J]. 经济问题探索，2018 (5).

[196] 张秀娥，张宝文，姜萍，等. 创业人才信息生态位的演变及优化 [J]. 情报科学，2017 (3).

[197] 张燕花. 人才概念与人才本质特征初探 [J]. 语文学刊（教育版），2014 (19).

[198] 张一进，高良谋. 基于价值传递的平台企业生态位测度研究：以电子商务行业为例 [J]. 管理评论，2019 (9).

[199] 张颖. 农业创业创新土地管理风险及对策 [J]. 科技创业月刊，2018 (7).

[200] 张琛，王锦，刘想. 外籍董事、组织合法性与企业可持续成长 [J]. 当代财经，2018 (7).

[201] 章卫民，劳剑东，李湛. 科技型中小企业成长阶段分析及划分标准 [J]. 科学学与科学技术管理，2008 (5).

[202] 赵浩兴，张巧文. 农村微型企业创业者人力资本对创业绩效的影响研究：以创业效能感为中介变量 [J]. 科技进步与对策，2013 (12).

[203] 赵红燕，李剑富. 创业环境、自我效能与大学生村官创业动机 [J]. 中国农业教育，2018 (2).

[204] 赵路. 农村创新创业人才特征与培养研究 [J]. 科技管理研究，2016 (1).

[205] 赵路，李侠. 农村创新创业人才培养研究 [J]. 科学管理研究，2015 (5).

[206] 赵应丁，李晓玉. 科技型中小企业创业成功影响因素探讨 [J]. 企业经济，2005 (11).

[207] 郑雅娟. 财政政策对中小企业可持续成长作用研究 [J]. 商场现代化，2019 (4).

[208] 钟嘉琳，曾群超，余全民. 创新创业人才评价指标体系和评价模型构建：以广东省科技型中小企业为例 [J]. 科技创新发展战略研究，2019 (5).

[209] 周方涛. 科技创业人才生态系统略论 [J]. 科技管理研究，2012 (18).

[210] 周键，王庆金. 创业企业如何获取持续性成长？基于创业动态能力的研究 [J]. 科学学与科学技术管理，2017 (11).

[211] 周全. 生态位视角下企业创新生态圈形成机理研究 [J]. 科学管理研究，2019 (3).

[212] 周湘蕾，蔡雪月. 生态学视角下大学生创新创业的环境与现状：文献综述 [J]. 现代商贸工业，2017 (23).

[213] 周学军，郑雅雯. 江西省科技人才社会生态环境评价研究 [J]. 南昌航空大学学报 (社会科学版)，2016 (18).

[214] 朱达明．人才生态环境建设策略［J］．中国人才，2004（6）．

[215] 朱红根，梁曦．制度环境、创业氛围与农民创业成长［J］．农业经济与管理，2018（2）．

[216] 朱华晟，孔一粟．我国区域创业水平与经济发展水平关系研究［J］．华东经济管理，2018（10）．

[217] 朱仁宏．创业研究前沿理论探讨：定义、概念框架与研究边界［J］．管理科学，2004（4）．

[218] 朱苏丽．基于无界职业生涯的人才成长与人才流动［J］．武汉理工大学学报（信息与管理工程版），2006（9）．

[219] 朱郑州，苏渭珍，王亚沙．杰出科技人才成长的生态环境研究［J］．科技管理研究，2011（19）．

3. 学位论文类

[1] 贝恩．商业环境对创新战略选择和绩效的影响：从最落后的经济体视角［D］．哈尔滨工业大学2016年博士学位论文．

[2] 曹慧．粮食主产区农户粮食生产中亲环境行为研究：以山东省为例［D］．西北农林科技大学2019年博士学位论文．

[3] 乐燕子．当代日本农村女性创业活动新形态研究［D］．北京外国语大学2017年博士学位论文．

[4] 李贲．企业资源禀赋、制度环境对新企业成长的影响研究［D］．东南大学2019年博士学位论文．

[5] 李思．区域环境影响农民合作社发展的机理与实证研究［D］．湖南大学2016年博士学位论文．

[6] 莫寰．女性创业胜任力的阶段特征及其与成长绩效的关系研究［D］．浙江大学2013年博士学位论文．

[7] 王晶．基于性别视角的制度环境感知对创业成长意图的作用机制研究［D］．合肥工业大学2019年博士学位论文．

[8] 叶顺．乡村小型接待企业成长的内在机制、影响因素及对顾客体

验的效应研究 [D]. 浙江大学 2016 年博士学位论文.

[9] 张董敏. 农村生态文明水平评价与形成机理研究 [D]. 华中农业大学 2016 年博士学位论文.

[10] 张环宙. 亲缘关系嵌入视角下乡村旅游微型企业的生成与成长实证研究 [D]. 浙江大学 2018 年博士学位论文.

[11] 赵永杰. 基于企业家精神的动态能力生成机理研究 [D]. 东北财经大学 2011 年博士学位论文.

[12] 钟苹. 以"中国梦"引领高校创新人才成长研究 [D]. 中国地质大学 2015 年博士学位论文.

[13] 包天骏. 乐山市农村青年创业意愿与创业模式研究 [D]. 四川农业大学 2016 年硕士学位论文.

[14] 陈超. 我国科学精英成长的生态环境研究 [D]. 武汉理工大学 2013 年硕士学位论文.

[15] 陈颖. 江西省科技人才效能评价研究：生态理论视角 [D]. 华东交通大学 2013 年硕士学位论文.

[16] 崔丽杰. 山东省科技人才生态环境评价及优化对策研究 [D]. 曲阜师范大学 2016 年硕士学位论文.

[17] 董晓龙. 中小企业可持续成长战略的仿真研究：以某汽车零配件制造企业为例 [D]. 重庆大学 2015 年硕士学位论文.

[18] 高洪洋. 四川省农村劳动力老龄化现状及解决对策 [D]. 西南财经大学 2013 年硕士学位论文.

[19] 韩俊. 科技创新人才宏观和微观生态环境的研究：基于浙江省高校和企业的实证分析 [D]. 浙江大学 2011 年硕士学位论文.

[20] 侯俊如. 智力资本、股权性质与企业可持续成长能力关系的研究 [D]. 山东大学 2018 年硕士学位论文.

[21] 黄盈盈. 高等职业学校创业人才培养研究 [D]. 湖南师范大学 2002 年硕士学位论文.

[22] 李荣杰. 山东半岛蓝色经济区人才生态环境评价与优化研究 [D]. 中国海洋大学 2012 年硕士学位论文.

[23] 龙雪梅. 中小民营企业可持续成长的路径及关键因素分析 [D]. 华中科技大学 2014 年硕士学位论文.

[24] 茅旭栋. 城市创业环境、创业企业集聚和成长的关系研究：基于创业板上市公司的面板数据 [D]. 浙江工业大学 2017 年硕士学位论文.

[25] 任雪娇. 区域因素对创新型企业规模成长的影响研究 [D]. 哈尔滨工程大学 2014 年硕士学位论文.

[26] 汪玉敏. 家庭环境对大学生创业能力的影响研究 [D]. 江西师范大学 2014 年硕士学位论文.

[27] 王爱文. 教育生态学视域下中学地理教师成长研究 [D]. 陕西师范大学 2014 年硕士学位论文.

[28] 王敬雯. 并购对涉农上市公司影响的实证研究：基于企业成长、农业研发投入、多元化经营的视角 [D]. 成都大学 2019 年硕士学位论文.

[29] 王卿. 中小企业创业环境建设中政府作用研究 [D]. 武汉科技大学 2010 年硕士学位论文.

[30] 王雅萍. 乡村创业环境对返乡农民工创业意愿的影响：创业能力的中介作用 [D]. 曲阜师范大学 2019 年硕士学位论文.

[31] 徐士华. 小微企业创业研究 [D]. 西北农林科技大学 2014 年硕士学问论文.

[32] 许长丰. 金融发展、资源利用能力与企业成长 [D]. 武汉大学 2017 年硕士学位论文.

[33] 袁宝宝. 北京市"百人工程"对哲学社会科学人才成长影响的实证研究 [D]. 北京交通大学 2017 年硕士学位论文.

[34] 周琨. 政府补贴政策调整对企业绩效影响研究：基于中国家电制造企业的实证研究 [D]. 山西大学 2019 年硕士学位论文.

[35] 周勇. 基于 SEM 的贵州科技型小微企业可持续成长影响因素研

究 [D]. 贵州师范大学 2017 年硕士学位论文.

4. 论文集类

许晓明，陈啸. 基于动态环境的企业成长函数探析 [C]. 2007.

5. 外文文献

[1] Bollen, Kenneth A. Structural Equations with Latent Variable [M].
Wiley, 1989.

[2] Bronfenbrenner U. , Morrisp A. The Bioecological Model of Human
Development [M]. John Wiley & Sons, Inc. , 2007.

[3] Chin W. W. , Thatcher J. B. , Wright R. T. , et al. Controlling for
Common Method Variance in PLS Analysis: The Measured Latent Marker Varia-
ble Approach [M]. Springer New York, 2013.

[4] Flamholtz E G, Randle Y. Growing Pains: Transitioning from an En-
trepreneurship to a Professionally Managed Firm [M]. Jossey-Bass, 2008.

[5] Horst H, Miller D. Peter L. McCall and Michael J. S. Tevesz (edi-
tors): Animal-Sediment Relations. The Biogenic Alteration of Sediments. Topics
in Geobiology Vol. 2 (Ed F. G. Stehli). & mdash; 336 pp. New York and Lon-
don: Academic Press 1982. ISBN 0 – 306 – 41078 – 8. $ 52, 50 [M].
Berg, 2007.

[6] Kilby P. Enterpreneurship and economic development [M]. Free
Press, 1971.

[7] Lewin K, Gold M. The Complete Social Scientist: A Kurt Lewin read-
er [M]. American Psychological Association, 1999.

[8] Park R E, Burgess E W. Introduction to the science of sociology: in-
cluding an index to basic sociological concepts [M]. University of Chicago
Press, 1970.

[9] Teece D J, Pisano G, Shuen A. Dynamic capabilities and strategic
management [M]. Oxford University Press, 2009.

［10］ Waugh M，Guhn M. Bioecological Theory of Human Development ［M］. Springer Netherlands，2014.

［11］ Zu L. International Perspective on Sustainable Entrepreneurship ［M］. Springer Berlin Heidelberg，2014.

［12］ Akpor-Robaro，Mamuzo，Oghenerobaro M. The Impact of Socio-Cultural Environment on Entrepreneurial Emergence：An Empirical Analysis of Nigeria Society ［J］. Management Science & Engineering，2012（4）.

［13］ Alexander R D. The Courtship and Copulation of Pasimachus Punctulatus Haldemann（Coleoptera：Carabidae） ［J］. Annals of the Entomological Society of America，1959（4）.

［14］ Armstrong J S，Overton T S. Estimating No Response Bias in Mail Surveys ［J］. Journal of Marketing Research，1977（14）.

［15］ Ataei P，Karimi H，Ghadermarzi H，et al. A Conceptual Model of Entrepreneurial Competencies and their Impacts on Rural Youth's Intention to Launch SMEs ［J］. Journal of Rural Studies，2020（75）.

［16］ Aziz M I，Afthanorhan A，Awang Z. Talent Development Model for a Career in Islamic Banking Institutions：A SEM Approach ［J］. Cogent Business & Management，2016（1）.

［17］ Bagozzi R P. Measurement and Meaning in Information Systems and Organizational Research：Methodological and Philosophical Foundations. Mis Quarterly ［J］. Mis Quarterly，2011（2）.

［18］ Bernanke B，Review A E，Duflo E. Non-Monetary Effects of the Financial Crisis in the Propagation of the Great Depression ［J］. Ben Bernanke，1983（1）.

［19］ Beugelsdijk S，Noorderhaven N. Entrepreneurial Attitude and Economic Growth：A Cross-section of 54 Regions ［J］. The Annals of Regional Science，2004（2）.

［20］Bianchi M. Credit Constraints, Entrepreneurial Talent, and Economic Development ［J］. Small Business Economics, 2010（1）.

［21］Bichler B F, Kallmuenzer A, Peters M. Entrepreneurial Ecosystems in Hospitality: The Relevance of Entrepreneurs' Quality of Life ［J］. Journal of Hospitality and Tourism Management, 2020（44）.

［22］Bloom H S. Accounting for No-Shows in Experimental Evaluation Designs ［J］. Evaluation Review, 2014（2）.

［23］Boubakri N, Saffar W. Culture and Externally Financed Firm Growth ［J］. Journal of Corporate Finance, 2016（41）.

［24］Bourdieu, P. The Social Space and the Genesis of Groups ［J］. Social Science Information. , 1985（2）.

［25］Brazo-Sayavera J, Olivares P R, Andronikos G, et al. Spanish Version of the Talent Development Environment Questionnaire for sport: Cultural adaptation and initial validation ［J］. Plos One, 2017（6）.

［26］Brink T. Organising of Fynamic Proximities Enables Robustness, Innovation and Growth: The Longitudinal Case of Small and Medium-sized Enterprises（SMEs）in Food Producing Firm Networks ［J］. Industrial Marketing Management, 2018（75）.

［27］Bronfenbrenner U. Ecological Models of Human Development ［J］. International Encyclopedia of Education, 1994（2）.

［28］Bronfenbrenner U, Ceci S J. Nature-nurture Reconceptualized in Developmental Perspective: a Bioecological Model ［J］. Psychological Review, 1994（4）.

［29］Brüderl J, Preisend Rfer P. Network Support and the Success of Newly Founded Business ［J］. Small Business Economics, 1998（3）.

［30］Bygrave W, Fast N, Khoylian R, et al. Early Rates of Return of 131 Venture Capital Funds Started 1978—1984 ［J］. Journal of Business Venturing, 1989 (2).

[31] Ceci S J, Williams-Ceci, Williams S, et al. How to Actualize Potential: a Bio-ecological Approach to Talent Development [J]. Ceci, Stephen J. Williams-Ceci, Sterling Williams, Wendy M, 2016 (1377).

[32] Cepel M, Kljucnikov A. Social and Cultural Factors and Their Impact on the Quality of Business Environment in the SEM Segment [J]. International Journal of Entrepreneurial Knowledge, 2019 (1).

[33] Cohen B, Winn M I. Market Imperfections, Opportunity and Sustainable Entrepreneurship [J]. Journal of Business Venturing, 2007 (1).

[34] Dash T R. Personal and Family Characteristics on Entrepreneurial Behaviour-A Study of Cambodian Rural Micro-Entrepreneurs [J]. Iims Journal of Management Science, 2013 (2).

[35] Davidsson P. Continued Entrepreneurship: Ability, Need, and Opportunity as Determinants of Small Firm Growth [J]. Journal of Business Venturing, 2005 (6).

[36] Dean T J, Mcmullen J S. Toward a Theory of Sustainable Entrepreneurship: Reducing Environmental Degradation through Entrepreneurial Action [J]. Journal of Business Venturing, 2007 (1).

[37] Dees J G. The Meaning of "Social Entrepreneurship" [J]. Corporate Governance International Journal of Business in Society, 1998 (5).

[38] Delmar, S. , Larsen, et al. Excited State Dynamics of β-carotene Explored with Dispersed Multi-pulse Transient Absorption [J]. Chemical Physics Letters. 2003.

[39] Demirel P, Li Q C, Rrentocchini F, et al. Born to be Green: New Insights into the Economics and Management of Green Entrepreneurship [J]. Small Business Economics. 2019, 52 (4).

[40] Dias C, Franco M. Cooperation in Tradition or Tradition in Coopera-

tion? Networks of agricultural entrepreneurs [J]. Land Use Policy, 2018 (71).

[41] Feng N, Fu C, Wei F, et al. The key role of dynamic capabilities in the Evolutionary Process for a Startup to Develop into an Innovation Ecosystem Leader: An Indepth Case Study [J]. Journal of Engineering and Technology Management, 2019 (54).

[42] Fonseca M. Principles and Practice of Structural Equation Modeling, Third Edition by Rex B. Kline [J]. International Statal Review, 2013 (1).

[43] Foss N J, Klein P G. Entrepreneurial Alertness and Opportunity Discovery: Origins, Attributes, Critique [J]. Social Science Electronic Publishing, 2009.

[44] Gaddefors J, Korsgaard S, Ingstrup M B. Regional Development Through Entrepreneurial Exaptation: Epistemological Displacement, Affordances, and Collective Agency in Rural Regions [J]. Journal of Rural Studies, 2020 (74).

[45] Gamst F C. Foundations of Social Theory [J]. Anthropology of Work Review, 1991 (3).

[46] Gartner W B, Shane S A. Measuring Entrepreneurship Over Time [J]. Journal of Business Venturing, 1995 (10).

[47] Grebel T, Hanusch A P H. An Evolutionary Approach to the Theory of Entrepreneurship [J]. Industry & Innovation, 2003.

[48] Gurăc, Dana L. Environmentally-driven Community Entrepreneurship: Mapping the Link Between Natural Environment, Local Community and Entrepreneurship [J]. Technological Forecasting and Social Change, 2018 (129).

[49] Han Y, Li D. Effects of Intellectual Capital on Innovative Performance [J]. Management Decision, 2015 (1).

［50］ Hansen G S, Wernerfelt B. Determinants of Firm Performance: The Relative Importance of Economic and Organizational Factors ［J］. Strategic Management Journal, 1989 (5).

［51］ Henriksen K, Stambulova N, Baker J C S S. Creating Optimal Environments for Talent Development: A Holistic Ecological Approach ［J］. Routledge Handbook of Talent Identification and Development in Sport, 2017 (6).

［52］ Henriksen K, Stambulova N, Roessler K K. Holistic approach to athletic talent development environments: A successful sailing milieu ［J］. Psychology of Sport & Exercise, 2010 (3).

［53］ Hisrich, Robert D. The Woman Entrepreneur: A Comparative Analysis ［J］. Leadership & Organization Development Journal, 1986 (2).

［54］ Hutagalung B, Dalimunthe D M J, Pambudi R, et al. The Effect of Enterpreneurship Education and Family Environment Towards Students' Entrepreneurial Motivation ［J］. International Journal of Economic Research, 2017 (20).

［55］ Hyunjoong Y. Exploring the Role of Entrepreneurial Team Characteristics on Entrepreneurial Orientation ［J］. SAGE Open, 2018 (2).

［56］ Isenberg D J. The Entrepreneurship Ecosystem Strategy as a New Paradigm for Economic Policy ［J］. Presentation at the Institute of International and European Affairs, 2011 (1).

［57］ Jahanshahi A A, Brem A, Bhattacharjee A. Who Takes More Sustainability-Oriented Entrepreneurial Actions? The Role of Entrepreneurs' Values, Beliefs and Orientations ［J］. Sustainability, 2017 (10).

［58］ Jöreskog K G, Sörbom D. Llisrel Vi: Analysis of Linear Structural Relationships by Maximum Likelihood, Instrumental Variables, and Least Squares Methods ［J］. Ciência & Saúde Coletiva, 1993 (10).

［59］ Kamdar D, Mcallister D J, Turban D B. How Follower Individual Differences and Justice Perceptions Predict OCB Role Definitions and Behavior.

[J]. Journal of Applied Psychology, 2006 (4).

[60] Kazanjian R. Relation of Dominant Problem to Stages of Growth in Technology-Based New Ventures [J]. The Academy of Management Journal, 1988 (2).

[61] Kendall B E. Some directions in ecological theory [J]. Ecology, 2016 (12).

[62] Kihlstrom R E, Laffont J J. A General Equilibrium Entrepreneurial Theory of Firm Formation Based on Risk Aversion [J]. Journal of Political Economy, 1979 (87).

[63] Kumar R. The Impact of Education, Culture and Environment on Entrepreneurial Development in India [J]. International journal Of Business Management, 2017 (3).

[64] Lambert D, Harrington T. Measuring Nonresponse Bias in Customer Service Mail Surveys [J]. Journal of Business Logistics, 1990 (2).

[65] Larsen C H, Alfermann D, Henriksen K, et al. Preparing Footballers for the Next Step: An Intervention Program From an Ecological Perspective [J]. Sport Psychologist, 2014 (1).

[66] Lewis V L, Churchill N C. The Five Stages of Small Business Growth [J]. Harvard Business Review, 1983 (3).

[67] Liao J, Welsch H, Tan W L. Venture Gestation Paths of Nascent Entrepreneurs: Exploring the temporal patterns [J]. Journal of High Technology Management Research, 2005 (1).

[68] Linan F, Fayolle A. A systematic literature Review on Entrepreneurial Intentions: Citation, Thematic Analyses, and Research Agenda [J]. International Entrepreneurship and Management Journal, 2015 (4).

[69] Low M B, Macmillan I C. Entrepreneurship: Past Research and Future Challenges [J]. Journal of Management Official Journal of the Southern

Management Association, 1998 (2).

[70] Markus H, Wurf E. The Dynamic Self-Concept: A Social Psychological Perspective [J]. Annual Review of Psychology, 1987 (1).

[71] Mayer-Haug K, Read S, Brinckmann J, et al. Entrepreneurial talent and venture performance: A meta-analytic investigation of SMEs [J]. Research Policy, 2013 (6−7).

[72] Mcgranahan D A, Wojan T R. The rural growth trifecta: outdoor amenities, creative class and entrepreneurial context [J]. Journal of Economic Geography, 2011 (3).

[73] Mebratu D. Sustainability and sustainable development: Historical and conceptual review [J]. Environmental Impact Assessment Review, 1998 (6).

[74] Mike, W., Peng, et al. The Growth of the Firm in Planned Economies in Transition: Institutions, Organizations, and Strategic Choice [J]. Academy of Management Review, 1996 (2).

[75] Nieto J, Hernández-Maestro R M, Mu Oz-Gallego P A. The influence of entrepreneurial talent and website type on business performance by rural tourism establishments in Spain [J]. International Journal of Tourism Research, 2011 (1).

[76] Ožánic M. Education of entrepreneurs during entrepreneurial growth and development [J]. Entrepreneuiral Learning, 2011 (1).

[77] Ozgen E, Baron R A. Social sources of information in opportunity recognition: Effects of mentors, industry networks, and professional forums [J]. Journal of Business Venturing, 2007 (2).

[78] Palivos T, Wang P. Spatial agglomeration and endogenous growth [J]. Regional Science & Urban Economics, 1996 (6).

[79] Penrose E. Theory of the Growth of the Firm [J]. Journal of the Operational Research Society, 1959 (2).

［80］ Pia, Ulvenblad, Jennie, et al. A leadership development programme for agricultural entrepreneurs in Sweden ［J］. Journal of Agricultural Education & Extension, 2018 (24).

［81］ Pindado E, Sánchez M. Researching the entrepreneurial behaviour of new and existing ventures in European agriculture ［J］. Small Business Economics, 2017 (10).

［82］ Ronen J. Studies on Standardization of Accounting Practices: An Assessment of Alternative Institutional Arrangements Discussion of The SEC's Influence on Accounting Standards: The Power of the Veto ［J］. Journal of Accounting Research, 1981 (19).

［83］ Schumpeter J A, Schumpeter J, Schumpeter J, et al. The theory of economics development ［J］. Journal of Political Economy, 1934 (2).

［84］ Shane S A. The Illusions of Entrepreneurship: The Costly Myths that Entrepreneurs, Investors and Policy Makers Live by ［J］. Social ence Electronic Publishing, 2008 (2).

［85］ Sharma S K, Garg P, Rastogi R. Personality as a Predictor of Personal Growth Initiative ［J］. IUP Journal of Organizational Behavior, 2011 (10).

［86］ Shibin S, Zheng Z K, Juan L J. The Effects of Business and Political Ties on Firm Performance: Evidence from China ［J］. Journal of Marketing, 2011 (1).

［87］ Skupnjak D. Theories of Development and Learning of L. Vygotsky, U. Bronfenbrenner and R. Feuerstein Through a Case Study ［J］. Life and school: Journal for the Theory and Practice of Education, 2012 (28).

［88］ Spilling O R. The entrepreneurial system: On entrepreneurship in the context of a mega-event ［J］. Journal of Business Research, 1996 (1).

［89］ Teece D J. Explicating dynamic capabilities: nature and microfoundation ［J］. Strategic Management Journal, 2007 (13).

［90］Tiba S, van Rijnsoever F J, Hekkert M P. The lighthouse effect: How successful entrepreneurs influence the sustainability-orientation of entrepreneurial ecosystems ［J］. Journal of Cleaner Production, 2020 (264).

［91］Tilley F, Young W. Sustainability Entrepreneurs-Could they be the True Wealth Generators of the Future? ［J］. Greener Management International, 2009 (55).

［92］Tudge J R H, Payir A, Mer On-Vargas E, et al. Still Misused After All These Years? A Reevaluation of the Uses of Bronfenbrenner's Bioecological Theory of Human Development ［J］. Journal of Family Theory & Review, 2016 (4).

［93］Van Veldhoven M, Dorenbosch L, Breugelmans A, et al. Exploring the Relationship Between Job Quality, Performance Management, and Career Initiative: A Two-Level, Two-Actor Study ［J］. SAGE Open, 2017 (3).

［94］Wang C K J, Sproule J, Mcneill M, et al. Impact of the talent development environment on achievement goals and life aspirations in Singapore ［J］. Journal of Applied Sport Psychology, 2011 (3).

［95］Witek-Crabb A. Business Growth Versus Organizational Development Reflected in Strategic Management of Polish Small, Medium and Large Enterprises ［J］. Procedia Social & Behavioral Sciences, 2014 (150).

［96］Xin K, Pearce J L. Guanxi Good Connections as Substitutes for Institutional Support ［J］. Academy of Management Best Papers Proceedings, 1994 (1).

［97］Zastrow C, Bremner J. Research Notes: Social Work Education Responds to the Shortage of Persons With Both a Doctorate and a Professional Social Work Degree ［J］. Journal of Social Work Education, 2004 (2).

［98］Zeevik G, Yanay F, Eli G. 'Embeddedness and growth of small businesses in rural regions' ［J］. Journal of Rural Studies, 2018 (62).

［99］Zhang W，Cooper W W，Deng H，et al. Entrepreneurial talent and economic development in China［J］. Socio-Economic Planning Sciences，2010（4）.

［100］Meina，Chen，Yuxin，et al. Construction of Innovation and Entrepreneurship Ecological Environment of Scientific and Technological Talents in Liaoning Province［C］. 2019.

附　录

附表1　内生态环境对返乡农业创业人才成长作用机理模型测量方程显著性检验

路径			非标准化参数 估计值	S. E.	临界比值 C. R.	显著性 P	标准化参数 估计值
IE5	←	个体生态	1				0.669
IE4	←	个体生态	0.974	0.070	13.825	***	0.764
IE3	←	个体生态	0.948	0.080	11.784	***	0.685
IE2	←	个体生态	0.655	0.067	9.817	***	0.541
IE1	←	个体生态	0.787	0.069	11.386	***	0.606
FE5	←	家庭生态	1				1.101
FE4	←	家庭生态	0.704	0.048	14.776	***	0.683
FE3	←	家庭生态	0.603	0.046	12.963	***	0.589
FE2	←	家庭生态	0.289	0.065	4.437	***	0.217
FE1	←	家庭生态	0.181	0.049	3.655	***	0.177
EE4	←	教育生态	1				0.747
EE3	←	教育生态	0.575	0.083	6.938	***	0.432
EE2	←	教育生态	0.726	0.087	8.358	***	0.493
EE1	←	教育生态	0.524	0.077	6.841	***	0.393
QG2	←	人才成长	1.069	0.050	21.315	***	1.106
RI3	←	资源整合	1				0.515
RI1	←	资源整合	0.973	0.116	8.390	***	0.605
RI5	←	资源整合	1.409	0.157	8.988	***	0.718
QG3	←	人才成长	0.586	0.042	13.793	***	0.540
QG4	←	人才成长	0.636	0.044	14.496	***	0.575
EP1	←	环境感知	1				0.523
EP2	←	环境感知	0.942	0.401	4.847	***	0.338
EP3	←	环境感知	0.546	0.044	12.487	***	0.565

	路径		非标准化参数估计值	S. E.	临界比值 C. R.	显著性 P	标准化参数估计值
RI6	←	资源整合	0.967	0.103	9.413	***	0.622
MG1	←	人才成长	1				0.677
MG2	←	人才成长	1.370	0.114	12.060	***	0.683
MG3	←	人才成长	1.210	0.108	11.222	***	0.610
MG4	←	人才成长	0.655	0.045	14.534	***	0.568
QG1	←	人才成长	1				0.679

附表 2　内生态环境对返乡农业创业人才可持续成长作用机理测量方程显著性检验

	路径		非标准化参数估计值	S. E.	临界比值 C. R.	显著性 P	标准化参数估计值
IE5	←	个体生态	1				0.508
IE4	←	个体生态	0.882	0.061	14.430	***	0.733
IE3	←	个体生态	0.846	0.065	12.965	***	0.647
IE2	←	个体生态	0.614	0.056	10.908	***	0.537
IE1	←	个体生态	0.762	0.061	12.493	***	0.621
EE4	←	教育生态	1				0.503
EE3	←	教育生态	0.897	0.135	6.644	***	0.561
EE2	←	教育生态	0.755	0.165	4.576	***	0.665
EE1	←	教育生态	0.648	0.138	4.696	***	0.583
FE5	←	家庭生态	1				0.398
FE4	←	家庭生态	0.708	0.046	15.265	***	0.685
FE3	←	家庭生态	0.607	0.046	13.120	***	0.591
FE2	←	家庭生态	0.291	0.054	5.427	***	0.217
FE1	←	家庭生态	0.183	0.041	4.505	***	0.178
SG1	←	可持续成长	1				0.647
SG2	←	可持续成长	0.435	0.069	6.301	***	0.309
SG3	←	可持续成长	0.951	0.077	12.345	***	0.656
SG4	←	可持续成长	0.444	0.066	6.760	***	0.333
SG5	←	可持续成长	0.744	0.077	9.667	***	0.491
EP1	←	环境感知	1				0.867

续　表

路径			非标准化 参数估计值	S. E.	临界比值 C. R.	显著性 P	标准化参数 估计值
EP2	←	环境感知	0.703	0.047	14.948	***	0.802
EP3	←	环境感知	0.547	0.046	11.847	***	0.559
RI4	←	资源整合	0.680	0.045	14.978	***	0.722
RI5	←	资源整合	0.629	0.063	9.937	***	0.476
RI6	←	资源整合	0.614	0.050	12.294	***	0.587
RI3	←	资源整合	1				0.596
RI2	←	资源整合	0.447	0.074	6.059	***	0.304
RI1	←	资源整合	0.799	0.077	10.375	***	0.575

附表3　外生态环境对返乡农业创业人才成长作用机理模型测量方程显著性检验

路径			非标准化参数 估计值	S. E.	临界比值 C. R.	显著性 P	标准化参数 估计值
BE5	←	商业生态	0.832	0.132	6.316	***	0.360
BE4	←	商业生态	1				0.511
BE3	←	商业生态	0.753	0.127	5.936	***	0.326
BE2	←	商业生态	0.256	0.090	2.859	**	0.139
ZE5	←	制度生态	1				0.448
ZE4	←	制度生态	0.693	0.038	18.121	***	0.657
ZE3	←	制度生态	0.655	0.042	15.712	***	0.596
ZE2	←	制度生态	0.719	0.037	19.413	***	0.686
ZE1	←	制度生态	0.586	0.049	11.883	***	0.481
SE4	←	社会生态	0.867	0.049	17.538	***	0.718
SE3	←	社会生态	1				0.795
SE2	←	社会生态	0.970	0.048	20.086	***	0.831
SE1	←	社会生态	0.730	0.062	11.714	***	0.524
NE4	←	自然生态	1				0.695
NE3	←	自然生态	0.834	0.065	12.784	***	0.622
NE2	←	自然生态	0.777	0.101	7.715	***	0.572
NE1	←	自然生态	0.647	0.106	6.094	***	0.511
EP1	←	环境感知	0.232	0.076	3.073	**	0.349

路径			非标准化参数估计值	S. E.	临界比值 C. R.	显著性 P	标准化参数估计值
EP2	←	环境感知	1				0.481
EP3	←	环境感知	0.021	0.012	1.742	0.082	0.038
RI1	←	资源整合	0.598	0.070	8.601	***	0.511
RI2	←	资源整合	0.326	0.064	5.120	***	0.264
RI3	←	资源整合	1				0.708
labor	←	控制变量	−0.021	0.006	−3.354	***	−0.172
year	←	控制变量	0.017	0.006	2.777	**	0.133
edu	←	控制变量	−0.052	0.009	−6.08	***	−0.527
gender	←	控制变量	−0.009	0.002	−3.699	***	−0.189
age	←	控制变量	1				0.971
RI4	←	资源整合	0.635	0.048	13.177	***	0.622
RI5	←	资源整合	0.835	0.090	9.311	***	0.585
RI6	←	资源整合	0.729	0.066	11.092	***	0.644
MJZ	←	人才成长	0.545	0.058	9.391	***	0.511
QJZ	←	人才成长	1				0.912

附表4　外生态环境对返乡农业创业人才可持续成长作用机理测量方程显著性检验

路径			非标准化参数估计值	S. E.	临界比值 C. R.	显著性 P	标准化参数估计值
BE5	←	商业生态	1				0.337
BE4	←	商业生态	0.818	0.187	4.374	***	0.415
BE3	←	商业生态	0.928	0.178	5.220	***	0.320
BE2	←	商业生态	0.297	0.115	2.586	*	0.128
BE1	←	商业生态	0.240	0.129	1.853	0.064	0.089
ZE5	←	制度生态	1				0.943
ZE4	←	制度生态	0.704	0.037	8.770	***	0.666
ZE3	←	制度生态	0.665	0.041	16.215	***	0.605
ZE2	←	制度生态	0.728	0.036	20.075	***	0.693
ZE1	←	制度生态	0.586	0.049	11.933	***	0.481
SE4	←	社会生态	1				0.713

路径			非标准化参数 估计值	S. E.	临界比值 C. R.	显著性 P	标准化参数 估计值
SE3	←	社会生态	0.480	0.069	6.963	***	0.795
SE2	←	社会生态	0.506	0.064	7.909	***	0.843
SE1	←	社会生态	0.770	0.075	10.205	***	0.474
NE4	←	自然生态	1				0.415
NE3	←	自然生态	0.347	0.095	3.639	***	0.168
NE2	←	自然生态	0.790	0.114	6.957	***	0.380
NE1	←	自然生态	0.951	0.188	5.590	***	0.498
EP1	←	环境感知	1				0.482
EP2	←	环境感知	0.446	0.156	2.589	***	0.522
EP3	←	环境感知	0.125	0.028	4.399	***	0.072
SG1	←	可持续成长	1				0.389
SG2	←	可持续成长	0.237	0.099	2.401	*	0.108
SG3	←	可持续成长	0.692	0.118	5.855	***	0.309
SG4	←	可持续成长	0.426	0.099	4.288	***	0.206
SG5	←	可持续成长	0.353	0.045	7.844	***	0.320
RI1	←	资源整合	0.447	0.074	6.035	***	0.286
RI2	←	资源整合	0.254	0.075	3.367	***	0.154
RI3	←	资源整合	1				0.555
RI4	←	资源整合	0.637	0.069	9.171	***	0.468
RI5	←	资源整合	0.619	0.092	6.754	***	0.325
RI6	←	资源整合	0.573	0.074	7.728	***	0.379
labor	←	控制变量	1				0.349
year	←	控制变量	−0.379	0.153	−2.482	*	−0.134
edu	←	控制变量	0.731	0.198	3.692	***	0.561
gender	←	控制变量	0.214	0.062	3.452	***	0.196
age	←	控制变量	−0.613	0.299	−2.050	*	−0.201

后　记

水积而鱼聚，木茂而鸟集。曾经，走出乡村是一代人逐梦的起点；如今，乡村正成为越来越多人筑梦的舞台。党的二十大报告指出，全面建设社会主义现代化国家，最艰巨最繁重的任务仍然在农村。人才资源是乡村振兴的动力之源，广袤的田野蕴藏着无限的机遇与希望，为许多返乡人提供了人生出彩的舞台。长期以来，笔者注重从微观视角和人的视角互动中，研究我国"三农"领域"人"的问题，机缘巧合之下学习了沈邦仪先生的《人才生态论》，遂萌发了研究乡村人才生态环境的念头，从2018年萌芽到2020年形成初稿，再到如今编纂完成，经历了整整5年的时间。这期间，笔者调研走访数百位返乡创业人才，收集他们的返乡故事、记录他们的成长环境，发现只有涵养了肥沃的人才成长生态环境，才能让返乡人员以创业者的身份适应生态链，找到自己的生态位，并且融入创业人才群体自发形成的生态链中。同时，笔者在四川广大农村地区调研中，获得了不少返乡创业人才、农民群众以及基层干部的大力支持和协助，通过与他们的深入交流，加深了对农村社会经济实际发展情况和乡村人才实际生态环境的认识，并以此书作为笔者研究的一个理论检阅。

本书有绪论和内容，在界定了返乡农业创业人才成长生态环境的内涵与外延基础上，基于返乡农业创业人才主体视角构建了返乡农业创业人才成长生态环境评价体系，对比评价四川省返乡农业创业试点区与非试点区的返乡农业创业人才成长生态环境。以人才成长与可持续成长为结果变量，分析其前因变量生态环境，构建了以动态能力为中介变量的返乡农业创业生态环境对人才成长作用分析框架，最终对返乡农业创业人才生态环境进行评价，并探讨生态环境对返乡农业创业人才成长（可持续成长）作用机理，验证了基于创业人才视角的生态环境评价体系的有效性，总结并提出了优化返乡农业创业人才成长生态环境的路径。本书通过获取518位返乡农业创业人才的静态截面数据，对返乡农业创业人才成长生态环境作了系统探讨，但囿于数据获取与研究能力有限，仍有不足之处，故在之后的研究中，将广泛征集并跟踪反馈返乡农业创业人才的成长及其生态系统，充分考虑静态截面数据的同时将空间统计分析与动态推导结合，才能在得出现阶段生态环境的水平上分析空间聚集与发展趋势。

本书是在笔者博士论文的基础上整理形成的，也是笔者独立署名的第一本书。从确定选题、制订研究计划到写作和修改初稿的整个过程中，四川农业大学杨锦秀教授给予了精心指导。本书的相关内容，先后获得成都市哲学社会科学规划项目、四川省哲学社会科学规划项目等支持，许多政府部门、研究单位也长期支持并鼓励笔者"深挖"农村人才，在此表示衷心的感谢，当然，本书不代表相关支持单位或人士的意见，纯属个人观点。此外，特别感谢国家行政学院出版社对本书的出版给予的大力支持。最后，感谢拿起这本书的热心的读者，无论是购买它，还是借阅它，哪怕是在书店或者图书馆简单翻看它，都是笔者进一步研究的动力！限于水平，书中难免有不妥之处，敬请读者批评指正！